JN084542

西山教行・大木 充 編

CEFRの
理念と現実

理|念|編
言語政策からの考察

くろしお出版

はじめに

　欧州評議会がCEFR（『ヨーロッパ言語共通参照枠』）の開発を決定してから30年となる。CEFRは今や歴史的著作になった。と同時に，2018年にCEFR増補版が公開され，新たな息吹が吹き込まれ，CEFRは21世紀の言語教育に無視しえない影響を与える教育資料となった。インターネット万能のもと，情報が大量に消費される時代となり，教育も消費財へ変容しつつある。その中で，30年前に構想された資材が効果を発揮し続けている例は珍しい。CEFRは時代を先取りして構想されたのか，時代がようやくCEFRに追いついたのか，CEFRは現役の教育資材として地球規模で言語教育に影響力を行使している。文化庁の推進する『日本語教育の参照枠』もその一例に他ならない。

　本書はCEFRの理念をめぐる論考を中心に編集されている。CEFRについては，ともすれば共通参照レベルや例示的能力記述文（can doリスト）のみが注目され，それを支える理念を討議することは少なかった。日本の言語教育は教育の理念よりも教育実践に関心を持ち，中長期的展望を考えるよりも，直近の教育効果の改善に努力を払う傾向が強い。確かに教育理念を考え，それを論じたとしても直ちに学習効果を上げることはできないし，理念の議論が直ちに教育的改善をもたらすとは限らない。それでも理念を論じることに価値があるとすれば，それは「理念なき政治は社会的罪である」（ガンジー）からである。言語教育に携わり，またそれを講ずる人々にとっても，現在でもなおガンジーの遺言は真実であり，「理念なき教育は社会的罪である」と確言したい。

　本書は，2019年3月2日，3日に京都大学で開催された国際研究集会「CEFRの理念と現実」（科研費基盤B「『ヨーロッパ言語共通参照枠』に関する批判的言説の学説史的考察」（代表：西山教行，18H00688））の成果の一部であり，研究集会の中でCEFRの理念に関わる発表を中心にまとめ，いくつかの論考を補完した。前書きにあたり，それぞれの論考を簡潔に紹介

したい。

　第1章安江論文は欧州建設と言語政策の関連を論じるもので，多言語主義と複言語主義の関係を言語教育にとどまることなく，政治や制度面において解明するもので，CEFRを理解する背景を解明している。

　第2章西山論文は第3章のコスト論文を補完するもので，CEFRに先行する言語教育政策をたどり，CEFRの編集過程などの検討を通じてCEFRのわかりにくさを明らかにする。CEFRは一人の研究者による著述ではなく，国際機関の推進した言語教育政策の成果であり，複数の研究者による多様な立場の研究を集成したことから，一人の著者が執筆した著作や論文と比べることはできない。CEFRのわかりにくさはそのような編集執筆の経緯にもよっている。

　第3章コスト論文はCEFRの著者の一人コストが2014年に発表した論文に補論を追加したもので，CEFRの多義性を理解する上で貴重な論文であり，例示的能力記述文（can doシステム），行動中心アプローチ，複言語・複文化能力，カリキュラム開発の相関性とそれぞれの自律性を明らかにしている。CEFRにはさまざまな用途があるものの，それらは依然として十分に理解されていない。この点で，コスト論文はCEFRの多目的な構造を明らかにする。

　第4章ピカルド・ノース・グディア論文はCEFR増補版の著者2名とユーロセンターの研究員が執筆したもので，複言語・複文化能力ならびに媒介能力の開発をたどり，CEFR増補版がこれまでの言語教育観をどのように刷新したのかを明らかにする。ピカルドは従来の4技能を代替するモデルとして受容産出モデルに「やりとり」と「仲介」を加えて6技能を提唱するが，これは外国語教育の新しいパラダイムになるのだろうか。今後の展開を注視する必要がある。

　第5章ベス論文は2011年に京都大学で開催された国際研究集会で発表されたもので，CEFRの文脈化をめぐり，「文脈化」の概念そのものを問いただす。用語の正確な認識は対象の認識に不可欠であり，ともすれば文脈化は自明な概念であると思われ，十分な検討が行われてこなかった。しかしながら，この概念は正確な定義を必要とするもので，それによりCEFRの活用のあり方を問い直すことができる。

　第6章クラウゼ小野・シルモイ論文は CEFR の開発と普及に関わった
ヨーロッパの研究者へのインタビューによって構成されている。CEFR 作成
者や翻訳者などの声に耳を傾けると，CEFR それ自体を読む限りでは見いだ
し難い問題点や欠点など，これまで日本での議論からはあまり見えてこな
かった点を認めることができる。

　第7章細川論文は複言語主義の新たな解釈を試み，多言語や複言語など
の概念そのものよりも大きな枠組みから再考するよう提唱し，個人のうちな
ることばの働きが複合的であることを説く。細川論文は，言語教育の実践は
社会参加を可能にする使命と切り離すことはできないと訴える。

　第8章ユヴェール論文は CEFR の基盤にある言語概念を分析哲学や解釈
学の観点より批判的に検討する。このような哲学的思索を補助線として
CEFR を分析すると，CEFR の言語観は実用性や表現可能性に基づいている
ものの，経験としての言語や理解され得ない他者性としての言語の否認，な
いし不関与の上に成立していることがわかる。

　本書を手に取られる読者は日本語教育や英語教育の教員や専門家が多いの
ではないかと思われる。そのため本書のようにヨーロッパの専門家の論説に
接することが比較的少なく，本書の議論が場合によっては，難解であると思
われるかもしれない。これにはさまざまな理由がある。まず第一にフランス
語論文については，そもそもフランス語が日本語に比べてはるかに分析的な
言語で，極めてロジックを重んじる言語であるために，哲学的な分析に傾き
やすいことがあげられる。フランス語は英語や日本語よりも語彙数が少ない
ことから，英語や日本語であれば，ひとつの単語で伝えられる事象を言説と
してより分析的に伝える傾向が強い。フランス語による言説は，より理詰め
の議論に傾きやすい。第二の理由は，学術言語共同体をめぐる闘争という問
題から説明できる。どのような言語活動も何らかの特定の読者を前提に行わ
れ，著者はその著述を理解する読者へ向けて著述を行い，その読者と協働で
ひとつの共同体を形成する。これを学術言語共同体と定めよう（ブルデュー
1990 ［1979］）。そこでの読者とは著述を読み，理解する人々であるととも
に，同じように著述を行う人々でもある。その共同体に入るためには，そこ
での言語活動のルールを熟知する必要があり，その規則に習熟した人のみが
閉ざされた共同体の構成メンバーとなる。この共同体は学術分野に応じて数

多く作り上げられているが，その言語共同体は形成の経緯や歴史によって階層化され，ある言語共同体はより威信が高く，支配的地位にあり，また別の言語共同体はそれよりも威信が低い。フランスにおける学術言語共同体を見ると，言語教育学はそもそも言語学から派生して形成された。そこで言語教育学の威信は言語学よりも低く，言語学は言語教育学に対して支配的立場にある[1]。そこでこの被支配的な地位からの脱却を図るべく，言語教育学共同体もさまざまな戦略を企てる。これが言語教育学の闘争であり，複雑な言説の構築も言語教育学の価値を高める戦略のひとつである。高度で，容易には理解し得ない言説の構築は，学問分野の高度化や威信を高める役割を果たす。これはフランス語によって執筆された論文を読むことのない読者にとって極めて迷惑な話かもしれない。

　言語とは意味を伝達する道具であると当時に，社会的象徴機能を保持している。その象徴的権力を行使した結果が本書の中のいくつかの論考であり，さらに広い意味では CEFR そのものなのだ。CEFR をめぐる言説については，本シリーズの下巻（『CEFR の理念と現実　現実編　教育現場へのインパクト』）でも改めて展開される。教育現場という現実へ向けて CEFR がどのような効力を発揮したのか，あるいは限界を示しているのか，これらの論考を通じて，CEFR についての批判的読解が広まることを願ってやまない。

西山教行

引用文献

ブルデュー, P. (1990).『ディスタンクシオン——社会的判断力批判（I & II）』(石井洋二郎訳) 藤原書店.［Bourdieu P. (1979). *La distinction : critique sociale du jugement*. Paris : Ed. de Minuit.］

Council of Europe (2020). *Common European framework of reference for languages: Learning, teaching, assessment, Companion volume with new descriptors*. <https://rm.coe.int/common-european-framework-of-reference-for-languages-learning-teaching/16809ea0d4>

1　フランスにおいて大学教授のポストを承認し，配分する国立大学評議会では，外国語としてのフランス語教育や言語教育学のポストが言語科学の枠組みに位置づけられており，学問分野の自律性を未だに確保していない。

目　次

第 8 章
「亡霊へのシンパシー」と言語概念認識の歩み
──CEFR の睥睨に対峙する諸言語の影

エマニュエル・ユヴェール
倉舘健一（訳）　189

第1章

欧州における「多様性の中の統合」と多言語・複言語社会

安江則子

　欧州においては，アイデンティティの尊重に基づき，文化や言語の多様性が重視されてきた。平和な欧州建設には，文化と言語の相互理解が不可欠である。他の地域圏と異なり，欧州では，商品や資本，サービスのみならず，「人」の自由移動を認めてきた。市民は，欧州統合のメリットを享受し，自己の可能性を広げるために，母語以外の言語の習得が求められ，そのための様々な教育プログラムが展開されてきた。そうした中で英国では，他の言語の習得率が著しく低かったことが，Brexit の選択につながったと推測できる。共通の未来について議論し，一つの公共空間を形成するために，コミュニケーション能力が大切な要素である。言語は欧州統合の鍵である。

　欧州は，移民を含む実に多様な言語・文化的背景をもつ人々から構成されている。CEFR の発祥地である欧州，そして移民の社会統合に苦慮するフランスの経験を検証し，日本においても観察される言語および多文化教育の変化の兆しを考察する。

キーワード 🔍　**EU，言語政策，多様性の中の統合，欧州少数地域言語憲章，ELCO**

1. はじめに

　1993 年，アメリカの政治学者 S. ハンチントンは，「文明の衝突」（Clash of Civilization）[1] と題する論文を発表した（Huntington, 1993）。この中で，冷戦というイデオロギーに基づく対立の時代が終わりを告げ，21 世紀における紛争は，イデオロギーによる対立軸ではなく，文明の間で激しさを増すことを指摘している。一方，こうした構図に抗うかのように，国連やユネスコは，「文明間の対話」[2] をその活動目的の一つとして掲げてきた。そこで重視されているのが相互理解のための対話と，その媒体としての「言語」に関する政策や教育である。言語は，国際関係にも重大な影響をもたらす要素として考えられている。

　世界の言語の数は，5,000 とも 7,000 ともいわれており，その多くは国家の公用語の地位になく，消滅の危機にあるものも多い。パリ 7 区のケ・ブランリ博物館（Museé du quai Branly）[3] では，文字もなく消滅しかけたアフリカ，オセアニア，南米など先住民族の言語を録音して保存し，彫刻や民族衣装などとともに展示している。ユネスコも，言語や文化の多様性は人類の豊かさの尺度であることを認め，それを保護することを謳っている[4]。

　今日のグローバル社会において，移民排斥のポピュリズムやテロなどの根底には，宗教や文化，そしてそれの媒体としての言語といったアイデンティ

1　Samuel P. Huntington が，講義をもとに 1993 年にフォーリン・アフェアーズに論文を発表し，その後に単行本としても公刊された（Huntington, 1996）。

2　国連総会は，2001 年を「国連文明間の対話年」（United Nations Year of Dialogue among Civilization）にする決議を 1998 年に行っている（A/RES/53/22）。また 2010 年を「文化の和解のための国際年」（International Year of the Rapprochement of Culture）とする決議を 2009 年に行っている（A/RES/62/90）。

3　2006 年に開館したケ・ブランリー博物館は，美術館であるのか，考古学や人類学の資料館であるのかで論争があった。

4　ユネスコが中心となり，「無形文化遺産条約」（Convention for the Safeguarding of the Intangible Cultural Heritage, 2003 年採択 2006 年発効）に続き，「文化的表現の多様性の保護及び促進に関する条約」（Convention on the protection and promotion of the diversity of cultural expression, 2005 年採択 2007 年発効）が締結された。後者は，カナダの提唱によるが，日本は批准していない。

ティに関わる問題が潜んでいる。政治経済的な統合によって欧州に平和で繁栄した地域圏の形成を目指す EU（欧州連合）は，「多様性の中の統合」（united in diversity）という理念を掲げてきた。言語・文化の価値の平等性を前提に統合を進めてきた EU にとって，他の加盟国の市民との相互理解や，文化に対する寛容さは不可欠である。言語政策あるいは言語教育政策は，EU 市民権や市民のモビリティの問題，また EU における公共圏（public sphere）あるいは公共空間（public space）の形成などに深く関わる重要な課題である。

　EU において「多言語主義」（multilingualism）とは，第一義的には，公用語政策，つまり公式文書や会議言語の問題である（安江, 1995a; 1996; Yasue, 1999）。どこの国民も自分の理解する言語で EU の公文書を読み，議論に参加できることが民主主義社会の基礎であるという考え方である（安江, 2007）。さらに，多様な言語文化に属する人々が，相互理解やコミュニケーションを可能にするために複数の言語習得が求められる。多言語主義と，複言語主義（plurilingualism）は，コインの裏表のようなものといえる。EU が採用している多言語主義とは，立法過程や司法の場で公用語として認められ，自分の理解できる言語で情報を得るという「政治的・制度的な次元」の問題である。それに対して，日本でも議論されるようになった複言語主義（西山, 2011）は，「個人的・人格的な次元」に力点があるといえよう。

　本章では，CEFR の発祥地である欧州の言語問題の背景を探り，EU における言語政策の現状，特に，フランス語の置かれた状況や，移民の社会的統合と言語をめぐる動向を紹介する。そして，日本において観察される言語・多文化教育の変化の兆しについて考えてみたい。

2.　欧州の言語問題の背景

　欧州の地域統合について講義をすると，言語が異なる国家間で政治統合は可能なのかという問いを受ける。しかし，この問い自体が日本的な認識であって，世界には複数の公用語をもつ国は多く存在しており，それぞれに複雑な歴史的経緯をたどって，現在のような言語圏地図に至っている。

　例えば，ベルギーは，ワロン語（フランス語）地域，フラマン語（オラン

ダ語）地域，ドイツ語地域とブリュッセル特別区からなる４つの言語地域から構成されている。言語圏間での対立の歴史を経て，現在の国家は言語圏を基礎とした独自の連邦制による微妙なバランスの上に成立している。ベルギーでは政党も言語圏ごとに別々に編成されており，道路標識やテレビのコマーシャルに至るまで，言語間の平等性が重視されている。

　2017 年にスペインから独立の是非を問う住民投票を強行したカタルーニャ地域も，スペイン語（カスティリーヤ語）とは異なる言語圏である。バルセロナを中心としたカタルーニャ地方は，マドリッド首都圏を上回る経済力を誇っており，税金が自分たちに還元されないことに不満をもつ。また，北部のバスク地方にはフランス国境近くに 300 万人余のバスク人が居住しており，20 世紀まで独立を求めるテロ活動もあった。こうした主権国家と言語を異にする地域の複雑な関係は，EU 全体の言語問題の縮図である。

　EU 加盟国ではないスイスも同様に，言語圏に区分されながら国家としての統合を保ってきた。スイスの言語は，ドイツ語，フランス語，イタリア語の三言語だと一般には理解されているが，スイス憲法ではレートロマンス（ロマンシュ）語もスイスの国語であることが明記されている[5]。この第 4 の言語は，実は第二次世界大戦前夜，イタリアのファシズムに対する防波堤として，政治的含意によって保護されてきたという歴史がある（森田, 2000）。

　また欧州以外でも，例えばカナダのケベック州[6]はフランス語圏である。この地域は，英国との戦争に敗北し，その後カナダの州となったが，今も自動車のナンバープレートに，「歴史を忘れない」（Je me souviens）という標語を記している。ケベックは，フランス系移民の地域としての誇りを失っていない。その一方で何度かの独立を問う住民投票では否決され，カナダの主権国家としての形は維持されている。

　カナダは本来が移民国家であり，先住民の権利への認識が高まったことも

　5　スイスの言語は，1938 年の憲法改正によって，レートロマンス語（当時言語人口は約 4 万 5 千人）が国語とされた。以後，数度の改憲を経て，2000 年発効の憲法によってもこの言語の地位は守られている。ただし，スイス連邦の公用語ではなく連邦行政では使用されない。

　6　ケベック州の人口約 850 万人のうち約 7 割はフランス語話者であり，第一公用語はフランス語である。

相まって，「多文化主義」（multiculturalism）[7] の理念が次第に定着した（キムリッカ, 1998; センプリーニ, 2003）。1972 年に国務省内に多文化主義担当大臣が任命され，1982 年にはカナダ憲法に導入された「権利と自由のカナダ憲章」において，同憲章が，多文化主義的伝統の維持と発展に基づいて解釈されるべきことが 27 条に明記された。さらに 1988 年には，「カナダ多文化主義法」が制定されている（飯笹, 2018）[8]。多文化主義は，多義的な概念であり，その意味するところは論者によって異なるが，大量の移民を受け入れてきた欧州においては，移民の社会的な受け入れのあり方として，同化主義（cultural assimilation）と対峙されながら常に争点となってきた。

　他方，日本における外国語問題には欧州やカナダのような複雑な歴史的背景がなく，言語教育へのアプローチも大きく異なっている。日本における外国語の習得は，教養のためであり，個人のキャリア形成に必要な能力という捉え方が一般的である。けれども，欧州において言語は，第一義的に，政治社会のあり方の問題であり，同時に「私は誰なのか」という個人のアイデンティティの問題に直結している。戦争の歴史の中で国境線を変化させながら現在に至る欧州において，言語は，実に微妙な政治上のバランスが求められる問題である。

3.　欧州の言語政策

3.1　EU の公用語制度

　欧州では，EU による統合を進めるにあたって「多様性の中の統合」を理念として掲げ，ヨーロッパ的価値の一つの要素として，文化や言語の価値の平等性を基礎としている。多様性の中の統合は，すべての加盟国の公用語を EU の公用語として採用するという制度的な多言語主義に象徴されている。

7　多文化主義の概念は多義的である。1970 年代，ピエール・トルドー大統領のもとで，二言語に限定した多文化主義が提唱されたが，その後，より多元的な多文化主義も唱えられた。ケベックでは，トルドーの提唱する多言語主義には反対の立場をとる人々が多く，むしろ interculturalism という用語が好まれた。

8　1980 年代のカナダの多文化主義は，アジア系など非ヨーロッパ系移民が増加したのを受け，ヴィジブルマイノリティへの対応が求められる新たな段階へ入った。

　EU の公用語は，1950 年代に統合が開始された当初は，加盟国 6 ヵ国の 4
言語（フランス語，ドイツ語，イタリア語，オランダ語）であったが，その
後，加盟国の拡大が続いても，すべての加盟国の公用語を EU の公用語とす
るという方針は引き継がれ，2004 年の加盟国の拡大で一度に 10 ヵ国増えて
21 の公用語に，2007 年の拡大で 23 に，2013 年の拡大で 28 ヵ国 24 の公用
語となった。

　翻訳や通訳に要するコスト[9] が膨大になったにもかかわらず，加盟国の文
化・言語におけるアイデンティティは尊重され，多様性の中の統合の手段と
して多言語主義は貫かれている。言語人口が極端に少ないマルタ語[10] やアイ
ルランド語[11] も EU の公用語として認められている。これらの国では英語が
実質的に日常語として通用しているにもかかわらず，母語として保護されて
いる。2019 年末の Brexit 後の EU の加盟国は 27 ヵ国になったが，公用語は
24 のままである。EU のホームページでは，これら 24 のすべての言語で
EU の諸政策に関する情報が発信されている。

　2001 年の「欧州言語年」（European Year of Languages）[12] は，EU と欧州評
議会の共催によるもので，言語に関する認識や理念が共有された（安江，
2007: 第 6 章）。欧州言語年は，欧州の言語文化の豊かさを確認するととも
に，グローバル時代における EU や加盟国の言語政策，言語教育政策の具体

9　EU は，約 4300 人の翻訳者および 800 人の通訳者を常時雇用しており，そのコスト
　　は膨大である。EU の主要機関の職員は欧州委員会，欧州議会を中心に約 4 万人余いる
　　が，その約 12% にあたる。また通訳・翻訳のコストは EU 予算の約 1% を占める。

10　マルタの人口は 40 万人。マルタ語を母語とする人は 96% だが，英語話者は 90% お
　　り，日常的にも英語が使用されている。

11　アイルランドの EU 加盟は，1973 年であるが，アイルランド語は 2007 年より正式に
　　EU の公用語となった。アイルランドの人口は約 350 万人，アイルランド語の話者数は
　　約 40% であるが，その多くは学校で学んだ人々であり，母語とする人は約 35 万人程度
　　である。

12　欧州言語年には，以下の 5 つの目標が掲げられた。①欧州における言語的・文化的
　　多様性についての認識を深めること，②多言語主義の促進，③複数の言語能力をもつこ
　　とのメリットを強調すること，④生涯教育の促進，⑤言語の教育・学習技術についての
　　様々な方法による広報である。加盟国は，自国の言語状況を調査し，言語に関する情報
　　の共有や，政策の再検討を迫られた。

的な目標を確認する原点となった[13]。2001 年の時点で EU の市民の約 45%，大学生の約 77% が母語以外でのコミュニケーションが可能という数字が示された。

3.2　欧州地域・少数言語憲章

　欧州では，公用語の地位にない地域少数言語も，1992 年に採択された「欧州地域・少数言語憲章」（European Charter for Regional or Minority Languages）[14] によって保護の対象となる。国の公用語の地位にない少数言語であっても，公的な手続きに使用できたり，学校での学びを保証されたりする権利が認められる。また他の国の公用語であっても，その国では少数言語であれば，保護の対象となる。この憲章は，EU ではなく，より広範な国々をメンバーとする欧州評議会の加盟国に呼びかけられて採択されたものである。その背景には，言語・文化的な関係が過去において様々な紛争の要因となったことがある。憲章が採択された時期は，冷戦終結後に不安定化したバルカン半島の旧ユーゴをはじめとして，欧州において民族対立の懸念が現実のものとなった時期とも重なる。

　しかし，当時フランスは，1992 年の憲法改正によって，第 2 条 1 項に「共和国の言語はフランス語である」と明記した直後であった。さらに 1994 年には，通称「トゥーボン法」[15] と呼ばれる言語法が採択され，会議や公の場でのフランス語使用が義務づけられ，英語の表記をそのまま使用することにも制限が加えられた（安江, 1995b）。

13　Decision No.1934/2000/EC of the European Parliament and the Council of 17 July 2000 on the European Year of Languages 2001, OJ. L232 September 2000. Report from the Commision to the Council, the European Parliament, the Economic and Social Committee and the Committee of the Regions- The Implementation and Results of the European Year of Languages 2001, COM/2002/0597 final.

14　2020 年末現在，調印・批准を終えた国は 25 ヵ国。フランス，イタリアなど調印は済ませたが批准していない国もある。憲章の批准のためには，憲章が求める 96 項目すべてを承認する必要はなく，35 項目への同意でよい。

15　Loi n 94-655 du aout 1994, relative a l'emploi de langue français. フランスで開催される国際会議はフランス語で行うことや，T-shirt（Tシャツ）などの商品の外来語もフランス語表記することが望ましいとされた。

　他方，フランスでは，本土内に少数言語（オキシタン，アルザス，ブルト
ン等）も存在し，また海外領土・海外県を含めると75の言語が話されてい
る。こうした言語の多様性を，文化の豊かさとして評価する者がいる一方
で，フランスの基本理念である普遍主義に反するとか，「一にして不可分」
の共和国を分断するものとして否定的に捉える論者も多かった。フランスは
1999年に「欧州地域・少数言語憲章」への調印を行ったものの，憲法との
抵触が指摘されたこともあり，議会での批准は見送られた。2008年の憲法
改正によって，第75条1項の地方自治の章に，「地域言語はフランスの遺
産（patorimoine）である」という条文が挿入され，地域言語は憲法上も認知
された。しかし，共和国原理にこだわる議員が多く，その後もフランスは憲
章の批准に至っていない。

　フランス語は，英語に対して相対的に少数話者の言語であることから，グ
ローバルなレベルでは多言語・多文化主義を主張する場面もある。なお，
「欧州地方・少数言語憲章」が保護するのは，欧州において伝統的に使用さ
れてきた言語だけであって，話者数にかかわらず，欧州以外の地域からきた
移民の言語に保護は及ばない。

3.3　欧州公共圏と言語

　EUレベルにおいて，制度としての多言語主義を掲げるだけでは，政治的
な共同体として不十分である。複数の言語グループが「島」のように存在
し，EU市民の間で，十分なコミュニケーションがとれなければ，欧州は
「バベルの塔」になってしまう。一つの政治的共同体としての公共空間ある
いは公共圏を形成するためには相互のコミュニケーションが不可欠である
（安江，2007）。

　加盟国の国民が，EU市民として共通の未来のために様々な争点について
議論していくことが重要である。それによって，政治的な空間が公共圏とし
て機能し，民主的な正当性が確保される（ハーバーマス，1994）。言語能力
はその要となる。

　以上のような認識に基づき，自らの母語以外の言語を互いに学び合うこと
を奨励し促進するため，EUは，様々な教育プログラムを展開してきた。第
二次大戦後，独仏の若者の交流は，1963年のエリゼ条約に基づいて和解の

意味をこめて始まった。EU（当時は EC）レベルでは，1987 年から Erasmus 計画により，大規模な学生・研究者のモビリティが支援され，30 周年を迎えた 2017 年までに約 400 万人がその恩恵を受けた。EU の権限は，政策分野ごとに異なり，文化や教育に関する政策分野は基本的に加盟国の主権に属している。言語・文化に関する EU の権限は補完的なものにとどまる。経済的には統合を進めても，文化的な多様性は堅持するというのが EU の基本的な考え方である。それに対し，通商政策や農業政策は EU が排他的に政策決定を行うことのできる分野であり，環境政策は EU と加盟国が共に責任をもつ共有権限にある分野である。文化や教育政策において，EU の役割は，複数言語を学ぶ環境を整えるよう加盟国に促し，留学制度を整え，財政的な支援をすることにある。EU 市民は，労働ビザなしで他の加盟国で就労する権利が認められているが，その機会を生かすために，他の加盟国で学んだ経験や複数言語能力が大きな鍵となる。

4.　Brexit と言語

　EU は，市場や通貨の統合によって，国境のもつデメリットを除去し，商品やサービス，市民が自由に行き来する領域を創出することに力を注いできた。しかし，今日，多くの加盟国では，アンチグローバル化やアンチ EU のポピュリズムが台頭している。EU 離脱を問う英国の国民投票の結果もその表れといえる。こうしたポピュリズムの動きも，実は言語と深い関係がある。

　欧州は，伝統的に多言語・複言語社会である。EU は互いに多様性を認め合いながら政治・経済分野の統合を進めることで，対外的には，より大きな市場規模の利益や外交力を維持しようと試みてきたが，加盟国の国民の間に真の連帯感が生まれるためには，まだ克服すべき課題がある。国境を超えてビジネスを展開する人や，大学や研究機関において国際的な研究交流をしている人は，グローバル化や欧州統合の恩恵を受けるが，国境の内側にとどまっている人にはメリットが少ない。

　一般的に EU を支持する人は，相対的に若者や高学歴者が多く，逆にアンチ EU や移民排斥を支持する人々の多くは，他の加盟国の言語を解さないこ

とが世論調査で示されている。また他国への訪問の経験が少なく，他国の文化に対する好奇心，あるいは他国に留学し，就労しようとする意思を抱かない者も多い。後者に属する人々は，学歴や年収も相対的に低く，欧州統合やグローバル化が，自分たちに不利な条件をもたらすと信じている。

　Brexit をめぐる国民投票に際して，多くの経済学者は，EU への参加は英国経済にとってプラスであり，離脱は大きな打撃となると警告を発していた。しかし，欧州統合のメリットを生かすことのできない人々は，こうした合理的な説得には応じることがなかった。

　グローバルな言語である英語を母語とする英国民は，あえて他の言語を習得するモチベーションが低い。また歴史的に，ヨーロッパ大陸は，大英帝国と対峙されてきた概念であり，EU 市民としての連帯意識は低かった。Brexit の背景には，長引く不況や移民の増加，難民の受け入れなど様々な不満が渦巻いており，これが EU 離脱の選択に直接繋がったであろうが，言語を媒介として社会をどう捉えるかという「世界観」も国民の判断に影響を与えた要素と考えられる。Brexit を求めるロンドンのデモでは，EU における「多様性の中の統合」を否定する排外主義的な主張がなされた。

　2015 年に実施された調査（EU institutions data, 2015）によると，加盟国の国民について尋ねた質問では，英国では，自分は英国人としてのアイディンティしかもたない，すなわちヨーロッパ人であるとの自覚がないという人の割合が EU 内で最も高く 64% に及んでいた。こうした世界認識や外国語に対する興味の低さが Brexit の背景にある。

5.　「母語プラス 2」とフランス語

　英語を話者とする人口は，中国語に追いあげられつつも，その国際性には疑問の余地がない。母語話者としては，中国語（北京語）が約 10 億人，英語の約 3 億 5 千万人をはるかに上回っている。第二言語話者としても中国語が英語を上回るが，学習により習得した言語話者全体では，なお英語が 1 位となっている。英語は，英語圏のみならず，英語を母語としない ASEANなどの地域機関の公用語として採用されている。ASEAN では，域内の特定の言語に優越的地位をもたせず，より中立的な言語の使用が模索され，英語

を公用語とすることになったのである。

　英語には他にもメリットが多くある。例えば，パソコンやインターネット
の使用は英語に有利である。英語には，アクサンやウムラルトなどの文字が
なく，文字入力の際も簡易な動作で済む。フランス語は，形容詞が多く，す
べての名詞に男性形・女性形があり，文学的あるいは叙述的な表現について
ニュアンスに富み優れているが，外国語として習得するには英語より時間を
要する。

　かつてフランス語は欧州を中心に外交用語としての優越的地位にあった
が，現在は英語にその地位を譲っている。EU が「母語プラス2」の多言語
習得を奨励しているが，その背景にはフランスの強い主張があった。「母語
プラス1」では，多くの者が英語を選択するため，フランスは「母語プラス
2」を強く主張して，EU では2外国語の習得が推奨されるようになった。
母語あるいは第一言語としてのフランス言語人口は，日本語と大差はなく約
1億2，3千万人である。しかし，世界において，第二言語あるいは学習者
としてフランス語を使う人口は日本語のそれより多く，フランス語話者は，
旧植民地や海外領土を含め約2億数千万人の人口を維持している。

　フランス語は，語彙の多さ，とりわけ形容詞の多さが表現を豊かにしてお
り，到底，翻訳しきれない微妙な言い回しがある。フランス文学を原語で楽
しむためには膨大な語彙が必要となる。たしかに，フランス語を母語話者と
同レベルに習得することは困難であるが，フランス語という媒体を通して自
己の世界観を広げることは可能である。

　国際政治や国際関係についての報道では，例えば，ル・モンド紙から見え
てくる世界と，フィナンシャルタイムズ紙から見える世界には違いがある。
ル・モンドは，アフリカや中東情勢などについて独自の情報源をもち，英米
系の新聞社とは異なった角度から問題を伝えている。日本では，英米系のメ
ディアに依拠することが多いために，ル・モンドなどの別の言語メディアに
触れることで，新たな視点から国際情勢を分析することが可能となる。国際
政治や国際関係論の研究者は，複数言語の資料を情報源とすることで，世界
の動向を複眼的に捉えることができる。言語チャンネルの多さが，国際的な
視野の広さや発想の柔軟性に繋がり，出来事の本質に迫ることができる。

6.　移民の社会的統合と言語

　国境を越えた人のモビリティの高まりによって，社会の多様性が高まり，多文化社会が出現しつつある。2018 年には，EU の加盟国に在住する他国籍者は約 7.8% で，そのうち 3.4% が他の EU 加盟国の国籍，4.4% が EU 域外国民であった。モビリティの高まりは受入国と移民の双方にとって経済的なメリットがあるが，他方で，受入国において「社会的統合」がうまく進まないと，移民本人にとっても，受入国社会にとっても好ましくない状況が生じる。特に，第三国から EU にくる移民には，EU 市民権（安江, 2007: 第 4 章）が付与されないため，不利な条件での生活を余儀なくされる。

　欧州において，移民の受入国の母語教育について様々な試みがなされてきた。言語の価値の平等性や多様性の尊重という観点から，EU 域内・域外双方からの移民の母語に対して一定の配慮が求められよう。移民の子供に出身国の言語を学ぶ機会を提供する試みは，70 年代半ばから実施されてきた。例えばフランスでは，ELCO（Enseignement des langues et culures d'origine）という出身国の言語・文化教育の仕組みがある（小山, 2013; 島埜内, 2014）。これは，移民送出国とフランスが二国間協定を結び，送出国の費用負担により教員を派遣し，正規の公教育カリキュラムの中で母語教育や文化継承教育を行うものである。この制度により受入国の財政負担が少なく，出身国の母語・文化教育が可能になる。ただし，フランスにおいて ELCO が導入された 70 年代は，新たな移民の受入停止を決めた時期と重なり，移民の母国帰還を想定した政策という側面もあった。しかし，移民が永住する場合でも，母語教育や出身国の文化継承教育は総合的な学力向上に効果があるといわれる。OECD は，移民の子供の人格形成において，母語教育の重要性を指摘している（OECD 編, 2018）。

　ELCO の対象は，ポルトガルやイタリアなど欧州諸国であったが，その後，モロッコ，アルジェリア，チュニジア，トルコなどの北アフリカ・中東諸国に力点が置かれた。こうした欧州以外の国の言語については，欧州地域・少数言語憲章による保護の対象外であり，ELCO によって複言語話者が維持されるという側面もある。フランス教育史において，ELCO は，「異文化間教育」の一環として位置づけられてきた。異文化間教育については，日

本でも近年，議論されつつある（西山・大木編，2019）。

　他方で，移民の受入国社会への統合が優先されるべきだとして，ELCOに批判的な見解もある。派遣されたELCOの教員が，自由・平等・博愛や人権保護を掲げるフランス共和国の精神と相容れない教育をすることが問題とされたこともある。現在では，母語教育を特別の枠組みではなく，通常の第二言語教育に組み入れる方向が模索されている。国籍の付与に関して出生地主義をとるフランスでは，フランス語を話せても，正しく筆記できない移民二世，三世のフランス国籍者が増えている。言語能力の不足が，職を見つける困難さに繋がり，ひいては社会的統合の障害となっている[16]。さらに，過激思想をもつ組織からソーシャルメディア等によってテロへと勧誘されるリスクも指摘されている。

　フランスでは，1970年代の終わりから80年代にかけて，移民が自らの文化を維持しながら受入国で生活することを肯定する「相違への権利」（droit a la différence）が唱えられたが，その時代は過去のものとなりつつある。冷戦が終結し，東欧へとEUが地理的に拡大して，東欧から西欧への人の移動が始まり，さらに中東やアフリカなどの紛争地から多くの移民・難民が人道的な理由で滞在するようになると，移民の社会的統合の必要性は一段と高まってきている。移民が受入国の社会で暮らすために必要な言語能力や職業訓練を施すことが緊急の課題となった。フランスでは，2006年と2007年の移民関連法の改正により，移民の家族呼び寄せに対する条件が厳格化され，フランス語能力やフランスの理念などを問うテストが義務化された。このテストに合格しない場合，研修を受けることが求められる（安江，2012: 第3章）。

　2010年10月，ドイツのメルケル首相が，ドイツで「多文化主義は失敗した」という発言をしたことは反響を呼んだ。ただし，この真意は，移民の制限に直結するものではない。ドイツでは，血統主義に基づき国籍を与えず，いずれ帰国することを前提に国内に居住することを認める多文化主義をとっていたが，移民の定住を前提にドイツ社会への社会的統合のための手段を講

---

16 移民は10代後半から50代の労働人口に集中しており，労働力として期待される一方で，その失業率は，受入国の国民に比べて高い数字で推移している。

じる政策への転換であった。実際，2000年代から移民法改正などによって，移民にはドイツ語やドイツ文化を学ぶ統合コースの受講が義務づけられていった（渡邊・Gildenhard, 2013）。ドイツ国籍取得の要件も，1999年と2014年の改正で相次いで緩和され，出生地主義の要素が加えられた（渡辺, 2014）。

独仏は共に，基礎的な言語能力と合わせて，受入国に関する基本的な知識や価値観を問う試験を課すなどして，それを条件として移民に滞在を認めるよう定めた移民法の改正を行った。そして社会的にも貢献できる高度人材を受け入れようとする選択的移民の時代が到来している。

多文化主義への反省に基づき社会的統合を促進する動きは，移民に自らの文化を捨てて受入国で暮らすことを強いるという古典的な同化主義的論理への回帰とは異なる。社会的な統合を目指し，個人の内部では複言語・多文化の自由を認めながら，移民側と受入国側の双方の協力のもとに，分断されない一つの社会を構成していく新たな試みが模索されている。

7. 多様化する日本社会と言語

日本でも，少子高齢化をはじめとする様々な理由で，外国人の受け入れが進められ，義務教育や高等教育の場において，日本語教育や異文化間教育が現実の課題となった。日本において，公立の小中高で学ぶ外国人児童は7万を超えると見られる（文部科学省, 2016）[17]。受け入れ自治体や教育現場の混乱も報告されているが，本格的な対応はこれからといえる。

日本社会でも，外国語習得をめぐる変化はいろいろな場面で生じている。例えば，自動翻訳などのIT化が進み，言語を学ぶ意味や方法は著しく変化している。簡単な会話は携帯端末で可能となり，単語の暗記の重要性は低くなり，より身近に外国語の世界に接することができる環境が整いつつある。

変化は身近なところにもある。外国人観光客に英語で応答するバス運転手は，文法をリカレントしたのではなく，あらかじめ乗客からの質問を想定し

17　文部科学省によると，日本語指導が必要な児童生徒は，外国籍で約3万5000人，日本国籍をもつ帰国者で約9500人いる。この数字は10年間で約10倍に増えている。

たヒヤリングと，それに応答する能力を鍛えている。彼らには英作文は不要であり，自らの職務の範囲で必要な語彙と発音を習得している。社会のニーズが欧州化したともいえる。読み・書き・対話などを，必ずしも同レベルで習得することを前提としない教育や評価が実践されている。

　大学のキャンパスでは，しばしば外国人教員や学生同士が日本語で会話している。英語より日本語が得意な彼らにとって，日本語こそがコミュニケーション・ツールとなっている。留学生の急増に対応して，日本語能力の判定基準について，国際的により客観的で透明な基準を示していく必要がある。

　さらに，日本における外国語教育について考えるとき，「アジアの言語」を無視するわけにはいかない。日本の若者のアジア言語に対する関心も徐々に高まっている。例えば立命館大学政策科学部では，西洋系言語の他に 5 つのアジア系言語[18]を履修できる。社会科学系としてはかなり広範な選択肢が用意されている。このことは留学生受け入れと関係が深い。同じキャンパスに学ぶ留学生の出身地の言語や文化を知る機会をもつこと，そうした国に共にフィールドワークすることを通して，双方向の学びを実現する可能性が生まれている。

　また，国際人材養成の観点から，国際バカロレア[19]や，インターナショナル・スクール[20]における学びに注目が集まっている。国際バカロレアは，世界の複雑性を理解し，そのことに対処できる生徒を育成すること，生徒が未来について責任ある行動をとるためのスキルを身につけることを目標としている。国際的にも通用する大学入学資格（International Baccalaureate）を与え，世界の大学への進学ルートを確保するものである。現場では，学習の他に，スポーツや文化活動を共通の体験として，言語を生活の中で学ぶことが

18　中国語，韓国語，インドネシア語，タイ語，ベトナム語。

19　国際バカロレアは，スイスのジュネーブに本部を置く民間団体である International Baccalaureate が提供する国際的な教育プログラムである。現在，世界の 140 以上の国・地域で約 5000 校が認定を受けている。日本では 50 校弱の小中高が認定を受けている。

20　「インターナショナル・スクール」には特段の定義はなく，文部科学省によると，主に英語による授業が行われ，外国人児童生徒を主な対象とする学校とされる。2016 年の「義務教育の段階における普通教育に相当する教育の機会の確保等に関する」法律により，義務教育の就学義務の履行として扱われるようになった。

できる。国際バカロレアの理念として，他者への理解やバランスのとれた人格形成など，多文化社会を生きる若者に必要な素質を身につけることが目指されている。

8.　おわりに——言語教育のパラダイム転換

　欧州において，言語は個人のアイデンティティの問題であり，また同時に欧州統合の鍵となる。欧州では多様な民族的背景をもつ人々が多く，2, 3世代遡れば，異なった国籍や言語背景をもつ祖先がいることは普通である。

　例えば，ブリュッセルで EU の機関で働いている知人は，イタリア語とスペイン語を母語とし，英語もできる。彼の妻は日本人で，スイスで音楽留学の経験があり，日本語の他にドイツ語を話す。彼らの子供には，ブリュッセル在住のためフランス語による教育を受けさせている。両親ともにフランス語は得意ではないので，両親は各々異なった言語で子供に話しかけ，学校ではフランス語を使う。ただしコアな言語や文化をもたず，チャンネルが複数ある状況は，形成途上の子供の人格にどのような影響があるのか未知数である。

　人の移動が加速し，文化や文明が出会うところではイノベーションが生まれる。今日ほど，言語・文化についての包括的な学びが求められている時代はない。受験のための外国語でなく，異なった文化をもつ人々に対する好奇心，寛容さ，公正さを求めつつ，世界とそこで生活する多様な人々を理解するための全人格的なアプローチが大切であろう。

　日本における言語教育も，人的モビリティの高まりや技術革新に直面し，パラダイム転換の時期を迎えたといえよう。言語教育の問題は，グローバル化社会における日本人の国際感覚，あるいは「世界観」をどう育てていくか，その方向を探るという非常に大事な問題と関わっている。

　言語教育にもたらされる変化が，文法と単語を丹念に習得し，学校で好成績をとるという目標から，グローバル社会において各々の目的を達成するために必要なコミュニケーション能力を育てるという視点への移行が求められよう。コミュニケーション能力には，相手の文化的背景や思考パターンに対する理解や，それに基づく表現方法も含まれる。こうした能力をどのように

評価するかは，学習者の学び方やモチベーションにも強く影響する。

　また，国際関係論においては，ある国の国民性や文化が，他の国の人々から評価され，それがソフトパワーとして国の潜在力となっていくパブリック・デプロマシーの重要性が指摘されている。世界の青年にとって，言語を通して文化や価値観の多様性・相対性を知ること，自国の文化・社会制度を客観的に見ること，そして国際社会への発信力を獲得することは不可欠となっている。言語の学びやその評価方法も，こうした時代の転換に応じて刷新されていくことになろう。

引用文献

飯笹佐代子(2018).「二言語・多文化主義政策の成立──カナダのナショナル・アイデンティティに」細川道久編『カナダの歴史を知るための 50 章』(pp. 213-218.)明石書店.

OECD 編(2018).『移民の子どもと世代間社会移動──連鎖する社会的不利の克服に向けて』(木下江美・布川あゆみ・斎藤里美訳)明石書店.

キムリッカ, W.(1998).『多文化時代の市民権──マイノリティの権利と自由主義』(角田猛之・石山文彦・山崎康仕監訳)晃洋書房.

小山晶子(2013).「フランスの公教育と移民のアイデンティティ──政治的空間の揺れ動く境界」『東洋大学社会学部紀要』50(2), 129-141.

島埜内恵(2014).「フランスにおける「出身言語・文化教育」政策の変容──国民教育省による通達の分析を通して」『筑波大学教育学系論集』38, 15-27.

センプリーニ, A.(2003).『多文化主義とは何か』(三浦信孝・長谷川秀樹訳)白水社.

西山教行(2011).「外国語教育と複言語主義」(講演録)*Forum of Language Instructors,* v.5.

西山教行・大木充編著(2019).『グローバル化のなかの異文化間教育──異文化間能力の考察と文脈化の試み』明石書店.

ハーバーマス, J.(1994).『公共性の構造転換──市民社会の一カテゴリーについての探求』(細谷貞雄・山田正行訳)未来社.

森田安一(2000).『物語 スイスの歴史──知恵ある孤高の小国』中央公論新社.

文部科学省(2016).「日本語指導が必要な児童生徒の受入状況等に関する調査」

安江則子(1995a).「多言語主義と言語ナショナリズム──EU と構成国の言語政策」『外交時報』*1314*, 51-63.

安江則子(1995b).「EU 統合と言語政策──フランスの新言語法制定をめぐって」『政策科学』3(1), 59-66.

安江則子(1996).「EU における多言語主義の多角的検討」『日本 EC 学会年報』*16*, 119-136.

安江則子(2007).『欧州公共圏——EU デモクラシーの制度デザイン』慶應義塾大学出版会.

安江則子(2012).「EU の域外国境管理政策とフランスの移民問題——岐路に立つシェンゲン協定」安江則子編著『EU とフランス——統合欧州のなかで揺れる三色旗』(pp. 71-94.)法律文化社.

渡辺富久子(2014).「【ドイツ】国籍法の改正」国立国会図書館調査及び立法考査局『外国の立法』*261-2*.

渡邊沙代・Gildenhard, B.(2013).「ムルティクルティ——ドイツにおける多文化主義の諸相」*Doshisha Studies in Language and Culture, 15*(4), 391-419.

EU institutions data (2015). Standard Eurobarometer 83. Brussels, Belgium: Directorate-General for Communication.

Huntington S. (1993). The clash of civilization?. *Foreign Affairs*, summer 1993.

Huntington S. (1996). *The clash of civilization and the remaking world order.* New York, NY: Simon & Schuster.

Yasue N. (1999). Le multilinguisme dans l'Union européenne et la politique linguistique des Etats members, *Revue du Marché Commun et du l'Union Européenne,* 277-283.

第 2 章

CEFR はなぜわかりにくいか
——CEFR の成立とその構造

西山教行

　CEFR は外国語教育関係者に広く知られていながらも，必ずしも十分な理解が得られていない。本章はそのわかりにくさの解明を行うにあたり，「基礎フランス語」や「スレショルド・レベル」との比較から出発して，CEFR 作成の経緯を通時的に検証する。CEFR は一人の研究者が執筆した著述ではなく，複数の研究者が異なる角度の先行研究を組み入れながら編集した文書で，さらに英語とフランス語の複言語状態で作成された。そのため外国語教育に整合性を求める文書が皮肉なことに整合性を獲得しておらず，わかりにくい記述が多々見られる。

　また CEFR（2001）では十分な展開を示さなかったものの，21 世紀に重要視されてきた媒介能力について，CEFR 増補版と CEFR の著者の一人コストの主張に齟齬が見られるように思えるのは，増補版が外国語教育を対象化しているのに対し，コストは移民や難民といった社会的弱者をも視野に収めたより広い言語教育を構想しているためである。

キーワード 🔍　「基礎フランス語」，「スレショルド・レベル」，欧州評議会，言語教育政策史，媒介能力

1. はじめに

　CEFR はよくわからない，難しいなどといった不平や不満を耳にするのは私だけではない。CEFR の難解さの反動は CEFR を例示的能力記述文や 6 段階の共通参照レベルに還元してしまうことにもあらわれる。CEFR はなぜ難解なのだろうか。本章はこの問いを解明するにあたり，CEFR がどのように作成されてきたのか，作成の歴史的文脈やそのプロセスに注目する。

　本章はまず CEFR の作成に先立つ外国語教育における言語能力観を振り返り，「基礎フランス語」ならびに「スレショルド・レベル」を検討する。それを受けて，1991 年にスイスで開催された国際会議に注目し，CEFR の開発にあたっての課題を確認する。その上で，CEFR の構造を編集のプロセスから考察する。最後に 2018 年に公開された CEFR 増補版と CEFR の著者の一人コストが主張する媒介観を比較し，二つの媒介能力の整合性を検討する。

2. 70 年代までの外国語教育の文脈

　ヨーロッパにおいて CEFR の作成が決定されたのは 1991 年のことで，まもなく 30 年になる。CEFR が欧州評議会（Council of Europe, 以下 COE と略記）という国際機関の公開したものであることは知られているが，この国際組織が，なぜ，どのような経緯のもとに CEFR の作成を決定したのかはあまりよく知られていない。そこで本章ではその経緯を明らかにし，CEFR 作成にさかのぼる歴史的背景を検証したい。

　COE は 1949 年に設立された国際機関で，第二次世界大戦においてナチスドイツの台頭を許してしまった過去に対する反省と，米ソによる東西冷戦の中にあって人権や民主主義を守ることを目的として創設された。設立当初は言語教育に対する関与はなかったものの，加盟国は 1954 年に欧州文化協定を締結することにより自国語だけではなく隣国の言語教育をも積極的に振興することを確認し，これ以降，COE は言語教育政策をプロジェクト研究の形式で開始する。プロジェクト研究は複数年にわたり実施され，なかでも1971 年から 1977 年にかけて進められた「成人の外国語学習のための単位蓄

積型教育システムの実現可能性に関する研究」は，COE の言語教育政策の中でも重要な研究のひとつに位置づけられる。ここに掲げられた「単位蓄積型教育システム」とは，現在ではモジュールタイプ[1]の教育として知られているものの原型と考えられ，1950 年代に成人の外国語教育の改善に取り組んでいたナンシー国立高等鉱山学校のベルトラン・シュヴァルツが考案した教育制度である（Trim, 2007）。シュヴァルツは成人教育の実践をもとに学習者を中心とする教育制度を構想し，学習者がみずからのリズムで自分に必要な科目を学ぶことのできるシステムを開発した（関, 2019）。シュヴァルツは成人学習者の学習時間や時間管理に着目し，与えられた少ない時間を効率的に活用することができるよう，学習単位の分割を考え，「単位蓄積型教育システム」を構想した[2]。このような教育システムは現在から見るとごく当たり前のものとなっているが，開発の当時には極めて先端的な考え方と見なされており，スレショルド・レベルやフランス語能力検定試験に大きな影響を与える。そこで，その革新性や，また CEFR 以前の外国語能力の評価法を理解するために，Galisson & Coste (Eds.) (1976) に基づき 1970 年代頃までの外国語教育のレベル分けをめぐる議論ならびに，それに関連した「基礎フランス語」の成立を振り返りたい（Gougenheim et alii., 1964; Cuq, 2003）。

　戦後長きにわたり，フランスにおける外国語学習のレベルは第 1 段階，第 2 段階の 2 段階に分類されており，第 2 段階より上位のレベル「第 3 段階」は事実上実践されていなかった。第 1 段階の到達には 300 時間から 400 時間と多大な学習時間を必要とすると考えられていたが，第 2 段階の具体的な到達時間は例示されていない。またレベルの区分は必ずしも固定的なものではなく，レベルを認定する学校などによっても変動があった。つまり当時のフランス語学習のレベルは心理学の定める発展段階のような厳密な規定に従ったものではなく，また文法について第 1 段階は暗示的に，第 2 段階は明示的に教えるとの枠組みが提示されるにとどまり，文法項目の詳細は教

1　モジュールとは「それぞれ区別された機構が互いに作用してひとつの体系をなしている」構造を指す（小池編, 2003）。

2　このシステムは 1985 年に導入されたフランス語の資格試験 DELF, DALF に反映された。しかしながら，2005 年に DELF, DALF は改訂され CEFR 準拠となることによって，当初の構想から微妙に変化した。

材や教育機関の裁量にあった。

　このふたつの段階の上位にあると想定された第3段階は，外国語を使用して何かを学習するレベルと考えられており，必ずしも外国語教育の対象と見なされていなかった。実際のところ，第3段階を外国語教育の枠内でとらえるべきか否かは80年代後半に研究者の間で争点となっており，このレベルの外国語能力は学習者個人の努力によって到達しうると考えられ，学習課程への統合は積極的に行われていなかった（Ali Bouacha, 1987）。フランス語教育の頂点は文学教育であり，文学作品の鑑賞こそがフランス語教育の精髄と考えられたことから，第3段階の教材とは文学作品のアンソロジーであり，中世以降，現代にいたるまでのフランス文明の精華を玩味することに向けられていた。

　この2段階の教育・学習レベルは，1952年に公開された「基礎フランス語」le français fondamental の構成と相関関係にある。基礎フランス語とは，フランス国民教育省ならびにユネスコの主導により，当時のフランスの植民地にフランス語を普及し，教育を改善する目的で構想された，単語ならびに基礎文法のリストである。基礎フランス語が構想された1950年代とは，海外領土や植民地における教育の改善が課題の時代であり，基礎フランス語はまず植民地人の教育へと向けられていた。また，この時期にフランスは戦後復興のため植民地から多くの移民労働者を受け入れており，移民向けのフランス語教育の需要もあった。と同時に，基礎フランス語は植民地人や移民だけに向けられたものではなく，フランス語を学ぶ外国人をも対象としており，フランス語普及を通じて冷戦時代のフランスの国際的地位の低下になんらかの歯止めをかけ，それを確保するための方策のひとつでもあった。

　基礎フランス語は語彙だけではなく，よく使われる文法用語や構文も取り上げ，また16のテーマに沿った具体的な語彙，すなわち言語産出の必要に応じてただちに動員することのできる待機性を持つ語彙をも含めた。基礎フランス語第1段階の単語リスト1,445語は世界に先駆け統計調査に基づき作成されたもので，オープンデッキレコーダーに163回の会話を録音の上，単語の頻度を調査し，第1段階の語彙として1,445語が選ばれた。基礎フランス語第2段階は第1段階より進んだレベルで，さらに広い概念を話し，書くことができ，また新聞や本も読むことができるレベルを目指している。

第 2 段階の単語リスト 1,800 語は第 1 段階と異なり，新聞や雑誌から語彙を系統的に抽出する手法を採っている。

　基礎フランス語は 1951 年と 1954 年に公開されたのち，1970 年代後半までフランス語教育に広く活用され，「全体構造視聴覚法（méthode structoro-globale audio-visuelle; SGAV）」という教授法の発展に寄与した。SGAV とは，1960 年代初頭にペーター・グベリナ（クロアチア，ザグレブ大学音声学研究所），ポール・リヴァンク（フランス，サンクルー高等師範学校），レイモン・ルナール（ベルギー，モンス大学）が考案した教授法で，これはソシュールとバイイの言語学理論の影響を受けた教授法である。言語体系 langue ではなく，個人の発話する言語 parole を教えることを目指し，視覚と聴覚を統合したコミュニケーションを重視し，場面型アプローチや意味の段階的総合的把握に特色がある。ここでの「全体」とは，言語学習にあたり，語彙や文法だけを学習するのではなく，言語と非言語的要素の全体を包括的に学習するという意味で，リズム，イントネーション，ジェスチャー，時間・空間枠，社会心理的文脈を考慮に入れることを意味している。そして「構造」とは，口語のコミュニケーション構造の学習を意味する。この教授法はコミュニカティブ・アプローチができるまで，ヨーロッパで広く利用されていた。

　このように 1970 年代までの外国語教育，少なくとも外国語としてのフランス語教育における外国語能力レベルの考え方や実践は CEFR の共通参照レベルと極めて異なるもので，相当に緩やかな区分の上に成立しており，実証研究に基づく厳密なレベル分けや評価に基づくものではなかった。

　COE は「単位蓄積型教育システム」をヨーロッパに共通の言語政策として提案し，その普及を検討するため，1971 年 5 月にスイスのリシュリコンで「成人のための外国語教育の教育内容，評価法とその相互作用」と題するシンポジウムを開催した。この国際会議での議論は従来の免状よりもいっそう明確な評価指標を作成し，レベルをより細分化し，成人学習者にも対応できるよう少ない学習時間に対応した学習システムや免状の取得システムの構築を目指すもので，この議論はその後の共同研究へ発展する（Coste, 2013）。研究グループはジョン・トリム（イギリス，ケンブリッジ大学），ルネ・リヒトリヒ（スイス，ヌーシャテル・ユーロセンター），ヤン・ファ

ン＝エック（オランダ，ユトレヒト大学），デイビッド・ウィルキンズ（イギリス，レディング大学）によって構成され，彼らはそれぞれの国で英語やフランス語の教育に関わっていた。そして「単位蓄積型教育システム」の構築に関わる研究活動の成果として，ファン＝エックが「スレショルド・レベル」という概念を構想する。そこで次に「スレショルド・レベル」を検討し，CEFR との関連を考察したい。

3. 「スレショッド・レベル」とは何か

「スレショッド・レベル」（threshold level, niveau seuil ［敷居域］，以下 TL と略記）とは，外国語教育・学習において自律的学習者がサバイバルレベルにとどまることなく外国語による最小限のコミュニケーションを行うための能力レベルを指す指標である。これは，いわば「（扉の）敷居」をイメージするもので，その「敷居」を越えて「扉」の向こうに行けば，学習者は他人の助けを必要とすることなく，自由に動き回ることを示唆している。この指標概念をもとに英語についての *The Thresholde Level* が 1975 年に刊行され，フランス語版の *Un Niveau-seuil* は 1976 年に刊行された。TL とはまず外国語能力指標の名称であり，*The Thresholde Level* や *Un Niveau-seuil* は英語やフランス語といった個別言語について作成された資料体のタイトルである。*The Thresholde Level* は the の定冠詞を付し，TL の理念そのものを提示しているのに対し，*Un Niveau-seuil* は不定冠詞の un を付すことによって TL の理念をフランス語という個別言語において展開した資料のひとつであることを示している。TL は個別言語の特性に応じて作成されており，CEFR（2001）のようにひとつの文書が複数の言語に翻訳されたものではないが，フランス語の影響を受けたポルトガル語版を除いて，そのほとんどは実際のところ英語版の翻訳にとどまっている（Trim, 2007）。しかしながら *Un Niveau-seuil* は英語版の翻訳ではなく，フランス語についての TL を記述したものであり，コミュニケーションのための文法など英語版に存在しない章を含むもので，英語版が 253 ページであるのに対し，フランス語版は 663 ページと 2.5 倍以上の分量となっている。基礎フランス語がユネスコとフランス政府の主導によってフランス語という個別言語だけを対象としたことと

は異なり，TL は COE という国際組織によって一言語にとどまることな
く，複数の言語に展開するもので，特定の言語能力について異なる言語間で
の比較を可能にする教育資材である。しかしながら CEFR の共通参照レベ
ルと異なり，多様なレベルに展開されたものではなく，ひとつの段階にとど
まっている。

　この資料体は自律的な学習者が外国語を使用するコミュニケーションの
ニーズを実現するために，どのような言語活動を行うことが必要であるか，
その表現やスピーチアクトを提示し，またそのレベルのコミュニケーション
に必要な一般概念や特殊概念，またスピーチアクトの規定する機能に従った
言語能力を記述する。したがって，TL とは学習者が直接に参考にして外国
語学習に役立てるものではなく，テストや教材作成者や教師などが参照する
ものであり，ここに CEFR との共通点が認められる。もっとも，CEFR の共
通参照レベルについては能力基準として広く普及したことから，学習者が参
照することもある。

　TL の規定する外国語運用能力は CEFR の共通参照レベルでの B1 に相当
すると語られているが，これは必ずしも正確な理解ではない。そもそも TL
の能力レベルは CEFR のように学習者に対する実証研究によって決定され
たものではない。1970 年代には現在のように統計学の成果を活用した実証
研究は存在せず，専門家はそれぞれの経験値や直感に基づいて TL の能力レ
ベルを決定した。また TL は，作成の当時，外国語の運用能力として最低限
のレベルと考えられており，これ以下のレベルは想定されておらず，また
COE はその後に上位レベル，下位レベルを拡張し，外国語能力を包括的に
規定することを目指していなかった。確かに TL の英語版の下位レベルにあ
たる *Waystage* は 1977 年に刊行されるが，これはドイツ人英語学習者向けの
ラジオ教材のために作成されたもので，あくまでも特定の社会的要請に応え
たにすぎない。またその上位レベルにあたる *Vantage* も 1996 年に刊行され
るが，英語以外の言語では類似の試みは見られなかった。当時の COE の言
語政策に関与していた研究者は自律学習や言語ニーズ，学習者中心，自己評
価などを重視しており，学習能力の階層化への関心は乏しかったのである。

　Coste（1993）によれば，TL の上位レベルの開発は新たな課題を含んでい
た。そのレベルは従来のレベル区分での第 3 段階に相当するもので，上位

レベルでは言語知識や言語能力などコミュニケーションにただちに必要な技能だけを要求するのではない。むしろそこでの言語学習の目標は多様化することから，メタ言語知識や学習言語が使用されている国や地域をめぐる社会文化や文学などを外国語によって学ぶことになる。さらにはメタ言語知識との関係で考えると，学習ストラテジーやコミュニケーションストラテジーといった言語学習に関わる技能が課題となる。TL の上位レベルの言語知識や言語能力の評価は，これまでの知見の活用により可能になるだろうが，言語活動に関する知識や外国語を通じての社会文化的知識の獲得について，また学習ストラテジーやコミュニケーションストラテジーについて従来の評価法で判断できるのだろうか。そこでは CEFR の刊行後の複言語教育政策の中で生み出されてきた多元的アプローチ[3]と呼ばれる教授法との親和性が高い。たとえば，メタ言語知識の獲得は言語活動そのものへの意識を高めるという点で言語への目覚め教育との親和性がある。また，外国語を使用して社会文化的知識や文学などを学ぶことについては CLIL（内容言語統合型学習）との親和性が高い。つまり TL より上位の言語レベルの評価は単一の手法に従うものではなく，多様な評価基準が可能となる。外国語の教育学習にはさまざまな手法が存在し，これが学校の教育文化の多様性を確保するのだが，教育文化が多様になれば，おのずから評価文化も多様になる。

　COE は TL の段階の拡充に積極的な関心を示さなかった一方で，加盟国の国語や地域語などの TL を次々に開発し，英語版（1975）を皮切りに，フランス語版（1976），スペイン語版（1980），ドイツ語版（1981），イタリア語版（1982），デンマーク語版（1983），ノルウェー語版（1988），オランダ語版（1985），バスク語版（1988），ポルトガル語版（1988）を刊行した。また TL はヨーロッパ諸国の国語だけではなく，ガリシア語（1993）やガロ語（1994）といった少数言語やバスク語（1988）など言語話者の少ない言語をも取り上げた。このような措置は英語やフランス語といった大言語と少数言語や小言語が対等の価値を持っていることを明示的に示している。言い換えると大言語や小言語を対等に扱うことによって，さまざまな言語話者の

3　多元的アプローチは，言語への目覚め，隣接言語の相互理解教育，統合的教授法，異文化間教育から構成されている（大山, 2016）。

平等を伝え，これが民主主義の価値であることを公言している。

　さて COE が一連の TL を開発する間にもヨーロッパでは歴史的変動が発生する。それは 1989 年のベルリンの壁の崩壊であり，それに伴う東欧諸国の民主化ならびに翌年のソ連の消滅，東西ドイツの統一である。それまで東欧はソ連の社会主義体制のもとにあって西欧とは異なる教育文化を構築してきたが，ソ連の消滅により教育の民主化が大きな課題となった。東欧諸国は次々と COE に加盟し，欧州文化協定に調印し，教育の民主化へ向けた支援を COE に求めてきた（Trim, 1993）。それまで西側諸国によって構成されていた COE は東欧の新規加盟国に対して，言語教育の刷新のための新たな政策を示す必要が生じたのである。

　このような要望に対して COE は東欧諸国の国語に関する TL を次々に開発し，ロシア語版（1996），ラトビア語版（1997），エストニア語版（1997），リトアニア語版（1997），ハンガリー語版（2000），チェコ語版（2004）などを公開した（Trim, 2007）。さらには言語教育政策のプロジェクト研究の一環として作成された Sheils（1988），*Communication in the Modern Language Classroom* もまたロシア語，ドイツ語，リトアニア語に翻訳され，TL とあわせてコミュニケーションのための外国語教育の刷新に貢献した。TL がコミュニカティブ・アプローチ理論の推進に貢献をしたとすれば，Sheils（1988）はコミュニカティブ・アプローチを実現する上での具体的な教授法を提示したのである。

　コミュニカティブ・アプローチの推進と並んで，言語教育政策の具体的な課題のひとつには「自己制御型学習（自律学習）」の普及があった。社会主義体制下の東欧において，ロシア語はほぼ必修科目だったが，民主化の波と共にロシア語教育は西ヨーロッパの言語，とりわけ英語教育に取ってかわられた。しかし，教員を短期間に補充することは困難であり，また教員養成は大きな財源を必要とする。そこでこの課題を一時的であれ，解決するための方策として自己制御型学習の発展が期待され，学習者が教師に依存しない状態で学習を行うことのできるような方策が求められた。このように COE の言語教育政策は冷戦後の東欧の言語教育にも幅広い影響を与えた。とはいえ，これはあくまでもヨーロッパ域内にとどまっていたことも忘れてはならない。

　ちなみに The Threshold Level 改訂版（1990）に基づき 1998 年に日本語訳
（『新しい英語教育への指針』）が刊行された。しかし，この日本語訳はあく
までも英語版 The Threshold Level の翻訳であり，日本の英語教育の中級レベ
ルに役立つ教育資料に他ならない。つまり外国語としての日本語に関する
TL，すなわちヨーロッパの諸言語と同じようなシステムに従って，日本語
を非母語話者に教育するにあたっての最低限の機能的レベルを記述したもの
ではない。またこの日本語訳が日本におけるコミュニカティブ・アプローチ
の普及にどの程度の影響を与えたのか明らかではない[4]。というのも，日本へ
のコミュニカティブ・アプローチの輸入は 1970 年代後半以降であり，翻訳
の時期から考えても，この翻訳がコミュニカティブ・アプローチの普及を進
めたとは考えがたいからである。CEFR が日本の言語教育のさまざまなレベ
ルに示唆や影響を与えつつあることに比べると，TL という概念・機能シラ
バスそのものの影響はあくまでもヨーロッパを中心とするもので，それも限
定的だったと考えられる。

4.　リシュリコンから考える CEFR

　1991 年にスイスのリシュリコンで開催された COE の会議は「ヨーロッパ
の言語学習における透明性と整合性——目標，評価，証明書をめぐって」と
題し，評価を主要なテーマとするものだった。そこでこのリシュリコンの会
議について振り返り，そこから CEFR についての考察を深めたい（Conseil
de l'Europe, 1993）。

　リシュリコンはドイツ語圏スイスのチューリッヒ・カントンにある人口
5,000 人あまりの小さな村だが，ここで COE が言語教育に関する会議を開
催したのは 1991 年が初めてではない。1971 年に TL の作成の発端となる国
際会議もこの村で開催された。この会議は CEFR やヨーロッパ言語ポート
フォリオの開発を決定するのだが，この決定は 1971 年の会議との言語教育
政策上の連続性に加えて，スイスという国家の社会言語学上の特徴とも無関

4　日本のフランス語教育の文脈においては，中川(1980)や古石(1981)が TL を紹介して
　いるが，あくまでも教育資材の紹介にとどまり，日本における TL の文脈化には言及し
　ていない。

係ではない。スイスは，ドイツ語，フランス語，イタリア語，ロマンシュ語を公用語とする多言語国家であり，多言語主義を国是とし，言語の平和を実現している国である。スイスは多言語状態にある社会だが，スイス人はモノリンガルであると語られることが多い。このような言語環境は言語教育政策と結びついている（藤井, 2019）。

　スイスの教育は 26 に区分されているカントン（州，準州）が管轄しており，それぞれ独自の教育制度を保持してきた。3 つの公用語が教育言語として使用され，そのために教育制度は実に複雑で，スイス国内での人口移動にあたっては多くの問題が生じてきた（Cavadini, 1993）。公用語の異なるカントンへ転居する場合，子どもの修学には多くの課題が発生した。たとえば，ドイツ語を公用語とするチューリッヒ・カントンからフランス語を公用語とするヌーシャテル・カントンへ転居すると，教育言語がドイツ語からフランス語へと変わるだけではなく，カリキュラムが異なるため，教材がすべて変わってしまい，転居先の学校への子どもの編入は容易ではない。スイスには一種類の国定教科書があり，それがドイツ語，フランス語，イタリア語といった教育言語に翻訳されているわけではない。原則として，それぞれのカントンで異なる教材を使用しているため，フランス語圏の学校での既習事項がドイツ語圏の教材では未習事項であったり，またその反対であるなど，カリキュラムの相違は子どもの学習の障壁となり，60 年代以降に増加した住民の移動に不利益を与えてきた。スイス国内の移動は多言語世界であるヨーロッパ内部の移動に匹敵するものであり，その意味でスイスは小さなヨーロッパなのである。

　多言語社会の複層性は言語そのものにも関連している。ドイツ語圏スイスではスイスドイツ語と呼ばれるドイツ語の変種を使用しているが，これは標準ドイツ語とはかなり異なるもので，ドイツ人やオーストリア人といったドイツ語のネイティブ話者にも理解が困難であることが多い。そのため，ドイツ語圏スイスの子どもたちはスイスドイツ語を第一言語として習得するものの，学校教育では標準ドイツ語を改めて学習する。そのために，スイス国内の他の地域の国語であるフランス語を学ぶ場合，それはすでに 3 番目の言語となる。そのため，子どもの負担も決して無視できない。

　スイスの多言語社会の問題点は多言語社会のヨーロッパが抱えうる課題で

もある。冷戦終結以降のヨーロッパにおいて市民の交流を活性化し，相互理解を深めるにあたり，その方策として大学生が他国に留学し高等教育を受ける場合，言語能力の認定に関する評価制度が問題となる。つまりヨーロッパ諸国では言語能力の指標が多種多様であったため，他国で認定された言語能力を受け入れ国では容易に認定することができなかったのである。スイスはこのような課題を国内問題として既に体験していた。そこで，1991 年の会議では言語教育の教育機関の代表によってヨーロッパ諸言語の評価制度が議論され，さまざまな免状や評価制度の比較を可能にするような措置が議論されたのである。フランス語についてはアリアンス・フランセーズが参加し，英語はブリティシュ・カウンシル，ドイツ語はゲーテ・インスティトゥート，スペイン語はインスティトゥット・セルバンテス，ポルトガル語はインスティトゥート・クルトゥラ・エ・リングア・ポルトゲサ，イタリア語はインスティトゥーティ・イタリアーニ・ディ・クルトゥーラといった具合に各種試験実施団体が参加した。

　検定試験をめぐっては複数言語間の比較だけではなく，一言語における複数の検定試験の調整という課題もあった。ヨーロッパには外国語能力の認定試験の種類が多く，なかでも英語教育について，1985 年の時点でイギリスには 20 の試験実施団体があり，それらが 4 種類の英語の検定試験を実施し，異なる評価基準を採用していた（Caroll, 1993）。それらの試験の間ではレベルが統一されておらず，レベルの比較は困難だった。そこで能力レベルを明確に比較できるような「透明性の高い」システムの設計が求められていた。CEFR の目的のひとつはこのように複数の言語検定試験に共通するスケールの開発と教授法の総括であり，ヨーロッパ諸国間で「言語能力資格を相互に認定する」（p. 5）方策が検討されたのである。

　これらの教育上の課題に加えて，コストの回顧によれば，CEFR の出発点には共通参照レベルを CEFR のひとつの章として組み入れるのか，あるいは増補の扱いとするのかなど，多様な議論が錯綜していた（Coste, 2013）。実際，CEFR のパイロット版や試行版（1996）では共通参照レベルや例示的能力記述文は増補に位置づけられていたが，2001 年に刊行された最終版は能力記述文や共通参照レベルを本体に組み入れた。そして能力記述文はより簡素に，また類型的になり，その結果 can-do 形式に表示されにくい社会文

化的要素や社会言語学的要素は取り除かれ，従来の評価や検定試験のモデル
にふさわしい能力記述文へと変化していった。

　CEFR の対象言語も課題のひとつだった。CEFR は英語教育だけに資する
教育資材なのか，あるいは複数言語に対応するのか。これは外国語教育の多
様化に関わるテーマであるが，最終的に複数言語に共通する資材へと発展し
ていった。CEFR はこのような多様な問題意識を抱える中で開発が始まった
ものの，これらの課題を包括的に検討し，すべての課題を統合し，整合的で
総合的な提言を出すことはなかった。むしろ多くの専門家の協働のもと 17
のプロジェクトチームを立ち上げ，多様な角度と関心をもとに CEFR の作
成が進められたのである。

5.　CEFR の編集過程

　CEFR の作成はリシュリコンでの会議を踏まえて進められ，完成に 10 年
を要したが，この間の編集作業は想像以上に複雑であり，この編集過程もま
た CEFR のわかりにくさの一因になっている。

　CEFR（2001）は現在 40 言語の版を展開しているが，当初はこれほど多
くの言語に対応するものとして構想されておらず，COE の公用語である英
語とフランス語の 2 言語を出発点とした。これは，CEFR を構想した COE
が言語の多様性を擁護する政策を採りながらも，EU のように加盟国の国語
すべてを公用語とすることなく，英語とフランス語の 2 言語を公用語とす
る選択的多言語主義政策に基づいているためである。そして諸言語の翻訳は
英仏語版に基づいている。

　CEFR（2001）は英語とフランス語による議論と執筆を経て完成したとい
う意味で，複言語的思考の成果であるが，これは CEFR（2001）の執筆者の
複言語・複文化性に関連すると考えられる。そこで執筆者の経歴を検証し，
CEFR（2001）それ自体の複言語・複文化性に迫りたい。

　CEFR（2001）の執筆者は，ジョン・トリム（イギリス，ケンブリッジ大
学），ダニエル・コスト（フランス，サンクルー・フォントネ高等師範学校
フランス語普及研究センター），ブライアン・ノース（イギリス，スイス・
ユーロセンター），ジョゼフ・シェルズ（アイルランド，COE 言語政策部）

の4名で，英語話者3名とフランス語話者1名から構成されている。

　トリム（1924-2013）の業績から振り返ってみたい（Byram & Hu (Eds.), 2013）。トリムはユニバーシティ・カレッジ・ロンドン大学にてドイツ語ドイツ文学を専攻した後に，1949年より母校の音声学講師を務め，1958年からはケンブリッジ大学に異動し，1966年にはケンブリッジ大学応用言語学科の新設に関わり，また夏季英語教育研修会などの充実に活躍した。COEの言語政策には1969年より関与し，1971年からは現代語プロジェクトのリーダーとしてTLの開発を推進し，1997年まで言語教育政策に関わり，この間にCEFRの編集に従事した。トリムは英語教育ならびに応用言語学の研究者としてテスト研究に重要な貢献をもたらしたが，これに加えてCOEの後押しによって結成された国際応用言語学会の会長を務め，さまざまな研究グループをとりまとめるなど，ヨーロッパ言語教育政策の中心人物だった。

　もう一人のイギリス人のノースはイギリスで英語教師を務めた後に，スイスに渡り，35年の間ユーロセンター財団において教務部長ならびに研究員として勤務してきた。ユーロセンターとは，スイス人が1948年にイギリスに設立した語学学校で，1960年頃からヨーロッパ各地に展開し，語学学校を開設している。その時期からスイスの大型スーパーチェーンのミグロスがユーロセンター財団を支援するようになり，学校はさらなる展開を遂げる。ユーロセンター財団は1968年からCOEの言語教育政策のコンサルタントとなり，1990年よりCEFR作成の支援に関与する。これはEurocentres Scale of Language Proficiencyとして実現し，その後CEFRの共通参照レベルとして統合される。能力評価基準の作成はCOEがCEFRの作成を決定する1年前にさかのぼるもので，COEはユーロセンターのプロジェクトをいわば回収したことになる。例示的能力記述文や共通参照レベルに複言語・複文化能力が統合されていないのは，そもそものプロジェクトの出発点が異なるためであり，最終的にすべてが一本化されなかったためである。さらにこの研究はノースの博士論文としてまとめられ，2000年に刊行される（North, 2000）。ノースはラッシュモデルを外国語教育の評価に導入した評価論の専門家として知られており，2018年の増補版の執筆にも活躍した。ちなみに2018年のCEFR増補版はCOEのプロジェクトとして公開されているが，

ユーロセンターの全面的な援助を受けている。

　アイルランド人のシェルズはフランス語教師として職業生活を開始したが，1970 年代にコミュニカティブ・アプローチの普及のためアイルランド言語教育研究所の研究員となる。その後，研究所教育部で高い評価を得て，COE の言語教育政策にも参画するようになり，1988 年に *Communication in the Modern Language Classroom* を刊行し，ヨーロッパにおけるコミュニカティブ・アプローチの普及に重要な役割を果たしてきた。1992 年にはアイルランドを離れ，COE 言語教育部に参画し，CEFR やヨーロッパ言語ポートフォリオの編集に参加した。また 1997 年には「ヨーロッパ言語の日」の実現にも貢献するなど，COE の言語教育政策に広く関わった。

　フランス人のコスト（1940〜）はパリ・オトゥイユ師範学校などを経て，サンクルー高等師範学校に入学後，近代文学を専攻し，高等教育教授資格を取得し，1 年間のイギリス留学の後，アメリカに渡り，アメリカ人に対するフランス語教育に従事した。その後フランスの母校に戻り，サンクルー高等師範学校付属フランス語教育・普及研究センター（クレディフ）の副所長を務め，外国語としてのフランス語の研究教育に従事した。1988 年から 1992 年までジュネーブ大学において言語教育を講じ，その後フランスに戻ると，クレディフの所長として 1996 年に組織の廃止にいたるまで外国語としてのフランス語教育の普及に関わる。COE への参画は 1973 年にさかのぼり，フランス語版 TL の編集に携わり，1990 年以降は CEFR の編集に関わってきた。これに加えてコストは欧州連合（EU）のリングアプログラム[5]をはじめとする言語教育政策にも関わるなど，ヨーロッパの言語教育政策の中心的役割を担ってきた（Besse, 2005）。

　このような執筆者の経歴を見ると，彼らは英語話者，フランス語話者と分類されるものの，複数の言語を用いる職業生活の中でキャリアを形成してきた「ヨーロッパ人」であることがわかる。コストによれば，CEFR の作成にあたり編集グループは英語とフランス語を使用して作業を進め，英語かフランス語で執筆した原稿をメンバーそれぞれが母語により検討していった。こ

5　EU が 1990 年から開始した，外国語教育の振興に関わる計画で，EU 加盟諸国の学生や市民の外国語教育や留学の財政支援を行う。

のことは，CEFR が英仏語の混在する環境，すなわち複言語状態の中で生み
出されたことを示している。その上で CEFR の原本は英語版とされている
が，複言語主義に関わる 2 章の始めとカリキュラムから見た複言語教育に
関する 8 章についてはコストが原案をフランス語で執筆し，その後，討議
を経て，英語に翻訳されている。つまりフランス語版 CEFR は英語版から
作成されているため，コストの担当した 2 章の始めと 8 章については，フ
ランス語から英語へ，英語からフランス語への 2 度の翻訳作業を経ている
ことになる（Coste, 2006）。これもまた読みにくさやわかりにくさの一因と
なっている。

　CEFR は開発グループの 4 名が中心となって作成した資料であることに間
違いはないが，これは 4 名によるオリジナルではない。CEFR とは，COE
が 1963 年以降に進めてきた外国語教育プロジェクト研究の成果であり，TL
を継承するだけではなく，1991 年に作成が決定されて以降に進められてき
た，さまざまな研究グループの共同研究を総合したものであり，一種のパッ
チワークのような構成になっている。そこでこのパッチワークの構成要素を
より仔細に分析したい。

　CEFR の中でも最も早い時期の研究はコストのフランス語による複言語主義
に関わる研究であり，これは 1991 年に刊行された論文集 *Vers le plurilinguisme ?*
（『複言語主義に向けて？』）にさかのぼる（Coste & Hébrard (éd.), 1991）。こ
の論文集は 1987 年に行われた Didactique des langues ou didactiques de langue.
Transversalité et spécificité（複数言語の教育学と複数の言語教育学，横断性
と特徴）と題する研究集会の成果の一部であり，その意味で複言語主義の着
想は 80 年代にさかのぼる。この論集では，国語により国民文化の統合を目
指す学校がどのようにして複言語能力を育成するか，その歴史や世界各地の
現況を論じ，学校教育を通じた複言語主義の可能性を探っている。

　しかし複言語・複文化に関する研究が本格化するのは，COE がフランス
人研究グループ（フランス，フォントネ・サンクルー高等師範学校フランス
語普及研究センター，コスト，ジュヌヴィエーブ・ザラト，ダニエル・モー
ア）に研究を委託して以降となる。この研究はバイリンガル研究からの着想
を受けて，複言語・複文化能力をコミュニケーション能力の中に位置づけ，
その上で言語文化の多元性の確保をはかり，さらには社会的行為者としての

学習者が複数の言語・文化間の仲介にどのような能力を発揮しうるものかを問うものであった（Coste, Moore & Zarate, 2009）。またカリキュラムの中で言語教育を多様化することの意義や，言語学習の目標なども明らかにしている。この研究は 1997 年に刊行され，CEFR の複数の箇所に組み入れられ，複言語・複文化主義の根幹を構築していった。

　コストによる複言語主義への関心と平行して，言語能力の評価研究もスイスにおいて進められていた。ノースとギュンター・シュナイダー（スイス，フリーブール大学，ドイツ語版スレショルド・レベルである *Kontaktschwelle* の著者の一人）が六段階の能力記述文の作成を開始するのは 1990 年からのことで，独自の評価スケールと言語ポートフォリオの作成に取りかかっていた[6]。これは三段階のプロセスを経て行われた。まず二人は，それまでの教育経験をもとに，学習環境の個別性にも対応しうると共に，異なる学習環境に対応できる言語能力のスケールを作成し，スイスの語学学校を中心として，英語，ドイツ語，フランス語の 2,000 以上に及ぶ能力記述文を収集した。第 2 段階はこれらの能力記述文の分析にあてられ，それは難易度に従って分類された。第三段階として，2,800 名あまりの中学，高等学校の生徒の言語能力がそれまでに作成した能力記述文をもとに測定され，その妥当性が検証された。この研究から例示的能力記述文と共通参照レベルが作り出され，これは CEFR に統合される（Trim, 2007）。

　また同じ時期に，社会文化能力についての研究がザラト，マイケル・バイラム（イギリス，ダーラム大学），ゲルハルト・ノイナー（ドイツ，カッセル大学）の研究グループによって進められた（Byram, Zarate & Neuner, 1997）。このグループの主導を担ったザラトはフランス人で，イギリス人のバイラムは元ドイツ語教師だがフランス語も解し，フランス語の論文もある。その議論はフランス語を中心に進められ，その痕跡は 4 つの「知識・能力」をフランス語の savoir という単語を活用して統合した点に認められ，これは CEFR 第 5 章に組み入れられた。この研究は社会文化能力の定義や目的，評価，そして 4 つの知識・能力（savoir）のあり方に関わるもの

6　同じ時期にロルフ・シュレール（ユーロセンター）もまた言語ポートフォリオの作成に着手していた（Coste, 2013）。

で，異文化間（相互文化）学習を重視し，外国語学習を異文化間（相互文化）学習の一環とすることを狙っていた。社会的行為者としての学習者は出身国の代表という表象を担うと同時に，目標言語文化国への新参者という表象をも担う。このような視座は，学習者を複数の文化間に活動する文化的仲介者として位置づけるもので，目標言語の完全な話者にどの程度到達したのかという評価と結びつくものではない。またノイネールは外国語教育における社会文化の役割に関して，社会の変動が教授法の発展にどのような影響を与えたのか，教材などを通じて具体的に検証している。

　方略や自律学習に関する研究もまた CEFR の構成要素となっている。デビット・リトル（アイルランド，ダブリン大学），ルネ・リヒトリヒ（スイス，ローザンヌ大学），アンリ・オレック（フランス，ナンシー第 2 大学）による方略や自己制御学習に関する研究は 1998 年に刊行され，CEFR へ重要な貢献をもたらした（Holec, Little & Richterich, 1996）。リトルは英語話者であり，リヒトリヒとオレックはいずれもフランス語話者であり，それぞれの母語による研究を進めた。これらの研究は，コミュニケーションと言語学習の関連，コミュニケーションや学習の行われる文脈と学習者の関係の解明に関わっている。リトルは言語学習のプロセスの中で，個人の能力と課題の実現に向けた方略が重要な役割を果たすことを分析した。リヒトリヒもまた方略能力に着目し，教育と学習の相互作用を通じて，方略の構成要素を考察する。またオレックの論文は自己制御型学習が成立するための条件やその影響力を検討する。自律的な学習はこれまでの言語学習のスタイルを代替するものではなく，あくまでも補完的装置として有効であると主張した。

　このような多角的研究を受けて CEFR の試行版は 1996 年に作成され，2,000 人ほどの関係者から意見を聴取した。そして聞き取りの成果を取り入れて，大幅に改訂された試行第 2 版が 1998 年に公開され，2001 年に最終版が刊行された（Trim, 2007）。CEFR の「わかりにくさ」は，このように多様な立場の研究をいわば最大公約数的に集約し，パッチワークのように組み合わせた点にもある。

　CEFR（2001）の編集過程を振り返ると，これが必ずしも一人の著者による著述のような内的整合性を持って作成されたものではなく，文字通りのパッチワークであり，そのためにコストの明言するように「スイスのアー

ミーナイフ」のような性質を持っていることが理解できる。外国語教育に整合性や透明性を求めるための装置そのものに内的整合性が乏しいことは皮肉なことだが，国際機関の中での複数メンバーによる協働作業と考えれば，少なくとも次善の策だったと言えよう。

6.　ふたつの媒介能力？

　CEFR のわかりにくさを解明するにあたり，最後に CEFR 増補版（2018）をめぐる課題を取り上げたい[7]。CEFR 増補版は CEFR の執筆者の一人ノースとエンリカ・ピカルド（カナダ，トロント大学）が作成したもので，CEFRと異なり，すべて英語で執筆され，記述のスタイルは明快で，それ自体に晦渋な箇所は存在しない。フランス語版は存在するものの，あくまでも英語版を翻訳したもので，複言語状況から生まれたものではない。

　CEFR 増補版は CEFR の欠落を満たすという点であくまでも補完的な役割を果たすが，なかでも重要な新機軸は媒介機能に関する能力記述文の作成である。CEFR は媒介に言及するものの（4.4.4.），口頭あるいは書記テキストの処理に必要な翻訳や通訳，要約，言い換えなど対話者間の仲介に限定し，例示的能力記述文を提示していない。CEFR 増補版はこの欠落点を批判的に発展解消し，意味の構築や伝達といった認知機能ならびに人的関係を築きあげる上での媒介機能，ならびにそれらに対応する方略をも開発し，五技能に匹敵する地位を媒介機能に与えている。

　増補版が媒介能力に注目するのは，これがコミュニケーション活動の中で受容と産出のいずれにも関わるためだけではない。媒介能力は言語に関わるだけではなく，複数の文化にも関わるもので，異なる言語や文化の衝突などを避ける仲介者にも求められる能力である。さらには教育現場においても新たな知の獲得を仲介する者，すなわち教師や，やりとりを通じて談話の意味を協働で構築する仲介者，すなわち学習者にも必要な能力と定めている。つまりここでの媒介能力とは，未知の存在や知識など，主体から物理的，心理的，認知的に距離のあるものと主体を結びつける機能を持つもので，CEFR

　7　本節は，西山(2018)を改稿し，大幅に増補したものである。

の言及したような言語に限定された媒介機能を大幅に塗り替えている。

　この一方で，CEFR 増補版の作成と平行して，コストもまた媒介能力について考察を深めてきた。コストの考察は 2009 年にさかのぼるもので（Coste, 2009），ノースとピカルドが増補版の編集作業を開始する以前のことである。コストの展開する媒介観は必ずしも CEFR 増補版と同一の視点にあるわけではなく，コスト（2021）は媒介能力が外国語教育・学習にとどまらないと明言している。

　　　言語活動に関わる CEFR のこれまでの研究において仲介という概念が取り扱われてこなかったことは，何ら驚くことではない。仲介は他の言語活動とは異なるレベルで機能しており，まったく異なる記述と分析が必要であり，これとは異なる目的のために CEFR 開発当初に設計されたレベルのスケールにはごく部分的にしか適合しないからである。この特殊な仲介の地位を理解するためには，別のモデルが必要になる。

　　　　　　　　　　　　　　　　　　　　　　　　　　　　（コスト, 2021）

　コスト（2021）のこのような主張は CEFR 増補版を否定するものではないが，媒介の特殊性を強調するもので，CEFR 増補版とは異なる方向性や目的を目指しているようだ。そしてこれは COE の言語教育政策の方針と深く関係しており，これは CEFR 以降の社会情勢に関連している。

　CEFR の刊行後，ヨーロッパは再び大きな政治的社会的変動を迎え，その背景には 21 世紀以降の難民の増加がある。とりわけ 2003 年から 2011 年までのイラク戦争，および 2010 年からの「アラブの春」と呼ばれるアラブ諸国の民主化運動は地域の国家の枠組みを不安定に陥れ，その結果として発生した大量の難民はヨーロッパを目指すようになった。その規模はかつてないほどで，ヨーロッパの多民族化に拍車がかかり，難民や移民の増加は言語教育にも大きな影響を与えた。難民は成人だけではなく，子どもを同伴することもしばしばあることから，学校教育の空間はさらに多言語化し，多文化化したのである。ところでフランスに関する限り，難民として入国し，難民申請の期間にある子どもや，また滞在資格が正常化されていない子どもたちも学校教育を受ける権利がある。フランスでは 1882 年のフェリー法以来，国

籍などの如何を問わず，フランスの国内に居住する3歳以上16歳以下の子どもに対して就学が義務づけられており，学校（幼稚園）へ子どもを通わせない，あるいは家庭で教育を行わない両親は罰金刑を受ける。すべての子どもが教育を受ける権利を持つのである。

　大量の移民や難民の流入という社会情勢の変化に対応して，COEはその言語政策を転換し，外国語教育政策からホスト国の国語教育や第二言語教育を包摂する教育言語の言語政策へと向かう。2006年にストラスブールで開催された政府間会議「教育言語について，ヨーロッパのための枠組み」はこの新しいプロジェクト研究の開始を告げるもので，移民や難民の増加を背景として社会生活や職業生活への参入を可能とする言語教育の新しい枠組みの検討が始まった（Conseil de l'Europe, 2007）。このプロジェクトもまた複言語主義の一環に位置づけられるが，外国語教育の中で考察の対象となった複言語主義とは必ずしも同じ言語環境にあるものではない。外国語教育の枠組みで複言語教育を論じる場合，学校教育などで新たに学習する外国語が中心課題となり，またその外国語は学校教育で学ぶことのできるような大言語であることが多い。また外国語教育の課題はたとえCLIL（言語内容統合型教授法）の場合でも，社会生活への統合に結びつくことは少ない。つまり外国語教育の場合，学習者はその出身国に居住するか，かりに目標言語国に居住している場合であっても，出身国の中で既に社会的統合を遂げており，目標言語を習得していなければ教育を受けることもできず，ホスト社会への統合が実現しないとの状況にはない。

　一方，教育言語の場合，学習者はその言語を習得して生活のために，社会統合のために活用すると同時に，それを使って学校生活の中で新たな知識を獲得する。そしてこれは，その後の社会生活や職業生活の成否に直結する。また教育言語はホスト国の国語や公用語であるが，移民や難民の子どもは多くの場合，それを社会生活の中で使用したことがない点では，外国語に変わらない。それでも学習環境は外国語学習の場合と異なり，イマージョンの状態にある。ちなみにホスト国の学校教育はホスト国の国語や公用語で行われ，それらの言語を習得していない子どもたちに対しては入門クラスといったホスト国の教育言語のサポートを行うなど，支援体制も実施されている。このような補償的措置は学業を成功に導き，その後の職業生活を確保すると

共に，ホスト社会の中でアイデンティティの十全な発育を補償することを目指すものの，それは決して自明ではない。このように外国語教育と教育言語教育というふたつの言語教育にはすくなからずの相違点があり，課題は同一ではない。

COE はこのように外国語と教育言語の教育を対象とする複言語教育の改善を目指し，移民の子どもたちの出身言語や家庭言語と教育言語の接続を計っており，2006 年からの教育言語に関する研究プロジェクトは，教育言語に関するヨーロッパに共通する参照枠を目指すもので，その構想は Coste *et alii.*（2007）に提示され，Division des politiques linguistiques（2009）によって一定の成果を出した[8]。ただしこれは CEFR（2001）のような形態の資料ではなく，例示的能力記述文や共通参照レベルといった評価指標を含むものではない。

コストは 2006 年以降の COE のプロジェクト研究に参画し，その中で媒介に関する研究を深め，媒介の機能を言語教育から学校教育全体へと拡大し，移民や外国人を包摂するための教育という観点を開拓している（Coste *et alii.*, 2007）。そのような流れで執筆された Coste & Cavalli（2015）は媒介能力について能力記述文や共通参照レベルを提唱するのではなく，移動（モビリティ）と他者性をキーワードとして CEFR をより広い言語教育学の枠組みに統合する試みを行っている。ここでの移動とは留学といった従来のモビリティにとどまるものではなく，転職や転校，進級，進学，さらにはネット上のヴァーチャルな移動にも展開するもので，社会や学校のそれぞれの異なる場において出会う他者との関係を問いかけている。さらに新たな知や新たな言語の獲得も他者性に向けた認知上の移動と考える。異なるものや新たなものやことがらとの出会いは学校教育の本質であり，主体と新たな知との間の距離を縮める媒介こそが教育であると看破するのである。Coste & Cavalli（2015）の媒介に関する研究は CEFR 増補版が例示的能力記述文として提示した媒介能力と同一の教育現場に必ずしも展開するものではない。より正確に言うならば，CEFR 増補版はあくまでも外国語教育の枠組みにとどまるものだが，Coste & Cavalli（2015）をはじめとする一連の媒介能力に

8　この資料については，西山（2010）を参照のこと。

関する研究は外国語教育を排除するものではないにせよ，外国語教育以上に
教育言語教育を視野に収めたもので，2 種類の媒介能力があるのではない
が，媒介をめぐる議論には 2 種類あることは事実であり，これは齟齬とい
うよりも視座や展望の違いと考えるべきである。

7.　結論

　本章は CEFR のわかりにくさの所在を明らかにすることを目指し，CEFR
作成の歴史的経緯をたどった。CEFR は COE の 40 年以上にわたる言語教育
政策の集大成であり，一個人の著述ではない。そのために，多角的な関心や
観点が複層的に組み込まれ，さらに英語とフランス語による複言語的思考に
より編集されていることが判明した。それと同時に，CEFR は 2001 年版で
あれ，CEFR 増補版であれ，その時代の社会政治情勢の影響を深く受け，ま
た社会の要請に対する回答であることも判明した。

　言い換えるならば，CEFR はヨーロッパ社会の運動と切り離しがたく生ま
れたものであることから，これをそれ以外の社会に文脈化し，活用するに
は，なおいっそうの注意と熟議が必要となる。

引用文献

ヴァン・エック, J. A.・トリム, J. L. M.(1998).『新しい英語教育への指針——中級学習
　　者レベル「指導要領」』(米山朝二・松沢伸二訳)大修館書店.
大山万容(2016).『言語への目覚め活動——複言語主義に基づく教授法』くろしお出版.
小池生夫編集主幹(2003).『応用言語学事典』研究社.
古石篤子(1981).「外国語としてのフランス語教育——その現状と問題点(français
　　fonctionnel, compétence de communication, un niveau-seuil)」『フランス語教育』9, 26-30.
コスト, D.(2021).「CEFR とスイスのアーミーナイフ——その概念から使用まで」(大
　　山万容訳)西山教行・大木充編『CEFR の理念と現実　理念編　言語政策からの
　　考察』(pp. 45-79.)くろしお出版.
関デルフィン笑子(2019).「外国語教育における「学習者の自律」その誕生と変遷——
　　1970 年から 1979 年の CRAPEL の論集における自律の言説をもとに」京都大学
　　大学院人間・環境学研究科修士論文. <https://noriyukinishiyama.com/wp-content/
　　uploads/2020/03/2019_SekiMaster.pdf>

中川努(1980).「CREDIF の教材 *De Vive Voix* を通じて見た視聴覚教育の変遷」『フランス語教育』*8*, 23-35.

西山教行(2010).「書評　Division des politiques linguistiques (2009) *Plateforme de ressources et de références pour l'éducation plurilingue et interculturelle*. Strasbourg : Conseil de l'Europe.」*Revue japonaise de didactique du français, Études didactiques*, *5*(1), 344-346.

西山教行(2018).「CEFR の増補版計画について」『言語政策』*14*, 77-80.

藤井碧(2019).「スイス連邦における言語教育制度の調和——1970 年代カントン教育局長会議の政策を通して」京都大学大学院人間・環境学研究科修士論文. <https://noriyukinishiyama.com/wp-content/uploads/2020/03/2019_FujiiMaster.pdf>

Ali Bouacha A. (coordonné par) (1987). *Vers un niveau 3, Le français dans le monde n° spécial Recherches et applications*, février - mars 1987.

Besse H. (2005). Avant propos. In Mochet M.-A., Barbot M.-J., Castelllotti V., Chiss J-L., Develotte Ch. & Moore D. (textes réunis) *Plurilinguisme et apprentissages : mélanges Daniel Coste*. Lyon : ENS.

Byram M. & Hu A. (eds.) (2013). *Routledge encyclopedia of language teaching and learning, 2nd ed.* London: Routledge.

Byram M., Zarate G. & Neuner G. (1997). *La compétence socioculturelle dans l'apprentissage et l'enseignement des langues.* Strasbourg : Conseil de l'Europe.

Caroll B. (1993). Le projet « Framework » (Cadre) de l'English-Speaking Union. In Conseil de l'Europe (1993).

Cavadini J. (1993). Discours d'ouverture. In Conseil de l'Europe (1993).

Conseil de l'Europe (1993). *Transparence et cohérence dans l'apprentissage des langues en Europe. Objectifs, évaluation, certification. Rapport du Symposium de Rüschlikon.* Strasbourg : Conseil de la coopération culturelle.

Conseil de l'Europe (2001). *Cadre européen commun de référence pour les langues - Apprendre, Enseigner, Évaluer.* Paris : Editions Didier.

Conseil de l'Europe (2007). *Langues de scolarisation : vers un cadre pour l'Europe Conférence intergouvernementale, Strasbourg, 16-18 octobre 2006, Rapport.* <https://rm.coe.int/CoERMPublicCommonSearchServices/DisplayDCTMContent?documentId=09000016805c73d6>

Coste D. (1993). Remarques sur la conception des objectifs et des modalités d'évaluation au-dela du niveau-seuil. In Conseil de l'Europe (1993).

Coste D. (2006). Le *Cadre européen commun de référence pour les langues*. Traditions, traductions, translations. Retour subjectif sur un parcours. *Synérgie Europe*, *1*, 40-46.

Coste D. (2009). Postface Médiation et altérité. *Lidil*, *39*, 163-170.

Coste D. (2013). Petit retour à Rüschlikon. In *Le français dans le monde, Recherches et applications, n. 53, Evaluer en didactique des langues/cultures : continuité, tension, ruptures*, 140-148. Paris : CLE International.

Coste D. & Cavalli M. (2015). *Éducation, mobilité, altérité. Les fonctions de médiation de l'école*. Strasbourg : Conseil de l'Europe. <http/www.coe.int/lang>

Coste D. (ed.), Cavalli M., Crisan A., van de Ven P.-H. (2007). *Un Document européen de référence pour les langues de l'éducation ?*, Strasbourg : Division des Politiques linguistiques, Conseil de l'Europe. <https://rm.coe.int/CoERMPublicCommonSearch Services/DisplayDCTMContent?documentId=09000016805a31e5>

Coste D. & Hébrard J. (éd.) (1991). *Vers le plurilinguisme ? école et politique linguistique*. Paris : Hachette Education.

Coste D., Moore D. & Zarate G. (2009). *Compétence plurilingue et pluriculturelle Version révisée et enrichie d'un avant-propos et d'une bibliographie complémentaire*. Strasbourg : Conseil de l'Europe.

Council of Europe, Language Policy Program Education Policy Division Education Department (2018). *Common European Framework of reference for Languages: learnig, teaching, assement, compagnon volume with new descriptors*. Council of Europe. <https://rm.coe. int/cefr-companion-volume-with-new-descriptors-2018/1680787989>

Cuq J-P. (sous la direction) (2003). *Dictionnaire de didactique du français langue étrangère et seconde*. Paris : CLE international.

Division des politiques linguistiques (2009). *Plateforme de ressources et de références pour l'éducation plurilingue et interculturelle*. Strasbourg : Conseil de l'Europe. <http:// www.coe.int/t/dg4/linguistic/Source/LE_texts_Source/PlatformResources_fr.pdf>

Galisson R. & Coste D. (Eds.) (1976). *Dictionnaire de didactique des langues*. Paris : Hachette.

Gougenheim G. *et alii*. (1964). *L'élaboration du français fondamental (1er degré): étude sur l'établissement d'un vocabulaire et d'une grammaire de base, Nouv. éd., refondue et augmentée*. Paris : Didier.

Holec H., Little D. & Richterich R. (1996). *Stratégies dans l'apprentissage et l'usage des langues*. Strasbourg : Conseil de l'Europe.

North B. (2000). *The development of a common framework scale of language proficiency*. New York, Bern, Berlin, Bruxelles, Frankfurt/M., Oxford, Wien : P. Lang.

Sheils J. (1988). *Communication in Modern Language Classroom*. Strasbourg: Conseil de l'Europe.

Trim J. (1993). Le symposium dans le contexte des projets « Langues vivantes » du Conseil de l'Europe. In Conseil de l'Europe (1993).

Trim J. (2007). *Les langues vivantes au Conseil de l'Europe 1954-1997*. Strasbourg : Conseil de l'Europe.

Trim J., North B. & Coste D. 原著／吉島茂他訳・編(2014).『外国語教育 II ──外国語の学習，教授，評価のためのヨーロッパ共通参照枠［追補版(第 3 版)]』朝日出版社. <https://www.goethe.de/resources/files/pdf191/cefr31.pdf>

第3章

CEFR とスイスのアーミーナイフ
——その概念から使用まで

ダニエル・コスト
大山万容（訳）

　本章は CEFR の著者の 1 人であり，「複言語主義」という概念を生み出し，またその後の複言語教育の発展にも深く寄与してきたダニエル・コストが，CEFR 作成過程に影響を与えたさまざまな社会的要因，編集グループ内部で議論となった論点，また CEFR 発行後に議論になった点を解明するものである。2014 年に出版された論文に加え，本書のために書かれた補論とからなる。CEFR は一つの文書の中に多様な用途に使えるものが含まれていることから，これを「スイスのアーミーナイフ」になぞらえ，特に「評価のための能力記述文とレベル分け」，「言語教育活動における行動中心アプローチ」，「思考過程を表現する概念としての複言語・複文化能力」，「カリキュラムを設計する上でのモジュール性と補完性」という 4 つの次元について，それらがどのような関係にあるかを論じ，最後に欧州評議会の専門家への外在的批評についても反論を行う。また補論では，CEFR 増補版の特徴および問題点についても議論する。

キーワード🔍　**能力記述文，レベル分け，行動中心主義，複言語・複文化能力，カリキュラム設計**

1. はじめに

　欧州複言語主義研究会（GEPE）[1] が行ってきた研究は，言語政策の中でも評価に関わる言説に焦点を当てるものだが，GEPE 会報の創刊号（Truchot & Huck (coord.), 2008）はまさに評価をめぐる方法論について問題提起を行うものだった。そこで本章では，その創刊号に寄稿した拙論（Coste, 2008）ならびに，Truchot（2008）と Blanchet（2008）が行った分析の延長線上に，さらなる論考を示したい。本章が収録された GEPE 会報の最新号で検討されているツール（＝CEFR）には，私も貢献してきたが[2]，その研究を考慮のうえ，本章を一人称で記述する。つまり，本章で以下に論述することは，『ヨーロッパ言語共通参照枠』（CEFR）およびその使用法に対する一つの評価と見なされるべきではなく，複数の人間によって行われる集合的考察に対する一つの貢献と見なされるものである。もちろん，そうした集合的考察の中には，本誌に収録された研究者を含め，私とは相当に異なる視点や批判の争点を持つ人もいる。本章が論じる事柄の背景として，CEFR やその使用に関するさまざまな解釈の方向性が多岐にわたるのは，一つには，CEFR そのものの構造（少なくとも，CEFR 作成時の条件や文脈）によるものである。もう一つの理由はそれを補完するもので，社会組織の内部にあるさまざまな行為者や組織がさまざまな受容をしてきたことによるものである。本章のタイトルに「スイスのアーミーナイフ」[3] という表現があるのは，そのため

1　GEPE=Le Groupe d'études sur le plurilinguisme européen.

2　私は，ブライアン・ノース，ジョセフ・シャイルズ，ジョン・トリムとともに CEFR 編集委員会の一員を務め，そこで 1990 年代に欧州評議会言語政策部門の下で，*Cadre européen commun de référence pour les langues : Apprendre, enseigner, évaluer*（『ヨーロッパ言語共通参照枠——学習，教育，評価』）（Conseil de l'Europe, 2001）を，パイロット版，1996 年版，2001 年版と次々に公開した。言語政策部門の顧問であったジョン・トリムは，この最終版の調整と編集を行った。諮問委員会は，さまざまな種類の機関や国家（学校教育の責任者，評価や認証機関の責任者，成人教育の責任者）を代表するもので，CEFR 開発のさまざまな段階に立ち会った。

3　［訳注］マルチツールナイフとも呼ばれる。小型ナイフや缶切り，爪切り，ハサミ，フォークなどさまざまな機能が付いたコンパクトな道具を指す。戦闘用ではないが，軍隊で日常生活用に採用されているため「アーミーナイフ」との俗称で知られる。CEFR の用途は一つに限られるものではなく，さまざまな使い方があり，それぞれを単独で

である[4]。それぞれ異なる立場によってもたらされる解釈に対しては，一つにまとまるどころか，最小限のコンセンサスすら期待できないだろう。しかしながら，まさにその多元性からさまざまな力が関わる場というイメージが現れる。CEFR について行われたり語られたりしていることは，そのような場に組み込まれている。

　CEFR という道具を問題とするにあたり，次の三つの予備的考察を行いたい。

　第一のポイントは，こんにち「言語教育政策」と呼ばれるものに関してである。言語教育政策は特定の言語の地位や内容に直接関わるのではなく，言語教育や学習，言語能力の評価に関わるさまざまな分野の専門家のためにある。

　第二のポイントは，CEFR が次の二つの主要な目的を持って，参照のツールとして構想されたことである。一つには，言語教育の専門家が，それぞれの状況や選択肢にとって最適な目標や内容，教授法を定め，専門家同士で話し合うための共通の基盤を提供すること。もう一つには，「学習者が学習のそれぞれの場面や，人生のあらゆる時点で自分の学習の進捗を測定できるような能力レベル」を規定することである。

　第三のポイントは，CEFR が欧州評議会の目的に明確に関連していることである。1982 年と 1998 年の欧州評議会による勧告を思い起こされたい。1982 年には，ヨーロッパの資源としての言語の多様性に関する勧告が行われ，また 1998 年には，国を超えた移動と国際協力の課題に対応するため，また相互理解と相互寛容を促進し，周辺化の危険を防止し，民主的市民性を推進することをめざす，言語教育の重要性に関する勧告が行われた[5]。

　使うこともできる。CEFR は多様な用途が一つに結びついていることから，コストは CEFR について「スイスのアーミーナイフ」という比喩を使っている。

4　この表現は，私の友人であり既に他界したルネ・リヒトリッヒが，1992 年に夢想していた堅牢で複合的な「スイスのアーミーナイフ教授法」という表現から借用したものである。スイスのアーミーナイフのイメージを自分のアイコンにしたクリスチャン・ピュランのサイトをぜひ参照されたい（http://www.christianpuren.com/accueil-là-il-faut-forcément-faire-un-peu-sérieux/favicon/）。もちろん，CEFR を生み出すことになる会議がスイスのリュシュリコンで開かれたことも忘れるべきではない。

5　CEFR 第 1 章の 1.2 節（「欧州評議会の言語政策の目的と目標」）において詳細に記述さ

　そこで，CEFR の起源が，1991 年にスイスのリュシュリコンで開催され
た政府間シンポジウムにあるとした上で，そこから約 20 年にわたって行わ
れてきた批判的検討について，ここで簡潔に振り返りたい。CEFR は 2001
年に正式に出版されたことから，ここではこの 20 年間をごく簡単に
「CEFR 以前」の 10 年間と，「CEFR 以降」の 10 年間に分けて考えたい。

2.　CEFR 以前の参照枠の動向

2.1　緊張関係

　欧州評議会言語政策部門の約 30 年間にわたるさまざまな活動の特徴とな
る一連のプロジェクトの影響についてはよく知られているため，ここでその
歴史について振り返る必要はないだろう[6]。しかし，ごく最近の展開について
ここでいくつか触れておく。

　まず，対立する動きと緊張関係があった。一方には，教育機関の関心を引
くさまざまな提案があり，他方には，学習者中心をめざす意思があった。教
育機関と学習者の間にはこの緊張が常にあり続けている。それは，1970 年
代のユニット型外国語教育システムについての考察（Trim et al., 1973）や，
「敷居レベル」[7] 開発のあらゆる段階に明確に認められる。この二つの動向

れているが，1989 年以降のヨーロッパの文脈，すなわちベルリンの壁の崩壊後，欧州
評議会の加盟国が 22 ヵ国から 47 ヵ国へと拡大した時代を前提として読まなければ，こ
れは国際組織が行わざるを得ない修辞法と決まり文句を思わせる政策提言のように読め
てしまうだろう。

6　これらのプロジェクトの取りまとめを務めたジョン・トリムは，他のプロジェクト研
　究においてもやはり，厳密かつ幅広い視野を持って研究を行った。

7　［訳注］「敷居レベル」（フランス語で niveau-seuil, 英語で threshold level）とは，欧州評
　議会が言語教育政策の一環として作成した学習レベルの概念で，自律的な学習者が外
　国語で最低限の機能的なコミュニケーションを行いうるレベルを示す。これについて
　は 1975 年に英語版（*The Threschold level*）が，1976 年にフランス語版（*Un niveau-seuil*）が
　刊行され，現在までヨーロッパの 24 言語について公開されている。「敷居レベル」は
　CEFR の B1 レベルに相当すると言われている。ただし CEFR とは異なり，「敷居レベ
　ル」は個別言語の専門家が経験や直観に基づき作成したもので，実証研究の成果ではな
　い。またフランス語版は英語版とは異なり，コミュニケーションのための機能的文法の
　章を備えるなど，大幅に増補されている。英語版はその下位レベルにあたる Waystage

は，方向性が揺らいだわけでも，二つの動向の間に妥協を見出した結果でもなく，一つの政策上の選択であり，とりわけ，これらのプロジェクトに継続的に参加していたジョン・トリムが両者を維持しようと考えた政策上の選択の結果であった。

　ジョン・トリムは，言語の機能的使用にあたってのニーズ分析と，個人の言語学習についての要望や計画を考慮に入れるバランスを取ろうとしていた（Richterich & Chancerel, 1981; Richterich, 1986）。ここから，CEFR に先立って外国語の評価や認証のための市場が発展し始めると，学習者の自律が次第に強調され，その結果，自己評価が飛躍的に称揚されるようになった（Holec, 1979）。さらに，外観は似たような構造を持つとはいえ，フランス語での *Un niveau-seuil*（Coste et al., 1976）の開発の基盤となる学習の概念は，英語の *The Threshold Level*（Van Ek, 1975）の前提とするものとは，大きく異なることを想起するだけで十分だろう。

2.2　引っ張り合いゲーム（**Jeux de force**）

　1991 年にスイスのリュシュリコンで開催された会議は，どちらかと言えば言語教育機関の運営者に向けたツールである CEFR と，そもそも学習者に向けたツールである「ヨーロッパ言語ポートフォリオ」の作成を計画することにより，学習者と教育機関が補完的であることを訴え，それを強化しようとするものだった。

　しかし，CEFR とヨーロッパ言語ポートフォリオという画期的なツールは，その内部に何らかの緊張関係を組み入れただけに，状況はさらに複雑になる。言語ポートフォリオは，さまざまに異なる用途に用いられ，自律学習のために用いられ，個人の特性を価値づけるために用いられることもあれば，また既に設定されている指標に基づいて社会的な認定を行うため，評価基準への適合のために用いることもできる。

　CEFR に関しては，作成の当初から，計画や作成そのものがさまざまな要因の影響を受けており，それらは CEFR に悪影響を及ぼすとともに，CEFR

　（A2 に該当）や上位レベルにあたる Vantage（B2 に該当）を生み出したが，他の言語ではその展開は見られなかった。

が広く使用されることにも繋がった。こうした社会的な文脈や状況の力はさまざまだが，ここでは次の5つに分けて述べたい。

1) ある種の継続性を追求する。CEFRは言語的多様性や，学校制度と学校教育以降の成人教育制度での外国語学習を多様化し，需要を奨励することの重要性を強調する。1988年にストラスブールで開催された欧州評議会のプロジェクト研究の最終研究会の議題が「言語学習——多様性への挑戦」であったのは，このためである。

2) CEFRはさらに別の連続性を追求する。「敷居レベル」の設計と開発に使用されてきた「コミュニケーションをめざす」機能モデルを重視する。これはCEFRでのレベル分けの考え方に組み込まれた[8]。

3) 不十分と判断される状況への回答を探求すること。これまでの外国語能力認定および免状は（一言語の免状であれ，複数言語にまたがる免状であれ），透明性を欠き，比較することができないと問題視されていた。1991年に行われたシンポジウム「ヨーロッパにおける言語学習の透明性と一貫性——目的，評価，認定」のタイトルは，問題の所在をはっきりと表している。

4) CEFRは評価だけにとどまるものではない。これから作成するCEFRが，学術的，あるいは教授法でも革新をてらうことなく，教育と学習についての参照の道具となることをめざすもので，できるだけ多くの疑問に対して現状報告を行い，外国語教育の専門家が目標や内容，教授法の観点からそれらの疑問に対応できるようにする。

5) 教授法ならびに言語政策からの選択。中欧および東欧と西欧の間にあったカーテンが崩壊し，その数年後，欧州評議会は西側諸国とは異なる教育の伝統を持つ新たな加盟国を迎え入れる。教育工学を東

---

8 CEFRのB1レベルは一般に「敷居レベル」と同等と見なされ，またB2レベルは1996年にジョン・トリムとヤン・ファン・エクによって提唱された「ヴァンテージ・レベル」と同じレベルと見なされる。1991年のリュシュリコンでの会議では，目標と評価について，数値化よりもモジュール化された形式を取るといった別の方向性が提案されていたが(Coste, 1991)，このモジュール化の考え方はCEFRの第8章のカリキュラムに関する論考の中にはいくらか見られるものの，取り上げられることはなかった。

側諸国へ一方的に移転するのではなく，新たな加盟国を迎えたヨーロッパ域内で外国語教育の専門家間の協力や意見交換を始めることができるよう，CEFR は排他的であってはならなかった。そこで，あらゆる課題に関わる目的，すなわち 1949 年に欧州評議会が設立されたときの，人権，法の支配，民主主義という理念を改めて活性化させることを願ったのである。1990 年から 1997 年にかけて，CEFR とポートフォリオの作成を行ったプロジェクト研究の名称は，「言語学習とヨーロッパ市民性」というものであった。これはまさに東欧に向けて欧州が開かれていく時代にふさわしい，政治的選択だったのである[9]。

　このようにさまざまな動きがあったとはいえ，CEFR は当初から相反する方向に引き裂かれ，矛盾する作用や目的を内包していると見なすべきではない。しかし，こうした条件の下に作成されたことを考えると，透明性と一貫性という当初の作成の意図が正確には保持されていない可能性が容易に想像できる。CEFR が刊行されてから実際の用途を見れば，それが検証されるだろう。

　さまざまな組織による選択肢や圧力が多かったことは，いわばマルチ電源

9　「ヨーロッパ言語共通参照枠」「ヨーロッパ言語ポートフォリオ」のようにヨーロッパ次元が強調されていることは重要である。1973 年に始められた，プロジェクト研究の基幹となる研究「成人のための現代語学習システム」は，このように「ヨーロッパ」を強調するに至らなかった。「ヨーロッパ市民性」という用語は，1990 年から 1997 年にかけて行われたプロジェクト研究のタイトルに登場するが，その用法は絶えず変化している。*le Guide pour l'élaboration des politiques linguistiques éducatives en Europe*（『ヨーロッパ言語教育政策策定ガイド』）(Beacco & Byram, 2003/2007) では，この用語は 4 回現れるにすぎず，そこでは 1990 年～1997 年のプロジェクト研究のタイトルを引用する場合と，何ら積極的に推奨するとは言えないような文脈で現れるのみである。CEFR を見ると，「ヨーロッパ市民性」という用語は 1990 年～1997 年のプロジェクト研究を参照する場合に現れるだけで，他には現れない。これは余談になるが，CEFR のフランス語版では，オンラインでも印刷物でも，プロジェクト研究のタイトルである「言語学習とヨーロッパ市民性」が見返しページに表示されているが，ケンブリッジ大学出版局によって刊行された英語版の CEFR (2001) や，さらに驚くべきことに，欧州評議会のウェブサイト上にある CEFR のページでも，この文言は検索しても出てこない！　なぜこのような異同があるのか，またこれは何を意味するのか，実に不思議なことである。

タップのような CEFR に対して多様な解釈や使用法が作り上げられていったこととは無関係である。

2.3 その他の要因

CEFR の開発を通じて，編集グループの内部においてもさまざまな議論が起こったことは，何ら驚くべきことではない。そこでは次のような議論が起こった。

- ・CEFR 全体の中で能力評価の「スケール」と「共通参照レベル」に与えられる重要性について，能力スケールや共通参照レベルは，補遺（付録）に入れるべきではないか，という議論が当初あったが，最終的には CEFR の構成本体に組み込まれた。
- ・言語によるコミュニケーション能力の特性と，文化的側面にどのような地位を与えるかについての議論では，文化的側面をどの程度，どのような形でコミュニケーション能力に組み入れるのかとの議論はあったものの，最終的には言語能力を中心とすることにとどまったようである。
- ・学習言語の多様化と複言語教育の課題を強調する議論の中で，CEFR は最終的に一つの外国語学習に関するものなのか，あるいは複数の外国語学習に関わるものかとの議論があったが，これは章によって立場が異なってくるだろう。
- ・「方略」や「タスク」といった概念の拡張についての議論では，このような概念を言語コミュニケーションの中に位置づけるべきものなのか，それよりも広い「行動中心アプローチ」の一環で考えるべきなのかとの議論があった。狭い意味でのコミュニケーションアプローチと関連付けるならば，認識の差がかなり生じるだろう。

CEFR 編集委員会内部でのこうした議論や採択された方向性がすべて，先に述べた二極間の緊張関係のためであるとは思われない。一方では，CEFR 編集委員会のメンバーによる貢献やそれぞれの考え方の違いもあったであろうし，他方には，英語話者とフランス語話者の伝統や，翻訳のた

めの発生した相違点もあったと考えられる。たとえば，フランス語の「能力」（compétence）と英語の「能力」（competency）の概念にある相違には，二つの原因があるだろう。最初に英語で書かれた章は，複数形での能力（competence, competencies）を用いる傾向にあり，それが多様な能力（capacities）からなるという多元性を強調する傾向にあるが，最初にフランス語で書かれた章，とりわけ「複言語・複文化能力」の概念の紹介の章では，むしろそれを一つの能力として，つまり複数の（あるいは下位の）能力から構成される能力ではなく，一つの包括的で全体的な能力として提示しようとしている。英語では，2つの用語（competencyとcapacity）の間で何らかの駆け引きができるが，それはフランス語にはないものである。そもそも，最初にフランス語で構想された「複言語・複文化能力」（Coste, 1991; Coste, Moore & Zarate, 1997）という概念について言えば，課題の一部は異なるものだった。複言語・複文化能力とは，複言語話者の能力を言語ごとに個別化されればらばらに分割された能力の並置としてではなく，コード・スイッチングや「バイリンガル・スピーチ」の実践を説明する一つの全体を構成するものとして複言語能力を考えるプロジェクトから生まれたものなのである[10]。

　このように，CEFRが完全に一貫性のあるものではなく，複雑なものとなった背景にはさまざまな要因があった。CEFRというツールの最終版（2001年版）は，この企画の最終目的が多様であったことからも，また本章で概観したさまざまな議論があったという点からも，さまざまな使用法の間に何らかの相違が残ったままである。したがってCEFRは，教授法の示唆を得るために使用することもできれば，そこで提案されている言語コミュニケーションや学習に関する行動中心主義という概念のみを取り出すこともできるし，また複言語能力を発展させるという観点に取り組むことも，さらには評価や学習目標の設定のために共通参照レベルに対応する能力記述文だけを使用することもできる。ところが，こうしたさまざまな使い方はそれぞれ

10　こうした事例はおそらくたくさんあり，CEFRを英語あるいは／およびフランス語のテキストから他の言語へと翻訳するに当たって，問題がなかったとは考えにくい。フランス語版については，*Dictionnaire pratique du CEFR*（『CEFR実用辞典』）（Robert & Rosen, 2010）に掲載された，原本との対比を分析すること自体が重要である。

連動していないのである。

　言い換えれば，CEFR とは，ある特定の時代，特定の文脈の中で生まれたものの，その開発の当初からまた開発期間中にも，さまざまな動きが関わってきたために，CEFR の内部では二方向への指向性と変動が特徴となっており，いわばスイスのアーミーナイフのように融通無碍なものとなり，実にさまざまな用途に使われるものとなった。しかしながら，その中でも，ある使い方は他のものにもましてより説得力を持つと言えよう。

　もちろん，これらのさまざまな使用法は，原則としてお互いに矛盾するものでは決してなく，共通参照レベルはある程度まではさまざまな使用法を結びつけている。しかし CEFR は，その構成要素をセクションごとに利用することを禁じるものではない。とはいえセクションを部分的に参照することは，それがいかに正当なものであるとはいえ，CEFR が複雑であるとともに多様なものに開かれていることによってできあがっていることを考慮に入れるのであれば，やはり逸脱を招くことになりうる[11]。

　ここで振り返り，既に過去のものとなってしまった歴史とは私の個人史を再構築している恐れがあるとはいえ，決して虚構でもなく，いわんや，オートフィクション[12]でもないことを強調しておきたい。このような経緯はむしろ，CEFR の不均質性や，CEFR という装置が完全に調整されなかったためさまざまな可能性を内包していることを明らかにするものである。このような点の確認は CEFR を多少でも真剣に検討するために時間をかけた人には明白なことだが，CEFR は各章の最後で，読者や使用者に対して，CEFR が検討し，提案した内容に対して，読者自身にどう関連するのかとの問いを投げかけている。この点を思い起こすと，まさにこの CEFR が，まるでヨーロッパの教育政策の行動指針の地位を持つ強制的規範となり，新たなドグマ

11　これは，ストラスブールにおいて，「ヨーロッパ言語共通参照枠(CEFR)と言語政策の策定──課題と責任」というタイトルで開催された政府間シンポジウムで，私が CEFR のさまざまな文脈化のレベルを区別することにより解明しようとしたことである（Coste, 2007）。

12　［訳注］オートフィクションとは，著者が自分の経験と，それに関する探究のフィクション（虚構の物語）とを組み合わせた文学類型。

としてあちこちで提示されていることに，困惑を禁じえない[13]。
　しかし，CEFR が公開されて以降，このようなズレがあることをおおよそ
でも理解するために関心を寄せねばならないのは，このような CEFR の使
用法なのだ。

3.　CEFR 公開以降の動向

　CEFR の受容にはこれまで少なくとも 10 年の経験があるが，それは時代
やさまざまな変化，また文脈に応じた多様化に関わっている。しかし，ある
特定の使用法が，他の使用法にもまして領域を横断して影響力を発揮してき
た。それは，評価に関するパラダイムである。たとえば行動中心主義の観点
や，複言語能力の概念，またはカリキュラムといった他の領域があまり受容
されていないわけではない。CEFR はマルチ電源タップのようなものなの
で，受容されるためには文脈化が必要だったのである。

3.1　評価と能力レベル
　CEFR の主たる用途がコミュニケーション能力を測定するスケールの使用
にもっぱら限られ，そのために CEFR がしばしば A1 から C2 までのレベル
区分に矮小化されてしまうという事例はあちこちで報告されているため，こ
こではそれは検討しない。このような解釈は一部に限られてはいるが，支配
力を持っているもので，これに対しては 2007 年にストラスブールで開催さ
れたフォーラムが修正を試みた（Goullier, 2007）。
　さらに，外国語教師は，CEFR が外国語能力技能証明書と免状の取得とい
う動機づけの役割を果たすとは思ってもいなかった。大学やアリアンス・フ
ランセーズなどが授与するフランス語の資格証明の準備をすることは，これ
までフランス語教育を振興する上での教育団体の方針の一つとされてきた。

13　CEFR を批判する人々が，欧州評議会と欧州連合(EU)を混同していたり，同一視し
　ていることは珍しくない。また欧州評議会が，EU がいくつかの分野を管轄しているよ
　うな経済的目的や介入の手段，規定の役割や規制力を持つかのように言われることがあ
　る。このような誤解は，意図的であるにせよ，ないにせよ，それに基づく解釈に影響を
　与える。

ソフト・パワーの一環として行われることについては，フランス語以外の言語についても同様である。より一般的に言うならば，言語学習の達成度の測定と，この達成度に対する承認とは（教育機関によるものであろうと，なかろうと）学習の過程を構築する重要な要因である。

　ここではむしろ，CEFR がこれまでに公開されたこの種のツールよりも広範で，目を見張るようなインパクトを与えたのかを考えてみることが大事である。そこでいくつかのレベルでの回答を考えてみたい。

- 評価についての支配的パラダイムが存在し，その効果は多くの職業分野において認められ，またそれが証明書の価値を高め，証明書を取得することが望ましく，また必要だとまで思わせている（Huver & Springer, 2011）。
- CEFR は特定の個別言語に関連することのない能力と記述文と共通参照レベルを提案しており，それが言語横断的であることから，共通参照レベルの国際的な透明性（および有効性）を強調している。言語や教育機関，個人，また共通参照レベルを使用する組織とは無関係に，B2 レベルは同じような定義に従い，同一の能力を示している。
- 現代語の領域における欧州評議会が著名になったことで，CEFR に基づく証明書にはさらなる国際的評価が与えられるようになった。
- 欧州評議会が多くの新たな加盟国へ門戸を開き，また（事実であれ印象であれ）学生や職業人，文化が循環するヨーロッパという空間を創出している。
- その結果として，各国やさまざまな組織の間にはある種の競争／調和が進み，欧州評議会が「ブランド」の品質ラベルとして（誤って）作用している[14]。

14　これはまったくの誤った認識である。というのも，CEFR は融通の利く(つまり，それぞれのレベルで，自分たちが使用することにした数の基準について用いることのできる)参照のツールにすぎないからである。欧州評議会では，CEFR の提示する参照事項が適切に実施されているのかについて，証明書を発行しようなどとは話題になったことすらない。

　こうしたCEFRに対する過剰なまでの評価によって，次のようなさまざまな影響が生じた。

- もともとは複数ある参照枠の一つであったCEFRの地位が，支配的な基準へと，場合によっては無視しえない基準へと移行した[15]。
- カリキュラムの考え方にさまざまな影響が認められる。いくつかの国ではカリキュラムの中間目標または最終目標がA1, A2レベルなどをもとに再設定されている。
- 一種の標準化が広がり，同一のB1レベルが，まったく異なる環境で保持される傾向にある。
- CEFRの提示するそれぞれのレベルには，考慮すべき変数（ヒアリングについての多様な状況や，社会言語学上の妥当性や文法上の厳密な正確さにどれほど注意するか，語彙の範囲など）が多いが，これらの持つ可能性は十分に活用されていない。全般的評価（A2, B2など）のみが強調される傾向にあり，より詳しい評価の区分はなされていない。
- 教育行政がCEFRの共通参照レベルを用いて目標設定をした国や地域では，CEFRが強制されたもののように感じられている。というのも，教師はCEFRの目的に従って教育実践を改めて位置づけることができず，また学習指導要領が前もって見直されていないためである。
- 旧来の教育の一部であった試験や採点方式と，CEFRのレベルを対応させる試みが行われている。このような試みは，算定法や評価の手順をとりわけ煩雑で難解にすることを含むもので，危険な営みにつながる恐れがある。
- とりわけ，学校制度を取り上げると，教授法の文化と教師の職業上のハビトゥスの間に不一致があることが実に多い。同時に，CEFRの共通参照レベルという装置に隠れているさまざまなオプションと教授法

15　アメリカのようにヨーロッパの文脈から「保護された」文脈を持つ国においても同様である。アメリカでは，CEFRの共通参照レベルと「全米外国語教育協会（ACTFL）」が作成するスタンダードとの間で，ほとんど競合しているかのような比較が見られる。

の文化などは一致していないことが実に多い。たとえばライティング
や，教室で最も頻繁に行われるスピーキングにおいて，多くの語学教
師は誤用修正を取り入れているが，これは CEFR がもたらす「減点
型ではない」寛大なコミュニケーションのレベルにほとんど適合する
ものではない[16]。

　CEFR を外国語教育の目標や評価のために使うことにともなう結果は，
CEFR を独自の論理に従って使用する組織や機関が負うべきものだが，彼
らは自分たちの教育実践や教育活動の進め方，つまり，教育に関わるさま
ざまな関係者が持っている表象をまったく変更しようとは思っていない。
これによって生じるリスクについては，欧州評議会が主催した前述の会議
（Goullier, 2007）などで何度も強調されてきた。
　私はここで，コミュニケーション能力の評価という観点から CEFR の使
用によりもたらされるであろう効果をいくつか集めてきたが，これは私が敢
えて逆の主張を行うためにしたことではない。私は問題の本質を改めて喚起
したいと考えており，言語教育の領域において CEFR に求められてきた重
要な機能が満たされ，また，このツールの用法をよく理解した上で使用され
るならば，次のことに貢献できることを伝えたいのである。

　　・個人が伸ばした能力を教育の最後の段階で承認することにより，個人
　　　が行うヨーロッパ域内での移動を効果的に支援すること
　　・（学校やそれ以外との）教育機関が対象とする目標のうち，少なくと
　　　もいくつかを明確化し，教育課程間での進級をより円滑にすること
　　　（つまり，必ずしも「最初から全部やり直す」ことは必要でない）
　　・カリキュラム作成者や教科書作成者，言語使用者（これは言語能力の
　　　保持者と，言語能力を養成させた学校組織の両方を含む）にとって，
　　　より正確な指標となること。

そのためには，次が必要であろう。

16　この点から見ると，成人向けの語学コースや語学学校はそこまで厳しいものではない。

- CEFR があたかも規定に従って標準化された規範やスタンダードであるかのように扱うことなく，誰もが「規則を守ってゲームに参加」し，責任を負うことが必要である。そして，CEFR は複雑な共通参照枠であり，さまざまなやり方で活用することもできるもので，これを参照しようとする教育機関には，CEFR をどの程度，どの点まで，必要性に応じて適応させて採用するのかを明確に示す必要がある。
- CEFR という一つの参照枠のみに固執せず，環境によるものの，どの場合にも他の評価方法を採用することもできることを確認すること。これは特に学習の成果を唯一の指標によって測ることに反対する学習目標が（幸運にも）ある場合に当てはまる。
- CEFR が有利になるような（？）寡占状態はリスクを生むかもしれないので，それに対抗するために，CEFR の競争相手が現れる必要がある。
- カリキュラムと教材（特に教科書）については，評価方法を参照するよりも，まず CEFR の価値を考える必要がある。また，言語能力に関する能力記述文（これは能力を明らかにするものと想定されている）と，内容に関する能力記述文（これと言語活動は連動し，またこの記述文との関連で言語活動は発展する），ならびに学習経験の能力記述文（これはコミュニケーション・タスクに還元されない）が関連しているときにのみ，CEFR が意味を持つことを確認する[17]。

3.2　行動中心主義

　CEFR は潜在的にさまざまな可能性を示しているが，その中でも言語使用と学習の特徴となる「行動中心主義」を導入することは，昨今のコミュニケーション論に位置づけられるもので，その考え方を拡張するとともにいくつかの食い違いもある。行動中心主義は近年でも活用されているが，そこには変化があるとともに，研究者間の見解には相違も見られる（特に，Goullier, 2006; Rosen & Reinhardt, 2010; Robert & Rosen, 2010 を参照）。研究者によっては，「行動中心主義」にとどまったり，あるいは「行動中心アプ

17　これらの論点について，Huver & Springer（2011）を参照のこと。

ローチ」の創出までをも強調することがある。タスクの概念をめぐって，行動中心主義は，共通参照レベルのために作成された能力記述文と関連する。しかし，この関係は必ずしも確立されているわけではなく，CEFR のスケールを批判する人は次のように想定する。CEFR がスケールを満足のいくような形で作成できなかったにせよ，行動中心主義の考え方や社会的行為者をはっきりと導入したことは CEFR の貢献であり，それらが「社会的行動」という概念全体の一部になると考える（Puren, 2007; Puren, 2009; Puren, 2011; Puren, 2012a，さらに別の観点から論じた Springer, 2009 も参照）。

　ここにもやはり解釈の単純化が見られるのだが，それは CEFR 自体が立場をはっきりしていないためでもある（Robert & Rosen, 2010 の分析，および本章 **2.3** の「その他の要因」を参照）。「タスク」は，まったく形式的な学校の課題を指す一般的な意味で使われることもあれば，疑似コミュニケーション上の，または「本物らしい」コミュニケーションのタスクを指すこともあり，またコミュニケーションのタスクに限定されて用いられることもある。

　言語教育学においては，コミュニカティブ・アプローチに至るまで次々と現れ続けていた優れた教授法が既に通用しなくなり，かといって「多元的アプローチ」[18]（Candelier, 2007; Candelier, 2008; Candelier & De Pietro, 2011）がそれらを代替することもふさわしくない時代にあって，行動中心主義の考え方は，たとえ新たな教授法を打ち立てるものではないにせよ，少なくともさまざまな教育法を支えるため，旧来の教授法の代替策として現れている。また行動中心主義は既に大部分が実践されている教育実践に取りつけるための便利な看板として現れたものであり，さらには社会の中で学習者としての行為者がより大きなモデルの中に場所を見つけるものとして現れた。新しい要素とは，社会的行為者の概念を重視するならば，教室において学習者は社会

18　［訳注］「多元的アプローチ」とは，言語や文化の教育において複数の変種を同時に扱う教授法の総称であり，具体的にはヨーロッパの言語教育の中で数十年の間に発展してきた4つの教授法，すなわち「言語への目覚め活動」，「同族言語間の相互理解教育」，「統合的教授法」，「異文化間教育」を指す。その理論的枠組みが展開されている CARAP/FREPA（「言語・文化の多元的アプローチのための参照枠」）は，CEFR で展開された複言語・複文化主義の考え方を教育実践へとつなぐための能力記述文を提供する。

的行為者として（教室が作り出すある特定のコミュニティにおける社会的行
為者として，あるいは教室や，教育の行われる場所や方法の外にいる社会的
行為者としても）求められ，介入するのである（Springer, 2009）。

　出版社や教科書の著者は，「行動中心主義アプローチ」と呼ばれるもの
と，CEFR の共通参照レベルとスケールに基づく学習目標を組み合わせるこ
とがよくある（実際のところ，この二つは両立する）。CEFR はこの 2 つの
成果を承認するが，それらを連動させることは，この 2 点が（A1, A2 など
横断的なレベルとコミュニケーション・タスクのように）単純化されて解釈
されているためであり，そこには二つの利点がある。一つは，コミュニケー
ションを重視する教授法を取ることによって，何らかの連続性を保てること
（または逸脱を限定的なものにとどめること）であり，もう一つは，外国語
は他の言語（それが学校のカリキュラムに存在するか否かとは関係ない）と
「別個のものとして」学習するとの論理を守ることである（Coste, 2009）。

3.3　複言語主義の動きとカリキュラムの意味

　CEFR が刊行以後に確認された第三の展開を論じるにあたっては，当然の
ことながら複言語・複文化能力の概念の導入によって生じた効果について整
理しておかなくてはならない。複言語・複文化能力の概念の深化と構築につ
いては多くの研究が行われたが，既にいくつもの出版物があり（Coste,
2002; Coste, 2004; Castellotti et al., 2008; Castellotti & Moore, 2011; Moore,
2006; Moore & Castellotti, 2008; Moore & Castellotti dir., 2008; Stratilaki, 2005;
Stratilaki, 2008; Stratilaki, 2011），また議論も持ち上がったので（とりわけ
Véronique, 2005 を参照）ここではそれについては言及しない。

　複言語・複文化能力の概念から出発して，あるいはこの概念をめぐって，
また言語バイオグラフィー（Molinié dir., 2006）や，複数言語による交流，
多様な発話に関する研究，言語の不均質性や複数性，コード・スイッチング
に関連する他の研究動向にも接するところで，複言語教育学や多くの社会言
語学研究，さらには言語獲得の議論もが，それまでは研究テーマとなること
のなかった現象に焦点を向けるようになってきた。

　ここで重要なのは，CEFR によって提案されたこのような観点について，
CEFR のその他の利用法について議論が現れているように，ここでも，大き

な緊張関係が現れていることである。複言語主義教育，または複言語教育に向けられる関心は，CEFR が規定する評価の実践や共通能力レベルの参照と，ただちに一致するものではない。『ヨーロッパ言語教育政策策定ガイド』（Beacco & Byram, 2003/2007）は，複言語能力の概念を十分に考慮のうえ，分析と提案を進めている。欧州評議会言語政策部門によるこの出版物のサブタイトルは「言語の多様性から複言語教育へ」というのものだが，これは非常に意味深長である。また，ガイドの著者は，ガイドが『ヨーロッパ言語共通参照枠』および「ヨーロッパ言語ポートフォリオ」を継承したものであると主張してはいるが，評価についてはそこにとどまることなく，教育機関のさまざまな条件と望ましい発展のいずれをも考慮して，現実的かつ将来に開かれた立場を表明している。

　　評価と能力認定の領域において，さまざまな形態の能力評価を共存させることは，複言語教育の目的と一致する。これらを通して学習者が特定のレベルの能力を獲得したことを承認するからである。ただし，次の点を確認することが重要である。

・ 能力レベルは，さまざまな言語変種間で同じような方法で定義されること。特に教育制度の中で外国語または国語として教えられている場合には，そのような措置が必要である。
・ 自己評価は，教育機関による評価とともに評価の要素となること。
・ 教育機関による外国語能力認定はそれまでの学習者のあらゆる言語経験を考慮に入れること。
・ 公的資格は，技能別の言語習得に基づく教育のように，モジュール式に行われること（言語教育が特定の教育課程に厳密に結びついていないのであれば，中等教育においても使用することのできる単位システムによって評価が行われること）。
　（中略）
・ 評価テストの内容だけが，教育プログラム（学習指導要領）の基盤とならないこと。
・ 複言語レパートリーや異文化間能力を構成する横断的な能力を測定す

ることのできるような特別な試験が考案されること。

　　機能的側面から，また社会における明白な理由があることから，言語
　知識や言語能力は言語変種ごとに評価されるかもしれない。しかし，
　ヨーロッパにおいては複言語主義の原則を普及させ，複言語能力がその
　ようなものとして，何らかの認定の形態をとって承認され，それぞれの
　言語変種ごとに獲得された言語能力の合計に還元されないようにするこ
　とが非常に望ましい。　　　　　　　　　　（Beacco & Byram, 2003/2007: 113）

　同様に，カリキュラムの意味に関しては，『ヨーロッパ言語教育政策策定
ガイド』（Beacco & Byram, 2003/2007）ならびに『複言語教育と異文化間教
育のためのカリキュラム開発策定ガイド』（Beacco et al., 2010）の 2 冊が，
CEFR 第 8 章で概説された方向性を考慮に入れ，拡張し，精緻化している。
CEFR 第 8 章は，複言語能力と複言語教育カリキュラム構築の拡張や構造化
を明確に示すものだが，そこでの構造化とは A1, A2 などの目標を工程化す
ることによって考察されたものではない。むしろ言語教育の全体的概念とさ
まざまな要因を内部に収斂させるときにこそ，カリキュラム全体を構成する
ためにシナリオが作られ，細分化された目標がとりわけ能力レベルという観
点から特徴づけられるのである。
　このように文脈化されたさまざまな教育計画を統合する観点においては，
複言語・異文化間教育が主要な就学言語の学習にも役立ち（Cavalli et al.,
2009)，多元的アプローチが異なる言語の学習に貢献するが，そこでは
CEFR 内部のさまざまな要素がおそらくより活用しやすく，連動しやすくな
る。
　このような複言語・異文化間教育プロジェクトは CEFR の目的よりも野
心的で，あるいは少なくともより包括的な目標に応えていることは明らかで
ある。いくつかのプロジェクトの概要は「複言語・異文化間教育のためのリ
ソースと参照のプラットフォーム」[19] に掲載されている。これは進行中のプ

19　"Plateforme de ressources et de références pour l'éducation plurilingue et interculturelle"
　　<https://www.coe.int/fr/web/platform-plurilingual-intercultural-language-education>

ロジェクトであり，また進行中のサイトだが，ここではさまざまな加盟国の代表者が密接に協働している。そこでの目標はもはや，共通の参照ツールを開発し，さまざまなやり方で文脈化し使用することではない。教育機関は，どのような種類のものであれ，就学言語や他の言語教育のカリキュラムに関連しうるヒントやベンチマーク，方針，能力記述文を見つけることができるやり方を開始する必要がある。これはとりわけ他の加盟国の経験や専門知識を用いながら行う必要がある。

　さらに，さまざまな環境における CEFR の使用についても，質問紙調査や証言などの実証データが積み重ねられてきている（たとえば Castellotti & Nishiyama coord., 2011 や，Byram & Parmenter dir., 2012, さらにより広い研究では Zarate & Liddicoat dir., 2009 がある）。またさまざまな視点から，より文脈を考慮した議論がなされている（とりわけ Frath, 2011; Huver & Springer, 2011）。

　CEFR とその効果についてのより徹底的な問題提起については，（本章が初出の）GEGP 論集のこの号やその他の出版物に事例を見つけることができる。概してそのような批判は CEFR に起因する言語教育の規範性や画一化について向けられているか，また言語教育や教育そのものの商品化という全体的動向の中で，さらには何らかの政治的・イデオロギー的計画の中で CEFR の果たす役割に向けられており，それについてはヨーロッパ機関，とりわけ欧州評議会が，明らかに無邪気な「専門家」との共犯の上で扇動しようとしているのではないかというものである（とりわけ，欧州評議会の言語政策部門の研究に関するものとしては Maurer, 2011; Puren, 2012b を参照）。

4.　本題から外れるかもしれない事柄について

　本章の意図は，これらの議論や論争の分野を分析することではない。というのも私の意図は，この過去へ向けた視点を過度なほど個人的なものにとどめざるを得ないとしても，冒頭で示したように，私個人の経験に基づき，本書でのさまざまな考察に貢献することだったからである（このため私自身の研究を参照することが多すぎることについては，読者にご海容願いたい）。しかし，おそらく意図せずともバイアスのかかった私の解釈に，もう少し一

般的な視野を与え，またCEFRや欧州評議会（またはこれらの研究に関わった「専門家」たち）に向けられたさまざまな批判に間接的に向き合うために，ここでいくつかの論評を加えたいと思う。それらは，私にとって，またこの場合において，教授法との考え方ならびに行動の指針の代替になると思われる。

- 言語政策は，意思決定者（たとえば，法律や規範を制定する中央権力）と使用者の間に存在する二分法の前提から分析することはできない。本当にこのような二分法が存在するとすれば，こんにち，それは考慮されることはないだろう。私たちの社会では，（組織であれ個人であれ）すべての言語使用者は言語政策の関係者である。より一般的に言えば，こんにちでは言語政策の概念を（中央）集権的，垂直的またはトップダウンのものとしてのみ理解することはもはやできない。言語政策は水平的でもあり，多極的でもあり，さまざまな論理に従うのである。

- これは，すべての社会的行為者の言語選択が，言語使用と言語政策に関わる変更に対して（ある時期に，またはある期間にわたって）同じ影響を与えることを意味するのではない。そうした変更は，考察の対象となる言語使用の領域に活動しているただ一つの組織の行動のためでは決してなく，常に複雑な要因の結果であり，複数の変数を持つ力関係の結果である。

- こうした領域において中央政府を唯一の意思決定者であると見なすことは間違っているように，国際機関にも同じような権力があると思うことも，少なくとも不適切であろう。たとえば欧州連合は何らかの制約の中で，規範を確立し，達成基準を採用し，経済や財政部門で規制の措置を定めるとはいえ，言語教育の分野で欧州連合は権限を行使することはできない。欧州連合は統計を作成したり，勧告を出したり，多国間の教育刷新計画に資金を提供したり，（かつてのリングア・プログラムやエラスムス・プログラム[20]などの）奨励交流プログラムを

20　［訳注］リングア・プログラムは1990年から始められたEUの言語教育支援政策で，

自由に設定することはあり，またそのような取り組みは言語実践や言語や文化の表象，さらには言語学習にも一定の影響を与えるが，それはこのように開始された事業に他の行為者が介入する場合においてのみありうることである。欧州評議会については，欧州人権裁判所に関してのみ規範的な権限を持つが，実際の手段を見るとそれは欧州連合に比べて非常に限定されており，言語領域への介入は加盟国への勧告を超えることは決してなく，しかも多くの場合，効果もない。CEFRのような資料は加盟国だけでなく，誰であろうとも自由に使うことができ，さらに何かの組織に属していることの是非を問わず，望むのであれば自由に，また固有の目的のために使用することができる。

・ 教育機関がとりわけ重要だと考えられている以上，何らかの検討を行い，次のいくつかの観点を考慮に入れ，それらが単純化をもたらすものではないと願うことは妥当であろう。

　○人はみな，その使命や関心，歴史，およびその場における他の機関との関係の中で，独自の論理に従っている。したがって欧州連合と欧州評議会は，いくつかの共通する一般原則を確認すること以外に，言語教育の分野で同じ方向性を共有するにはほど遠いところにある。

　○組織はみなそれぞれが上下関係および機関相互の関係の中で，それぞれが内部の緊張関係を持っている。国際機関の中でも，公務員やコンサルタント，専門家の出身母体によって，伝統が異なっていたり，さらに深いレベルでの違いが働いている。それは確かに豊かさではあるが，複雑さも増加する。したがって，コンセンサスに達することが必要であり，また作成された文書や資料が，これらの部の緊張を刻み込んでいることを認めなくてはならない。

　○さまざまな変化が発生し，欧州評議会の関心やプロジェクトの焦点も変化してきた。1989 年以降に欧州評議会が新たな加盟国に対して大きく門戸を開いたことで，議案に民主的市民性（しばらくの間

エラスムス・プログラムは 1984 年から大学生の域内留学を促進するために策定された計画であり，いずれも財政支援を通じた交流の促進をめざしている。

は，ヨーロッパ市民性）を加えることが強く求められてきた。より近年では，多くの国々におけるロマ[21]の状況だけでなく，移民現象に関連する議論が立ち起こっているため，社会的包摂と社会的結束の目的をテーマ化するようになっている。そして，教育の質と公平性の概念をめぐって，新しいプロジェクトに関心が集まっている。（人権，法の支配，民主主義に関連する一連の価値観の範囲内での）こうした優先順位の変化は，欧州評議会の，言語政策がどのように提示され，どのような方針にあるのか，その動向にも影響を与えずにはいられない。

○ある研究を委嘱された専門家や特定の研究を行った研究者には学問の自由があり，この場合にはとりわけ欧州評議会の現実の方向性に強い影響を与えるかもしれない。欧州評議会言語政策部門の主要文書である『ヨーロッパ言語教育政策策定ガイド』は2人の専門家による研究であり，そのようなものとして欧州評議会にも受け入れられている[22]。委嘱研究によって導入された複言語能力の概念は，CEFRの中で十全に考慮された。言語政策部門の研究はこれまで外国語にとどまっていたが，現在では就学言語を考慮に入れるようになった。これは欧州評議会からの要請によるものではなく，何人かの大学に所属するアドバイザーの提案によるもので，欧州評議会の内部でもこれについてはさまざまな議論があり，また既存の国際機関や関連団体との調整は困難なものだった。

　CEFRを通じて教育を「商品化」し，学校から教育的役割を放棄させようとする一種の壮大な陰謀の触手を考える人はどこにも，本書の著者の中にもいない。欧州評議会と言語政策部についてこのような批判をするのは，的を

21　ロマとは，欧州各地で15世紀ごろから見られた，移動生活をする人々の集団を指す。読み書きがまったくできない場合が少なくなく，しばしば差別や迫害，追放の対象となってきた。ジプシーと呼ばれることもある。

22　このガイドのプロジェクトは，1999年にインスブルックで開催された欧州評議会の会議で生まれた。その後，学術委員会が結成され，言語政策部門の支援を受けて，2人の専門家による独立した研究が行われた。

射ていないか，間違っているように思われる。

　もちろん，欧州評議会の基盤となる立派な原則がみな，グローバル資本主義に資する闇の勢力が背後に跋扈するのを覆い隠す高尚な建て前にすぎず，そんなものに捉えられるのは愚か者であると考えることもできるだろう。それは民主主義における思想の自由であり，これは少なくともこれまでに述べたような特徴を持つ言語政策に加わることになるもので，そこではさまざまな関係者が変革に関与することもあれば，関与しないこともある。ただし，こうした言語政策やその言説の分析や評価には，その領域や課題が複雑であるだけに，これらを既成の一枚岩的な規格と見なしたがるお手軽で常に単純な解釈モデルよりは，多元的なアプローチの方が望ましいだろう。

　本章で私は，CEFR 作成に関わった証人として，あるいは，とりわけ内省を重ねた行為者として，CEFR の複雑な特徴に対して多元的な見方を行ってきた。これはまた欧州評議会での言語政策に古くから関わってきたためでもあり，それを通じてヨーロッパについてのある種の見方と教育についての考え方に関わってきたためでもある。しかしながら，そのことが本章の正当性や威信を強めるものではなく，他の研究者による研究の中で考慮されてほしいと願っている。

引用文献

欧州評議会の言語政策部門の枠組みの中で編集された文書は，すべて次のサイトから入手可能である。<http://www.coe.int/T/DG4/Linguistic/Default_fr.asp>

Beacco J.-C. & Byram M. (2003, édition revisée 2007). *Guide pour l'élaboration des politiques linguistiques éducatives en Europe - De la diversité linguistique à l'éducation plurilingue*. Strasbourg : Conseil de l'Europe, Division des Politiques linguistiques.

Beacco J.-C., Byram M., Cavalli M., Coste D., Egli Cuenat M., Goullier F. & Panthier J. (2010). *Guide pour le développement et la mise en œuvre de curriculums pour une éducation plurilingue et interculturelle*. Strasbourg, Conseil de l'Europe, Division des Politiques linguistiques.

Blanchet P. (2008). La nécessaire évaluation des politiques linguistiques entre complexité, relativité et significativité des indicateurs. *Les Cahiers du GEPE, N°1/ 2008. L'analyse des pratiques d'évaluation des politiques linguistiques : une entrée pour l'étude des politiques linguistiques* ? (2009). <http://www.cahiersdugepe.fr/index.php?id=898>

Byram M. & Parmenter L. (dir.) (2012). *The Common European Framework of Reference The Globalisation of Language Education Policy.* Multilingual Matters.

Candelier M. (coord.) (2007). *CARAP - Cadre de référence pour les approches plurielles des langues et des cultures.* Graz : CELV-Conseil de l'Europe. <http://www.ecml.at/mtp2/ publications/C4_report_ALC_F.pdf>

Candelier M. (2008). Approches plurielles, didactiques du plurilinguisme : le même et l'autre. *Cahiers de l'ACEDLE, n°5,* 65-90. <http://acedle.org/IMG/pdf/Candelier_ Cah5-1.pdf>

Candelier M. & De Pietro J.-F. (2011). Les approches plurielles : cadre conceptuel et méthodologie d'élaboration du Cadre de référence pour les approches plurielles. In Blanchet P. & Chardenet P. (dir.), *Guide pour la recherche en didactique des langues et des cultures. Approches contextualisées,* 261-273. Paris : Editions des Archives contemporaines.

Castellotti V., Cavalli M., Coste D. & Moore D. (2008). À propos de la notion de compétence plurilingue en relation à quelques concepts sociolinguistiques ou Du rôle de l'implication et de l'intervention dans la construction théorique. In Pierozak I. & Eloy J.-M. (éds.), *Intervenir : appliquer, s'impliquer ?, Actes du 5e colloque RFS,* 95-104. Paris : L'Harmattan.

Castellotti V. & Moore D. (2011). La compétence plurilingue et pluriculturelle : genèse et évolution d'une notion-concept. In Blanchet P. & Chardenet P. (dir.), *Guide pour la recherche en didactique des langues et des cultures. Approches contextualisées,* 241-252. Paris : Editions des Archives contemporaines.

Castellotti V. & Nishiyama J. N. (coord.) (2011). Contextualisations du CECR. Le cas de l'Asie du Sud-Est. In *Le français dans le monde.* R & A n° 50, FIPF, CLE International.

Cavalli M., Coste D., Crişan A. & Van de Ven P.-H. (2009). *L'éducation plurilingue et interculturelle comme projet, Langues dans l'éducation/langues pour l'éducation.* Strasbourg : Conseil de l'Europe, Division des Politiques linguistiques. <http://www. coe.int.>

Conseil de l'Europe (2001). *Cadre européen commun de référence pour les langues : Apprendre, enseigner, évaluer.* Paris : Didier. < http://www.coe.int.>

Coste D. (1991). Diversifier, certes.... In Le Français dans le Monde. Recherches et applications : Vers le plurilinguisme ? *Ecole et politique linguistique,* 170-176.

Coste D. (2002). Compétence à communiquer et compétence plurilingue. *Notions en Questions, 6,* 115-123.

Coste D. (2004). De quelques déplacements opérés en didactique des langues par la notion de compétence plurilingue. In Auchlin A. et al. (éds.), *Structures et discours. Mélanges offerts à Eddy Roulet,* 67-85. Québec, Nota Bene.

Coste D. (2007). Contextualiser les utilisations du Cadre européen commun de référence pour les langues. *Forum intergouvernemental sur les politiques linguistiques « Le Cadre européen commun de référence pour les langues (CECR) et l'élaboration de politiques linguistiques : défis et responsabilités »*, Division des politiques linguistiques, Conseil de l'Europe. <http://www.coe.int/t/dg4/linguistic/Progr_Forum07_Texts_FR.asp#TopOfPage>

Coste D. (2008). Quelles évaluations pour quelles politiques linguistiques ?. *Les Cahiers du GEPE*, N° 1/ 2008. L'analyse des pratiques d'évaluation des politiques linguistiques : une entrée pour l'étude des politiques linguistiques ? (2009). <http://www.cahiersdugepe.fr/index.php?id=696>

Coste D. (2009). Tâche, progression, curriculum. In Rosen É. (coord.) pp. 15-24.

Coste D., Courtillon J., Ferenczi V., Martins-Baltar M. & Papo E. (1976). *Un Niveau-seuil*. Strasbourg : Conseil de l'Europe et Paris : Didier.

Coste D., Moore D. & Zarate G. (1997). *Compétence plurilingue et pluriculturelle. Vers un Cadre Européen Commun de référence pour l'enseignement et l'apprentissage des langues vivantes*. Études préparatoires, Strasbourg : Conseil de l'Europe (Repris dans *Le Français dans le Monde. Recherches et applications*, « L'apprentissage des langues dans le cadre européen », juillet 1998).

Frath P. (2011). Le Portfolio européen des langues et le Cadre européen de référence : entre normalisation institutionnelle et responsabilité individuelle. In Schneider-Mizony O. et Sachot M., *Normes et normativité en éducation. Entre tradition et rupture*, 71-93. Paris : L'Harmattan.

Goullier F. (2006). *Les outils du Conseil de l'Europe en classe de langue. Cadre européen commun et Portfolios*. Paris : Didier.

Goullier F. (2007). *Rapport sur le Forum intergouvernemental sur les politiques linguistiques « Le Cadre européen commun de référence pour les langues (CECR) et l'élaboration de politiques linguistiques : défis et responsabilités »*. Division des politiques linguistiques, Conseil de l'Europe. < http://www.coe.int/t/dg4/linguistic/Conferences_bis_fr.asp#P79_2475>

Holec H. (1979). *Autonomie et apprentissage des langues étrangères*. Strasbourg : Conseil de l'Europe & Paris : Hatier.

Huver E. & Springer C. (2011). *L'évaluation en langues*. Paris : Didier.

Maurer B., *Enseignement des langues et construction européenne. Le plurilinguisme, nouvelle idéologie dominante*. Paris : Editions des Archives contemporaines, 2011.

Molinié M. (dir.) (2006). *Biographie langagière et apprentissage plurilingue, numéro spécial Recherche et Application - Le Français dans le Monde*, N° 39, FIPF-CLE international.

Moore D. (2006). *Plurilinguismes et école*. Paris : Didier, Collection LAL.

Moore D. & Castellotti V. (2008). Perspectives de la recherche francophone autour de la notion de compétence plurilingue. In Moore D. & Castellotti V. (dir.), *La compétence plurilingue :*

regards francophones, 11-24. Berne - Fribourg : Peter Lang, collection Transversales.

Moore D. & Castellotti V. (dir.) (2008). *La compétence plurilingue : regards francophones.* Berne - Fribourg : Peter Lang, collection Transversales.

Puren C. (2007). Quelques questions impertinentes à propos d'un Cadre Européen Commun de Révérence. Journée des langues de l'IUFM de Lorraine, 9 mai 2007. Conférence sous forme de présentation sonorisée.

Puren C. (2009). Variations sur la perspective de l'agir social en didactique des langues-cultures étrangères. In Rosen É. (coord.), pp. 154-167.

Puren C. (2011). Mises au point de/sur la perspective actionnelle (mai 2011). <http://www.christianpuren.com>

Puren C. (2012a). Perspective actionnelle et formation des enseignants : pour en finir avec le CECR. À propos de : Robert J.-P., Rosen É., Reinhardt C., *Faire classe en FLE. Une approche actionnelle et pragmatique* (Paris : Hachette-FLE, 2011). Article-compte rendu par C. Puren <http://www.christianpuren.com>, janvier 2012.

Puren C. (2012b). Compte rendu de lecture... et de relectures personnelles. (à propos de l'ouvrage de Maurer Bruno, *Enseignement des langues et construction européenne. Le plurilinguisme, nouvelle idéologie dominante.* Paris : Éditions des archives contemporaines), <http://www.christianpuren.com/mes-travaux-liste-et-liens/2012a/>

Richterich R. (1986). *Besoins langagiers et objectifs d'apprentissage.* Paris : Hachette, Collection Recherches-Applications

Richterich R. & Chancerel J.-L. (1981). *L'identification des besoins langagiers des adultes apprenant une langue étrangère.* Conseil de la Coopération culturelle, Conseil de l'Europe.

Robert J.-P. & Rosen E. (2010). *Dictionnaire pratique du CECR.* Paris : Ophrys.

Rosen É. & Reinhardt C. (2010). *Le point sur le cadre europeen commun de reference pour les langues.* Paris : CLE INTERNAT.

Springer C. (2009). La dimension sociale dans le CECR : pistes pour scénariser, évaluer et valoriser l'apprentissage. In Rosen, É. (coord.), pp. 25-34.

Stratilaki S. (2005). Vers une conception dynamique de la compétence plurilingue : quelques réflexions six ans après. In *Plurilinguisme et apprentissages. Mélanges Daniel Coste.* 155-168. Ecole normale supérieure Lettres et Sciences humaines, série Hommages.

Stratilaki S. (2008) Composantes, structure opératoire et dynamique de la compétence plurilingue ; modes d'articulation et formes de construction. In Moore D. & Castellotti V. (dir.), *La compétence plurilingue : regards francophones*, 51-82. Berne - Fribourg : Peter Lang, collection Transversales.

Stratilaki S. (2011) *Discours et représentations du plurilinguisme*, collection Sprache, Mehrsprachigkeit und sozialer Wandel, Peter Lang.

Trim J. et al. (1973) *Systèmes d'apprentissage des langues vivantes par les adultes, Conseil de la coopération culturelle*. Conseil de l'Europe.

Truchot C. & Huck D. (coord.) (2008) L'analyse des pratiques d'évaluation des politiques linguistiques : un objet d'étude à constituer. *Les Cahiers du GEPE*, N° 1/ 2008. L'analyse des pratiques d'évaluation des politiques linguistiques : une entrée pour l'étude des politiques linguistiques ? (2009). <http://www.cahiersdugepe.fr/index686.php>

Van Ek J. (1975) *The Threshold Level*. Strasbourg : Conseil de l'Europe.

Véronique G. D. (2005) Questions à une didactique de la pluralité des langues. In *Plurilinguisme et apprentissages*. *Mélanges Daniel Coste*, 49-58. Ecole normale supérieure Lettres et Sciences humaines, série Hommages.

Zarate G. & Liddicoat A. (dir.) (2009) *La circulation internationale des idées en didactique des langues, Le français dans le monde*. R & A n° 46, FIPF, CLE International.

2019 年の補論[23]

1. CEFR のさまざまな使用法

ここに公開した論文は，2014 年のものにまったく変更を加えていない。

23　数年前に著した論文を本書に採録してはどうか，との私の提案を快諾してくれた西山教行教授に感謝申し上げる。時間が経過したため，現状に鑑みて当時（2014 年）の論文への補論を寄せたい。私の提案は，CEFR 増補版（2017 年に英語版，2018 年にフランス語版）についての論集である本書に，新たな論文を寄せてほしいとの西山氏の依頼に応えるものだった。西山氏の依頼にそのまま応えなかったのは，次の４つの理由のためである。

　　第一に，私は西山氏の精力的な研究活動に敬意を表しており，この論集への参加を断ることを望まなかった。第二に，本書のもととなった国際研究集会に参加する機会を得なかったため，まとまりのある本書全体への参画を望まなかった。第三に，出版が予定されている別の論集において，私は CEFR 増補版についての研究を既に行ったため，新たに論文を書くつもりはなかった。しかしながら第四に，本論の中で，CEFR が正式に出版された 2001 年からの 20 年間に，また CEFR パイロット版が公開された 1995 年から四半世紀の間に，その実際の使用や効果について私が考えてきたものをここで確認しておくことは役立つと思われた。

　　この補論において，私は，CEFR に付随すると見なされるいくつかの発展的研究を文脈化し，そのうえで CEFR 増補版が何をもたらすかを問いたい。そこで，私の個人的な立場を明らかにすることとし，詳細な議論の展開は行わないこととしたい。

CEFRが参照枠として利用されてきた目的を論じるにあたり，言語教育学であれ，語学教育の市場であれ，目的は非常に多岐にわたることから，「スイスのアーミーナイフ」というメタファーを用いることとする。そこで，ここから派生する4つの次元を区別しておきたい。すなわち，「評価のための能力記述文とレベル分け」，「言語教育活動における行動中心アプローチ」，「思考過程を表現する概念としての複言語・複文化能力」，「カリキュラムを設計する上でのモジュール性と補完性」である。現在，これらの4つの次元は完全に分断できるわけではないにせよ，大きく次の2つの側面に分かれるとみることができるだろう。

　一方には，学習目標やレベルの特徴となるとともに評価指標ともなる能力記述文の使用と行動中心アプローチがある（Coste, 2013）。また行動中心アプローチはしばしば教授法において，もっぱら道具としてのタスクの概念に単純化して捉えられている。フランス語の教科書，特にフランスで出版されたフランス語教科書には，能力記述文と行動中心アプローチの2つの組み合わせが明確に認められる。たとえば，学習課程のレベル分けにあたっては，コースを修了するとA1やA2などのレベルが達成できるとし，教室活動の教授法としては行動中心アプローチを推奨する，というものである。

　もう一方には，複言語・複文化能力の概念があり，これは複雑かつ不均衡な個人の言語レパートリーの構築や実践をより正確に描き出すために使用される。この概念はまた，複言語・異文化間教育のカリキュラムの基盤としても機能している。

2.　4つの次元は拡散的か，補完的か

　上述の第一の側面は，基本的には単一言語主義の動きを表すもので，学習者が別の場所で習得した言語や学習中の言語を考慮することなく，一つの外国語学習に関わる。これは直線的に上昇するモデルで，A1からC2に対応する同一の基準に従って言語能力の発達や拡張を表している。この考え方が最終的にめざすものは，好むと好まざるとにかかわらず，また認識されているか否かにもかかわらず，いまだに「理想的なネイティブ・スピーカー」にとどまっている。

　また，用語の厳密な意味での行動中心アプローチに基づく教材は，使い勝手が悪く，使える機会は制限される。提案されているタスクはほとんどの場合，単にコミュニケーションを含むタスクであって，言語を使う以外の行動が組み込まれるようなタスクではない。

　第二の側面（複言語能力とカリキュラム計画）は，ネイティブ・スピーカーの概念そのものを問い直すものである。社会的行為者はそれぞれが，社会での歩みやそれぞれの移動に対応した言語レパートリーを構築しようとするのだが，これは学習者が既存の評価基準に従って，直線的かつ段階的な進行をするといった捉え方にはほとんど対応しない。同時に，CEFRで導入された複言語・複文化主義という捉え方はレベル別の評価の標準化にも対立する。このため，複言語・複文化能力を課題として提起するにあたり，その評価法に関する疑問が繰り返し現れることも驚くことではない。

　同様に，複言語・異文化間教育のためのカリキュラム開発や策定は，確かにこれまでさかんに議論され，実践されてきたが，それらを具体的に実施するのはもっぱら教育機関の「メゾ」レベル[24]であることから，そのようなカリキュラムを段階的に一般化しても，それを誰の目にも明らかにすることは簡単ではない。

　これに対して，複言語能力の実践にあたって，また複言語・異文化間教育をふまえたカリキュラムを現場で実践するにあたっては，人的関係における仲介であれ，認知的な仲介であれ，仲介のプロセスが必ず発動する。この点はただちに認識されなかったことかもしれない。しかしこのことは，仲介の働きが，レベル別に評価しうることを意味するものではない。また，ある特定の個人が行う仲介によって実現したこととは異なる基準によって，その状況にはない何らかの別の基準によって評価しうることを意味するものでもない。

24　［訳注］ミクロとマクロの中間に位置するという意味。言語教育学では学校レベルや団体レベルでの取り決めについて用いる。Beacco et al. (2010 et 2016) で詳細に論じられている。

3.　CEFR 増補版に関するごく短い所見

　CEFR 増補版をあるレベルまで読み進めていくと，これは前述の 2 つの側面の距離を縮めようとしていることが分かる。実際，CEFR 増補版は，文語および／または口語でのコミュニケーションや，言語産出や受容のあり方に影響を与える技術革新を考慮に入れるだけでなく，コミュニケーションにおける複言語・異文化間教育のレベルをも考慮に入れ，またこれまでどちらかと言えば手を焼く存在であった仲介の概念を，CEFR の全体，また能力記述文の中に組み入れようとしているのである。

　そこで採られた主たる方法とは，新たに追加された仲介という要素について，A1 から C2 という，これまでとまったく同じ垂直方向の階層化を行うことであり，また「can do」（～できる）という用語で構成された能力記述文を用いるというものだった。つまり，1990 年代に構築された能力記述文の枠組みが依然として発展しうるかを検証していると言ってもよいだろう。このような能力記述文が最初から妥当であったならば，コミュニケーション技術の発展にともない，能力記述文を仲介機能へと拡張し，それにより一時的に欠落していたものが補完されたとしても何ら問題もない。しかし，仲介機能という新たな要素を組み入れることは，このような事情とは異なっている。ここでは，言語・文化の多元性と，仲介に関わる課題とを切り離して考えたい。

　CEFR 増補版における最終部で「複言語・複文化能力」と命名された箇所（この箇所はこの概念に関わる前提条件や考察をたいへんに多く含んでいる）を見ると，6 レベルの段階分けは，多元性そのものの基準ではなく，複雑な方略や拡大した知識量に基づいているようである。したがって，複言語による聴解や読解について，段階分けの機能とは，すべての「レベル」に対応する能力記述文をなんとしても作り出すことなのである。ごく一例を取り上げると，レベル A1（方略を用いる）に該当する「複数言語で使用されている単語を同定する」ことと，別のレベル B2（既存の知識を用いる）に該当する「ある主題について，一つの言語で得た知識を，別の言語で展開する」とを，どのように段階分けすべきか，という点にはない。教育実践における教育や学習を考えるとき，ここで示された能力記述文はレベルごとに個

別に考案されているので，教師に向けて教室活動を提示する資料となった
り，学習者にとって一時的な参考資料になることもあろう。しかしレベル分
けをせざるを得ないため，このように複雑な言語活動を極めて小さな単位に
分割し，必然性を欠く教育・学習の進度へと単純化してしまうのである。

　ところで，著者らはこのセクションの目的が限定的であることを指摘して
いる。

　　　この領域（仲介）の能力記述文を CEFR のレベルと関連付ける主た
　　る理由は，カリキュラム開発者と教師が（a）それぞれの環境で言語教
　　育の視野を広げ，（b）学習者の言語や文化の多様性の価値を承認しよ
　　うとするときに，支援できるようにするためである。レベル別の能力記
　　述文を提供するのは，これに関連する複言語／複文化教育の目的を容易
　　に選択できるようにするためで，言語使用者／学習者の言語レベルは現
　　実的なものである。　　　　　　　　　　　　　　　　（英語版，p. 158）

　このような限定があるにせよ，仲介の能力記述文を作成することから何が
生み出されるのかを考えてみたい。

　CEFR 増補版の仲介に関する能力記述文には，複言語・複文化能力に費や
された箇所よりもずっと多くの紙幅が割かれている。それはよく理解でき
る。というのも仲介は横断的な視点から取り上げられており，外国語教育以
外の教育分野にも関連するためである。仲介のカテゴリーは，人間関係の仲
介や認知に関わる仲介の識別，また「テキストの仲介」「概念の仲介」「コ
ミュニケーションの仲介」に分かれる下位集合から作り上げられており，そ
れぞれについて，教師や学習者に向かって「話す」ための能力記述文だけで
はなく，言語以外の教科をも横断するような形で観察できる行動にも当ては
まる能力記述文が選び出されている。このような能力記述文は，教育活動の
実施計画や何らかの技能の検証といった目的で使用することは可能で，また
有用であるようにも思われる。しかしながら，仲介の能力記述文の作成や妥
当性の検証プロセスには相当の労力や資源が必要であったことはよく分かる
ものの，管見では，本質的であるとともに実質的な批判点が 2 つ残されて
いるようだ。

　第一の批判点は，ここでもやはり，能力記述文が垂直方向に段階化されている点である。これらは実証研究を経たものとして提示されており，ここで選び出された能力記述文のカテゴリーには潜在的には豊かな意味を持つのかもしれないが，6段階のスケールは，仲介が常に個別の対象や，環境，課題を含んだ個別の事象であるという点を考慮に入れていない。

　実際のところ，これが第二の重要な批判点だが，仲介は，生産・受容・相互作用という言語活動を経由するとしても，他の言語活動のように，言語活動だけに還元してはならないのである。仲介とは目的のある社会的活動であり，とりわけ関連する人々の満足度に応じて，そのプロセスと結果から評価される。ではなぜ仲介は既にCEFRの中で分類されている言語活動と同じようには扱われなかったのだろうか。言語活動に関わるCEFRのこれまでの研究において仲介という概念が取り扱われてこなかったことは，何ら驚くことではない。仲介は他の言語活動とは異なるレベルで機能しており，まったく異なる記述と分析が必要であり，これとは異なる目的のためにCEFR開発当初に設計されたレベルのスケールにはごく部分的にしか適合しないからである。この特殊な仲介の地位を理解するためには，別のモデルが必要になる。

　もしも一般的かつ実用的な枠組みを採用するのであれば，以下の想定に基づいた包括的な考え方をさらに進める必要があるだろう。

- 人間の行うあらゆるコミュニケーションは，行動中心の観点から考えることができる。
- 行動を目的とする人間のあらゆるコミュニケーションは，言語的・文化的に多様な環境と，社会的行為者に利用可能な言語リソース，そして能力に組み込まれているとともに，それらに基づいている。
- 行動を目的とする人間のあらゆるコミュニケーションは，特に言語的・文化的に多元的な現実に照らし合わせると，仲介の営みを意味するとともに，それを前提とする。

　いわば，コミュニケーションや多元性，仲介の関係を，並列的で付加的なものと捉える見方から，全体論的で包括的なものと捉える，統合的な見方へ

と移行することが重要なのである。CEFR とその増補版は，この方向へとある程度の歩みを進めることとなった。それは，CEFR にはその作成方法が均質ではなかったことから使用法にともなう誤解や誤用が生じてきたし，また今後も起こりうるかもしれないが，総合的な方向への一歩を果たした。CEFR が「スイスのアーミーナイフ」である時代は終わっていないかもしれないが，そのアーミーナイフにさらにいくつかの道具を加えれば，現代にふさわしい意味をいま一度与えることができるだろうか。

4.　結語

　以上の文章は5年前に公開された一つの論文に対する，現在の状況のある特定の問題に関連させた補論にすぎないが，当時は多くの参考文献を載せる紙幅がなかった。しかし，私がここで概説した意見や立場は，明らかに，欧州評議会現代語部門（その後，言語政策部門へと改組）での仕事に長く関わった経験と，それに加え，この組織や他の組織との関連において，マリザ・カヴァリとの長年の共同作業により行った考察と執筆に大きく関連するものである（Coste & Cavalli, 2019）。以上を受けて，ここにさらなる参考文献を示す。

引用文献

Beacco J.-C., Byram M., Cavalli M., Coste D., Egli Cuenat M., Goullier F. & Panthier J. (2010 et 2016). *Guide pour le développement et la mise en œuvre de curriculums pour une éducation plurilingue et interculturelle*. Strasbourg : Conseil de l'Europe, Division des Politiques linguistiques. <https://rm.coe.int/CoERMPublicCommonSearchServices/DisplayDCTMContent?documentId=09000016806ae64a>

Coste D. (2013). Petit retour à Rüschlikon. In Huver H. & Ljulikova A. (dir.), *Évaluer en didactique des langue / cultures : continuités, tensions, ruptures. Recherches et Applications 53*, 140-148. Paris : Clé International.

Coste D. & Cavalli M. (2015). *Éducation, mobilité, altérité. Les fonctions de médiation de l'école*. Unité des Politiques linguistiques - Division des politiques éducatives, Conseil de l'Europe. <https://rm.coe.int/education-mobilite-alterite-les-fonctions-de-mediation-de-l-ecole/16807367ef>

Coste D. & Cavalli M. (2019). Décrire l'activité langagière de médiation : le cas de l'enseignement bilingue. *Les Cahiers de l'Asdifle*, *30*, 67-93.

第 **4** 章

言語教育の視野を広げる
——仲介・複言語主義・協働学習と CEFR-CV

エンリカ・ピカルド，ブライアン・ノース，トム・グディア
倉舘健一・下　絵津子（訳）

　旧来の学習観は，言語を話者／使用者の外部にある静的で純粋な事象とし，また学習を将来的な使用に向けて準備するひとつの内的認知プロセスとして捉えてきた。行動中心アプローチは，言語使用者／学習者を，複言語レパートリーを動員する社会的行為者として捉え飛躍的に発展した。伝統的四技能にやり取りと仲介を加え，言語学習と言語使用を，質的に社会に統合した，状況により変化するものと捉える。そしていまようやく CEFR の説明体系が補完され，仲介および複言語・複文化能力に関する新能力記述文が整った。本章はこの能力記述文の概念化，開発，検証，そして CFFR-CV（2018）を概説する。また言語使用者／学習者を複言語社会の行為者とする言語教育のパラダイムシフトを明らかにする。いま目指されているインクルーシブ教育をより万人に向けて改善していくには，言語・文化的多様性の認識を深め，価値化していくこと，そして複言語的インターカルチャーを普及促進することがそのカギとなる。

キーワード 🔍 **CEFR-CV，仲介，複言語主義，協働学習，能力記述文**

1.　はじめに

　CEFR の行動中心アプローチは，複数言語レパートリーを動員する社会的
行為者として言語使用者／学習者を捉える。このことは従来のコミュニカ
ティブ・アプローチからの飛躍的発展を示している。CEFR では，伝統的な
四技能（口頭と筆記による受信と発信）のみならず，やり取りと仲介が取り
入れられた。これにより，言語学習と言語使用を，状況に応じて変化し，か
つ質的に社会に統合したものとして複合的に捉える見地を開いた。

　またこれまでの学習観では，さまざまな言語は話者／使用者の外部に存在
する静的で純粋な事象とみなされ，学習もまた実生活上での将来的な使用の
ため準備される，内的な認知プロセスに還元して捉えられてきた。研究の進
展はこうした学習観からの変更を促している。教育現場でのボトムアップ式
に積み上げられてきた基礎研究に基づくこうした理論発展は，よりダイナ
ミックに言語教育を捉える見方をもたらしており，CEFR のもろもろの根本
方針ともよく噛み合い作用している。

　そしていま，仲介および複言語・複文化能力のための新能力記述文によ
り，CEFR の説明体系を補完する準備は整った。本章では，これらの能力記述
文の概念化，開発，検証，そして 2018 年に刊行された CFFR-CV（Companion
Volume）について概説する。また，言語使用者／学習者を複言語・複文化
社会における行為者として捉えることが含意する言語教育のパラダイムシフ
トを明らかにする。

　われわれが目指すべきなのは，質の高い，すべての人のためのインクルー
シブ教育の促進である。そのカギとなるのはとりわけ言語・文化的多様性の
認識を深め，かつ価値化することであり，また複言語的インターカルチャー
の普及促進である。

2.　ヨーロッパ言語共通参照枠（CEFR）

　『外国語の学習，教授，評価のためのヨーロッパ言語共通参照枠』（CEFR:
Council of Europe, 2001）は，ヨーロッパ域内のみならず域外各国でも言語教
育の明確な推進力となってきた（Byram & Parmenter (eds.), 2012）。Piccardo

（2014）や Piccardo & North（2019）が説明するように，CEFR が提示する行動中心アプローチは，言語使用者／学習者を社会的行為者と捉えるコア概念とともに，コミュニカティブ・アプローチから飛躍的に発展した。

　CEFR の能力記述文には，伝統的な四技能（口頭と筆記による受信と発信）にやり取りと仲介が加えられ，そのために，言語学習と言語使用を，状況に応じて変化し，かつ質的に社会に統合したものとして複合的に捉えることができるようになった。言語使用者／学習者の行為者性に着目し，言語使用における社会と個人の特性ならびに内外の文脈を考慮したことにより，CEFR はそのさらなる展開を見通せるものとなった。

　つまり，CEFR は学習者を社会的行為者とみなす。彼らは（個人的で，非言語などの）一般的能力を含めたあらゆる能力やタスク遂行上の方略を動員し，またその結果として，これらの能力と方略を同時に向上させる。この見地は，言語を教授すべきコード（記号体系）とみなして減点法を用いる考えから脱却し，実体験上の学習活動として言語を捉えることを促す。近頃刊行された『ヨーロッパ言語共通参照枠必携（新能力記述文付）』（Council of Europe, 2018, 以下 CEFR-CV と略記[1]）は，仲介と複言語主義の領域に特化したものではないが，とりわけこれらについての CEFR の先進的な観点をより明確に定義づけ，解説するものである。

　複言語主義では，社会的行為者の言語レパートリーにおける言語間の相関性に焦点が当てられる。そしてこれらはホリスティックで，動的で，社会に統合されたものとして捉えられる。また複言語主義は部分能力の概念に基づいており，半分まで入ったグラスであれば「半分空」としてではなく，「半分入っている」ことを強調する。これは，個々人のなかにある複言語間の輪郭と，いわゆる言語ごとの間の輪郭とに均衡関係がないことを認めるものである。

　こうした着想は，初期の CEFR 草稿に現れた際には革新的なものであった。またこれは，言語多様性と複言語レパートリーの豊かさの重みを価値として捉えるよう，学習者と社会に対して働きかけるべく企図されたものでも

1　CEFR-CV を本書では『増補版』として表記を統一しているが，その仔細を論じる都合から，この章ではこれを CEFR-CV と記述する。

あった。とはいえ, 言語教育分野での複言語主義の理解の進展は遅々とした
ものであった。2007 年, ストラスブールでの政府間言語政策フォーラムに
おいて, ジョン・トリムは次のように遺憾を表している。

> この複言語アプローチは, グローバル化の現実により即している。言
> 語や文化をそれぞれ独立した統一体として捉え, これらは異質なものの
> 影響の脅威から防衛され, 保存維持されるべきであるとするような, 純
> 粋主義に基づく諸形態と比べてそうだといえる。CEFR のユーザーの大
> 半はこれを単言語に限定して使用している。しかし, コミュニカティブ
> な活動と能力は Can Do 式能力記述文付で体系化され説明されること
> で, カリキュラム全域にわたって言語を支える, 複言語アプローチによ
> る優れた基盤となるものであり, また今後のさらなる発展も期待できる
> のである。　　　　　　　　　　　　　　　　　　　(Trim, 2007: 51)

　こうした発展への呼びかけは, 決して無視された訳ではなかった。またこ
れまでの学習観では, 言語は話者／使用者の外部に存在する静的で純粋な事
象とみなされ, 学習もまた実生活上での将来的な使用のために準備される,
内的な認知プロセスに還元して捉えられてきた。こうした学習観からの変更
への要請が, 研究の進展により高まりを見せはじめたのである。伝統的な視
野を超えるこの理論発展は, 言語教育現場での実践からボトムアップ式で積
み上げられてきた基礎研究に基づくものであり, 国際的に開かれ共有された
言語教育の視界のもと, よりダイナミックな言語教育に向かいつつあり, そ
れは CEFR のコアにあるもろもろの根本方針と噛み合い作用している。こ
うして機の熟した CEFR 改訂はその説明体系に完成をもたらすとともに,
この CEFR-CV（2018）の Can Do 式新能力記述文を通じ, 学習と教授に明
確なインパクトをもたらすべくその視野を広げることであろう。

3.　線型から複合型へと変わる言語学習と言語使用の捉え方

　言語教育は外界から隔絶した状態で行われるものではない。つまり, それ
特有の文脈に, またその文脈において社会的になにが言語と言語学習／教育

を特徴づけると見るのかにかかっている。言語・文化的に多様なもろもろの社会内部では，個々人のレベルとともに，さまざまな共同体のレベルでも，個々の言語がかたちを成していく。文化やアイデンティティとは混成物であり，さまざまなレベルで構造化されており，それは諸言語も同様なのであり（Wandruska, 1979），フラクタル（部分と全体が自己相似のかたちをした図形）をなしている（Larsen-Freeman, 2011）。さまざまな言語やアイデンティティは，確かに外から眺める限りは混ぜ物のない，静的で，線引きのできる統一体のようにも映るが，ひとたび内から眺めればおのずとそれが不安定な集合体であることがわかる。グローバル化のプロセスにおいて要請されるのは，複数性と多様性を公準として，絶え間ない変化に対応していけるような社会学的展望であり，概念的に言語教育を再解釈する必要性もまた強調される。

　ひとつ際立って見受けられる残念な対応がある。それは言語文化的差異を削るべく，英語を貧素化した形態でリンガフランカ（共通語）として導入し，それを歴史必然的な「発展」の形態として奨励するものである。この誤った思い込みの根本には，言語文化同士の同等性はやり取りによって担保されるといった「情報ギャップ」的言語観がある。実際には，「コミュニケーションは隔たりを超えた情報伝達なのではなく，文脈的意味内容の共同構築作業である」（Orman, 2013: 91）。にも関わらず，である。これは危険な傾向であり，ある現象について，それを豊かに分節化されたさまざまな観点から吟味するどころか，このような線型の単眼的視野は，あらゆる文化的多様性を消し去り，また諸現象を解釈するための複眼レンズを個々人から奪い去ってしまうのである。

　さまざまな言語とは，種々のレンズであり，それを通じてわれわれは世界に意味を見出し，知識を獲得し，思考を分節化するのであり，独りであれ，他者とであれ，これは「言語化（languaging）」（Swain, 2006）のプロセスを通じて行われる。いくつもの言語を操ることは，いくつものレンズを持つこと，つまりより広い視野を備え，いわゆるインターカルチャー（Byram & Wagner, 2018）を弁えることを意味する。過去と現在の妖怪たちと向き合わざるを得ないこの相互連結した世界においては，この点がますます重要となる。個人的かつ社会的に捉えられるこの言語多様性が秘める潜在力は意味深

いものであり,「お互いに仲良く」といったものに貶められるべきではない。

　近年の研究が明らかにしつつあるのは, いくつもの言語を操ることによる脳機能 (Adesope et al., 2010; Bak et al., 2014; Malafouris, 2015 など) や創造性 (European Commission, 2009; Piccardo, 2017) への効能である。液状化した現代世界 (Bauman, 2000) は複雑で,「ホモ・コンプレクサス (homo complexus: 複合的なヒト)」を要請するが, これは記号多様性に生きる存在であり (Halliday, 2002), 未知に動ぜず, 非線型思考を備え, 混ざり, 絡み合い, 組み合わせられたもろもろの形態を吟味し, かつ利用する (Pennycook, 2017; Canagarajah, 2018)。複雑化した社会では, 複雑なパラダイムでも創造的な人物像が求められるのである。

　諸言語が潜在的に門戸開放のツールであるとするならば, そのプロセスにおいては言語教育が担うべき重要な役割がある。文字やコードを理解し生産する能力を学習者は (うまくいけば) 獲得すると捉えていた 1950〜60 年代の文法シラバスの線型パラダイムから脱却し, 個人と社会双方の側面を埋め込むことの可能なアプローチへと言語教育は発展していく必要がある。

　そして段階的に教育学的に介入することで, アウェアネス (言語への目覚めなど) は反復的かつスパイラル状に高まり, 熟達度の増進, さらにはオートノミー (自律性) に貢献する。こうした新たな教室風景での言語学習は, 動的で反復的で, 文脈的かつ社会的に促された道程を辿る。そして仲介は, 発展のプロセスにおいて, 言語使用者／学習者が社会的行為者となることを可能にし, これを支持する決定的な役割を担う。仲介はしたがって CEFR-CV での発展の要とされたのである。

4.　仲介の解釈

　仲介は, 1996 年の CEFR 試行版の初稿において, コミュニカティブな言語活動の第四のモードとして紹介されている。簡略にいえば, (口頭と筆記の) 産出活動は自己表現と関係し, やり取りは相互理解に到る言説の共同構築に関わるのだが, 仲介では新たに追加要素が導入されており, それは新たな理解, 新たな知識, 新たな概念に基づく, 新たな意味内容の構築である。

　大抵の場合, 仲介は受容活動と産出活動に関係し, またしばしばやり取り

とも関係する。しかしながら，産出活動ややり取りとは対称的に，仲介においては，言語は単に表現の手段ではない。仲介とは基本的に「他者」という，新規で未知の対象に接近するための，もしくは他の人がそうするのを手助けするための媒介手段である。それゆえ仲介とは，学校や教育課程において，認知的な活動になりうるのである。仲介はまた，コミュニケーションを成就するために関係性や場や時間など諸条件を確立するといった関連付けの活動にもなりうる。

　さらに言語横断的かつ／もしくは文化横断的にもなりうる。こうした言語文化横断的な仲介は，サブカルチャー同士を介したり，また専門的あるいは口語的な特殊用語と平易な標準化された言語の間を介したりするのであり，それは特定の個別の言語や文化同士を介するばかりではない。

　一方で仲介は実際のところ，ある言語のある変種の内に常時留まることもある。というのも，理解の壁があった場合，それは必ずしも言語や文化によって生じているのではなく，単なる情報不足に起因している。また一方で，仲介とは，他者理解の壁の橋渡しばかりでなく，新たな理解や発見の瞬間を求めて自身が模索するプロセスでなされる場合もあろう。これは通常，思考を分節化することで達成され，それはしばしば他者とともになされ，「ランゲージング（言語化）」と呼ばれるプロセスにおいて，またあるいは，あらゆる言語資源が動員される場合には「プルリランゲージング（複−言語化）」と呼ばれるプロセスにおいてなされる。これは「動的かつ終わりなきプロセスであり，さまざまな言語資源や記号資源を活用して伝達したいことを整える」（Piccardo, 2017: 9）ものである。

　CEFR は，仲介では，言語や言語変種を横断するか，あるいはそれらの内に留まりえると，この点を明確にしている。仲介概念に関連した CEFR の提示箇所をまとめると次のようになる。

- 2.1.3：何らかの理由で直接の対話能力を持たないもの同士の間のコミュニケーションを可能にするものである。　　　　　　　　（p. 14）
- 4.4：何らかの理由で直接コミュニケーションがとれない人たちの間でコミュニケーションの経路として行動する（しばしば，この二人は異なる言語の使用者である場合が多いが，必ずしもそうであるとは

　　　限らない）。　　　　　　　　　　　　　　　　　　　　（p. 60）

・4.6.4：入力も出力のテクストも第一言語や第二言語で話されたもの
　であったり，書かれたものであったりする（例えば（中略）入力も出
　力も第一言語，あるいは第二言語となっているようなタイプなどであ
　る）。　　　　　　　　　　　　　　　　　　　（p. 106, 一部改訳）

　とはいえ，前述した通りの言語文化的多様性が増大する現在の文脈にお
いては，また後述する複言語主義のような刺激的な着想の採用もあれば，
CEFR の産出活動と受容活動の双方において，教育計画関係者たちの想像力
を惹くのがなによりもまず言語横断的・文化横断的仲介であるとしても驚く
には当たらない。この仲介は CEFR でも二つの方向で強調されている。す
なわち，仲立者としての**コミュニケーションの仲介**，そして**テクストの仲介**
である。

　ドイツ語圏ではとりわけ早くから言語横断的仲介へのアプローチが採用さ
れた。Backus et al.（2013）が指摘するように，これはインフォーマルな状
況であれば，非職業人たちでも十分にこのような仲介活動をこなせることが
研究成果から把握されていたことによる。ドイツのカリキュラムでは言語横
断的仲介が 2000 年代初めから見られるようになり（Kolb, 2016），また「ス
イスの義務教育の相互調和に関する州間協定」（HarmoS: Accord intercantonal
sur l'harmonisation de la scolarité obligatoire）[2] の教育スタンダード，そして CEFR
の内容をドイツ語に特化した『ドイツ語プロファイル（Profile Deutsch）』[3]
（Glaboniat et al., 2005）に掲載された一連の詳細な仲介に関する能力記述文
などに見られるようになった。

　とはいえ，Piccardo（2012）が指摘するように，仲介という概念をより広

2　［訳注］協定名の訳は福田浩子（2014）「多言語多文化社会で言語教育が何をなしうる
　　か──スイスの先進的な取り組みから」『人文コミュニケーション学科論集』第 16 巻，
　　pp. 103-117）による。スイスの義務教育の協調に関し州教育委員会代表らが合意し 2009
　　年発効された。義務教育期間を 11 年とし，学ぶべき外国語を規定するなど，国家レベ
　　ルの教育スタンダードを定める。

3　［訳注］ヨーロッパ評議会主導のもと，オーストリア・ドイツ・スイスが協力，
　　CEFR をドイツ語に特化して説明する。授業の準備や運営・評価で柔軟に利用可能なさ
　　まざまなリストや教材データベースを提供する電子資料を含む。

く豊かに解釈する道を拓いたのは，社会性と個人性を考慮する CEFR の社会的行為者像によるものである。これは，社会的かつ異文化間的仲介，つまり Kramsch（1993）の「第三の空間」[4] の概念を含むものである。これは「言語文化的対立の代わりとなる，差異については的確に指摘され，協議され，順応がなされるような複数区域」（Zarate, 2003: 95）であり，それは「諸空間の狭間」を自由に行き来する能力に焦点を当てること，つまり Kramsch（2009）がシンボリック能力[5] と呼ぶものを発達させることで可能となる。

「諸概念の仲介」の意味での仲介は，例えば社会文化理論（Lantolf & Poehner, 2014）など，言語教育に最近もたらされた理論にも参照されるものである。仲介とは複雑な現象であり，さまざまな方法で分類される。Lantolf & Poehner（2014）は，Miller（2011）を引用し，仲介の特徴を次の三種に分類する。

(a) メタ認知的で，個人間のコミュニケーションにおいて生じ，調整機能を備える
(b) 認知的で，概念と知識の構成に役立つ文化的構築手段とともになされる
(c) 諸制度や社会のマクロレベルに関連し，(a), (b) の両方に影響を与える

Marginson & Dang（2017: 119）はまた次のように指摘する。

ヴィゴツキーは，内省的自己決定力や「能動的適応」の発達における仲介の役割について繰り返し強調している（Vygotsky, 1981: 151-152)[6]。

4　［訳注］自文化と異文化とが交錯し，互いに影響しながら新たな文化・価値観・アイデンティティを構築する空間をクラムシュは「三つ目の場所（a third place）」と呼び，批判理論学者のホミ・ババは「第三の空間（Third Space）」と呼ぶ。

5　［訳注］文字や音のつながりや，非言語でもメッセージ性のある身振り手振りや絵などを，「特定文化に属する者たちの間で特定の意味で通用するシンボル的なもの」と捉える。シンボリック能力とは，シンボル的なものが表す文脈や現象を理解し活用する能力で，異なる言語・文化間での意味多様性を考慮し発達すると考える。

6　［訳注］ヴィゴツキーは，他者の助けなしに到達できない発達領域を「発達の最近接

　　環境の変化に適応する際，人類は自分たちの生存条件と自分たち自身を
作り変えることで進化を遂げてきたのである。

　CEFR でやり取りが強調されるのは，社会と個人の双方からであり，それ
を言語使用者／学習者に内在的な能力やメンタル面の文脈，そして領域や
状況など外在的な文脈の双方の関係において考察し，またそこに複雑系の
生態学の観点も取り入れる（van Lier, 2004）[7]。学習とは，社会的行為者がア
フォーダンスや「環境下での活動機会」（Käufer & Chemero, 2015: 166）に
気づく時点に，「活動時認識」（van Lier, 2004: 97）を通じて生起している。
これは社会的行為者があるタスクを達成しようとするときに必要とするな
にかである。ハリデーが「意味の潜在力」[8]（Halliday, 1973）をいうのと同様
のことを，van Lier（ヴァン・リア）は「記号的潜在力，もしくはさまざま
なアフォーダンス」（van Lier, 2004: 74）と表現する。人は媒介力を発動さ
せ，置かれた環境で知覚された誘因に応じていく。仲介はあるアフォーダン
スが妥当だと認識していくのに役立つのである。
　この種の仲介は教師がつねに行っていることだが，媒介手段について
Bandura（2001）の社会的認知理論[9]が示唆するように，小グループでの協働
作業など，はっきりとした目標と自己効力感のある状態にあれば，言語使用
者／学習者もまた行っているのである。またこのことは状況的認知

　　領域(ZDP)」と呼び，発話を外言(他者対話)と内言(自己内対話)に分け，発達とこれら
　　のやり取り＝仲介活動との関係に着目する。

7　［訳注］環境因から探究する生態学の観点では，言語が教育全域で役割を担う以上，
　　言語科目に限らず，教育すべてが言語教育である。言語習得過程の文脈，つまり学習
　　環境や他者との相関を考慮し，学習者の体験や学習過程に生じる現象を分析する。〔参
　　考：レオ・ヴァン・リア(2009)『生態学が教育を変える——多言語社会の処方箋』(宇都
　　宮裕章訳)ふくろう出版〕

8　［訳注］ハリデーの選択体系機能言語学は，文法に焦点を当て言語を分析する言語学
　　とは異なり，社会環境を考慮し言語体系を考察する。人間の意識は特定の状況のなかで
　　能動的に作用するが，「意味する能力」の形成および遂行がどのように関係づけら
　　れるかを説明するうえで，この作用を「意味の潜在力」と表現する。

9　［訳注］バンデューラは観察学習，モデリング，自己効力感などの概念から社会的学
　　習理論を構築，のちにこの学習概念を認知的情報処理を通した知識の獲得として捉え直
　　す社会的認知理論へと発展させた。

（Gallagher, 2009）や状況的学習と実践共同体（Lave & Wenger, 1991），さらには活動転向（Filliettaz, 2004）や集団的知性（Levy, 2010）等の理論にも関連する。これらの理論からは，言語使用者／学習者を複雑適応系（complex adaptive system: CAS）とみなすことが可能で，この CAS は小グループに組み込まれており，別の CAS であるその小グループもまたフラクタル状にパターン化した授業に組み込まれている。複雑系理論（Larsen-Freeman, 2011; Larsen-Freeman & Cameron, 2008）が示すように，これら個々に環境を伴う CAS 同士の相互作用が一時的なバランスを生じ，そして時間が経てばそれも次々に変化を遂げていくのである。

　このように仲介概念を広く捉えることが，CEFR 改訂の主軸となってきた。視野を広げたことにより，行動中心アプローチが示唆する社会的行為者の概念をめぐって概念的に言語を再解釈するという肥沃な基盤がもたらされたのである。仲介概念を発展させることで CEFR-CV は CEFR の説明体系を補完し，上述した四技能からの転換を明確にしている。この長期にわたる検討プロセスの末，明らかとなった仲介活動の分類枠は次の通りである。

4.1　テクストを仲介する

　テクスト（ビデオや図表等のほか，口頭のテクストを含む）の仲介とは，**(a) 特定の情報を伝える，(b) データ資料を言語的に説明する，(c) テキスト処理する**，あるいは誰かのために書かれたテキストを翻訳することである。さらに **(d)**（講義やセミナー・会合などで）**ノートを取る，(e) 創作性のあるテクスト**（文学を含む）**に個人的な感想を表す，(f) 創作性のあるテクストを分析・批評する**こともこれに含む。

　(a)〜(d) は，あらゆるレベルの職業生活やアカデミックな日常生活に共通するものだが，とりわけ授業で見られる。Creese & Blackledge（2010）や Lewis, Jones & Baker（2012）は，多言語状況の教室で協働的なやり取りを行ったり，いくつかの異言語でテクストを物語ったりする様子を叙述している。一方，創作性のあるテクストの仲介は異なる種のもので，実際の教育や日常生活について熟考したり，質の高い本を読んだり映画を観たりするとそれについての話となるのがそれである。テクストの仲介とは，授業で使用される教科書等に限定される必要はない。言語使用者／学習者は指示を受け，

さまざまな物語を読む，おとぎ話や都市伝説のさまざまな翻案を読む，ある
トピックについて Web 上で調べる，そこでの発見を授業に持ち寄ってくる
などできる。

4.2 コミュニケーションを仲介する

コミュニケーションの仲介とは，**(a)** 創造性・開放性・相互理解を促進
する共有空間を創出する（**複文化空間を促進する**），**(b)** **インフォーマルな
状況で仲立ち役を担う**，**(c)** 危機的状況や意見の対立などを防止するか解決
できるよう手助けする（**細心の注意を要する状況や紛争（disputes）でのコ
ミュニケーションの手助けとなる**）ことである。言語使用者／学習者の認識
には，異言語を話すことのみならず，社会文化的あるいは社会言語学的な差
異や，また個人的な差異も認められるが，ここでの目的とはこれらを介して
の理解に役立つことである。コミュニケーションの仲介とは，言語による双
方の仲立ち役をインフォーマルに担うことを含意しており，それは「素人通
訳者は，時に限られた言語資源しか持たないにも関わらず，このような状況
でも実にうまく理解に到らしめることができる」（Backus et al., 2013: 203）
と研究から示される通りである。

他者理解には感情移入の努力が必要で，自身の観点のみならず，それと他
者の観点との両方を持ち続けなければならない。Backus et al.（2013）が指
摘するように，前に進むために要する緊張も紛争や口論もあろう。職業仲裁
人を連想させる種の仲介だが，日々の誤解や難しい局面や意見の対立に役立
つものとしてここでは扱われる。今どきの教室の多様性から，素人通訳者が
役立つ様子を思い描くのはそれほど難しいことではないはずである。第一言
語（L1）以外に二言語が教えられる状況では，第二言語（L2）と第三言語
（L3）でのタスクを思い描くこともできるだろう。ドイツ（Kolb, 2016 を参
照）やオーストリア（Piribauer et al., 2015）ではすでに，口頭試験にこのよ
うなタイプの活動を考慮したタスクが見られる。

4.3 概念を仲介する

概念の仲介とは，まず学習上の条件設定について，**(a)**（偏見のない「他
者」として）**やり取りをうまく扱う**，もしくは **(b)**（集団の一員として）

仲間との協働ややり取りに役立つことである。また次に（**c**）（偏見のない
「他者」として）**抽象的な話し合いを促す**ことであり，これは対話的話し合
い（Alexander, 2008）や言語化（Swain, 2006）に類したもので，（**d**）（集団
の一員として）**意味内容の構築に協働**することにより，新たな概念基盤への
到達に役立つ。

　（a）（b）と（c）（d）の二つのタイプの仲介の区別は，説明の順は逆だが，
Halliday（1975: 52）の「言語機能のうち，観念化上のもの（具象的・参照
的・認知的）と対人関係上のもの（自己表出－働きかけ的・社会的・喚起
的）を分かつ基本区別」に対応する。小グループでの協働は，言語使用者／
学習者にもたらされる仲介因を増やし（van Lier, 2004; Walqui, 2006），グ
ループでの他者の仲介は，「取り上げられた内容について，自分自身の知識
を言語化し，明確にし，知識を拡張する機会となる」（Walqui, 2006: 168）。

　しかし，Webb（2009）が述べるように，どのように説明し，論理づけ，
相互に噛み合ったかたちで探求するか，つまりどのように**意味内容の構築に
協働する**かについて，学習者が自動的に知っていることにはならない。
Webb（2009: 16）によると，自らコミュニケーション技術のトレーニング
を受け，教師になってからも「問いをさらに発し，仲介ある学習活動をさら
に積んできた教師」が教える生徒たち自身には，練られた説明をし，多くを
問いかける点で優位の差が見られ，また相互貢献関係を構築したという。
「仲介ある学習活動」とは「例えば，論理的説明を生徒に促す，生徒の思考
のつじつまの合わないところを指摘する，特定の問題に焦点を当てるよう生
徒を促す，別の視野を示唆するような問いかけを試みる」ことなどである。
つまり，**抽象的な話し合いを促す**ようにトレーニングされた教師の生徒は，
教師にあれこれと促されずとも，グループ内で自らそうする傾向にあるとい
うことである。

　仲介に関する能力記述文を舵取りしてきたなかで示唆されたのは，的確で
明瞭な能力記述文が提示されれば，学習者と教師はともに仲介能力と方略を
さらに認識でき，「ピンポン」のようなやり取りから，より方略に基づいた
意味内容の構築へと向かうということである。ある教師はこう述べている。
「われわれが目の当たりにしたのは，明瞭かつ確実な相互理解を追求しよう
とする状態から脱却し，互いの意見に基づき，また自らの意見提示で議論を

喚起しながら，ますます楽々とやり取りしてのける参加者たちの姿であった」。

5. 複言語主義

　言語教育に仲介と複言語主義の導入がなされたのは CEFR と時を同じくしてであった。上述の通り，仲介の解釈のうち当然のことのように最も注目されたのは，言語同士を介する仲介であった。しかし，言語同士を介する仲介のすべてが複言語主義的では必ずしもなく，それは言語への目覚め（language awareness）や言語間の相似や差異を考慮し，これに焦点を置くかにかかっている。

　複言語主義と多言語主義，複文化主義と多文化主義の用語の区別は意義深いもののひとつである。接頭辞 'multi-' は，掛け算（multiplication）の演算での数のように，また群衆（multitude）のなかでの人のように，本来バラバラであるものを要素としてひとまとめにすることを示している。これに対し接頭辞 'pluri-' はホリスティックであり，埋め込まれた差異を伴う複数態との見解を示している。この区別は言語文化の多様性を認めるうえでの対立する認識上の違いからくるものである。これは例えば「感情移入（empathy）」と「他者性（otherness）」，「共棲すること（living together）」と「隣り合わせに生きていること（living side by side）」に，「関心（interest）」と「容認（tolerance）」のように異なるのである（Balboni, 2015）。

　英語を媒体として記述する以上は他の言語を起源とする用語を採用する際には抵抗が生じるものであり，多言語主義という用語についても，その根本的な限界を克服しようとして抵抗が行われてきた。つまりこの用語が社会に統合した，ホリスティックな［言語］レパートリーやアウェアネス（言語への目覚め）を示唆するよりも，バラバラな要素あるいは「独居」（Cummins, 2008）を示唆してしまうという限界を克服しようとして，修飾語で限定する用語使用がインフレを起こしてきた。このようにして「多言語主義のホリスティックな視界」（Cenoz, 2013），「行動中心二言語主義・行動中心多言語主義」（Cummins, 2017），「多言語主義の動態モデル」（Herdina & Jessner, 2002），「社会統合的多言語モデル」（MacSwan, 2017）といった用語法が

種々見受けられるのである。

　いずれにせよ，ホリスティックな見地にある複言語主義は，トランスラン
ゲージングの提唱者たちと同様に（例：García & Lin, 2016; Makoni & Pennycook,
2007; Otheguy et. al, 2015; Vogel & García, 2017），特定の個別言語の存在を
拒否しない。複言語アプローチが強調するのは，相互接続を考慮する言語へ
の目覚めの潜在的可能性であり，今や 100 年を迎えた直接教授法の「目標
言語のみ」を追求する純粋主義的アプローチではない。Cummins（2017）
や MacSwan（2017）が指摘するように，特定の個別言語（チョムスキーが
内言語から区別する外言語[10]）の存在を拒否する論拠は，教育学であれ言語学
であれ，その人為的に社会構築される特徴は認めるにしても，いかなる観点
からも現実にほぼ存在しない。

　複言語主義が描き出すのは，「ある種のムラのある変化する能力」であ
り，これについては「言語使用者／学習者がある言語もしくは言語変種にお
いて備える言語資源が，別の言語もしくは言語変種ではその性質を全く異に
しうる」（Council of Europe, 2018: 28）とされる。複言語の見地からは，言
語能力の発達は動的で不安定なものとして捉えられる。CEFR で「部分能
力」概念や各種の熟達度の標準化が提出され，さらにそれが詳細に CEFR-
CV で説明されるのはそのためである。複言語の見地は，生態学ならびに複
雑系の諸理論と同一線上にあり，それはまた状況活動学習の概念とも同様
で，非線型かつより経験的な行動中心の言語教育概念に向かっている（例：
Puren, 2009; van Lier, 2007）。Piccardo（2013: 603）は次のように述べる。

　　　複言語の視界がもたらした革新的ともなりうる新たな観点は，三つの
　　理論領域に支持されており，それぞれがレンズをなし，これらを通じて
　　効果的に現象を探究することができる。
　　（a）認知心理学的観点で，これは言語習得のメカニズムを研究対象と

10　［訳注］チョムスキーの生成文法理論は言語を区別し，メカニズムや知識体系として
　脳や精神に実装された言語を「内言語」(internalized language: I-language)，その産出物
　として外界に表出する現象としての言語を「外言語」(externalized language: E-language)
　と呼び，前者を対象とする。

している。結合主義（Connectionism）[11]に基づく新たなパラダイム
が，脳の機能の解明においてますます支持を集めており（Bickes,
2004: 38），二言語話者や多言語話者の脳とは，もはや一言語話者
の脳の集積とはみなされず，これとは区別される複雑系システムと
される（Bialystok, 2001; Perani et al., 2003）。

(b) 文化社会学的観点で，言語習得とは社会圏内に生じるとし，した
がって個人間のやり取りおよび仲介とに元来リンクしており，そ
の個人はそれぞれに複雑な文化システムを有し，その皆が言語
的，文化的，社会学的に区別される環境設定に生きているとする
（Lantolf, 2011）。

(c) 教育学的観点で，言語教授法に関しての複雑系的な新たな見方
を，ポストメソッド時代の動向は支持している（Bell, 2003; García,
2009; Kumaravadivelu, 2001）。

　前述したように，複言語主義の認知面での効用は研究が明らかにしている
ところであり，創造性とリンクするもろもろを含んでいる。とはいえ，複言
語主義の本来の意図に添うならば，教育上の議論が主軸となるはずだろう。
複言語という概念とは，個人の成長，自己へのアウェアネス，言語へのア
ウェアネス，異文化間性，政治観，職業能力へのスプリングボードなのであ
る。CEFR はこの点を控えめに述べる。

　（前略）こうした複言語と複文化の経験は，
・すでに持っている社会言語能力・言語運用能力を伸ばし，それがま
　た複言語と複文化の能力を伸ばす。
・さまざまな言語の言語構造について，その共通性と独自性を認識す
　る力を向上させる（一種のメタ言語的・言語間的認識，いわゆる「超
　言語的」認識）。
・その性質ゆえ，学習の仕方と，他者や新しい状況に適応する能力を高

11　［訳注］認知科学・神経科学・心理学・精神科学等で使用されるアプローチ。人工知
　能研究でのニューラルネットワークモデルを用い，精神的・行動的現象をモデル化しよ
　うとする立場を，コネクショニスト（connectionist）と呼ぶ。

める。　　　　　　　　　　　　　　　　　　　　（p. 157）

　複言語主義が導入された際の CEFR の定義づけについては，長期にわ
たるその異例の変化耐性からも証明されており，その刊行以降に「見出
された」もろもろの「主義（ism）」を包摂して見える（Marshall & Moore,
2016）。この能力については CEFR-CV で明解に示されているので以下にそ
の説明を丸ごと引用する。

> 　CEFR（1.3 節）で説明された複言語能力には，相関関係にあり，ム
> ラのある複言語レパートリーを柔軟に活用する能力が含まれ，次のこと
> を可能にする。
> ・ある言語または方言（あるいは変種）から別のそれへと切り替える
> ・ある言語（あるいは方言や変種）で自己表現しつつ，人が別のそれ
> 　で話しているのを理解する
> ・いくつもの言語（あるいは方言，変種）の知識を動員しテクストを
> 　理解する
> ・国際的に共有された単語を外見の新しいものとして識別できる
> ・共通言語（あるいは方言，変種）を持たない個人同士を，自身の知
> 　識が乏しくとも仲介する
> ・自身が備える言語のすべてを動員し，代替となるさまざまな表現形
> 　式を試みる
> ・パラ言語（ものまね，ジェスチャー，表情など）を活用する
> 　　　　　　　　　　　　　　　　　（Council of Europe, 2018: 28）

　CEFR-CV では，最後の項を除き，複言語主義の上記の全項目に対し能力
記述文が開発された。最後の項については，例外なしに情報提供者らがつね
にパラ言語に関わることを拒絶した（ただし，手話文脈においては除く）こ
とから，断念せざるを得なかった。複言語・複文化能力については，三つ
の指標，すなわち **(a) 複言語理解**，**(b) 複言語レパートリーを基礎とする
こと**，**(c) 複文化レパートリーを基礎とすること**が当てられた。これに加
え，**(d) 手掛かりを見つけ推察すること**，**(e) 複文化空間を作り出すこと**

がこの区分に当てはまる。またテクストの仲介の指標の大半は，言語同士を介した仲介および個別言語内に留まる仲介のそれに委ねられる。

6. 能力記述文の開発

　新たな能力記述文指標を開発するこのプロジェクトでは，基本設計に基づく反復的研究アプローチ（van den Akker et al., 2006）を採用した。最初に行ったのは，既存の能力記述文のうち，妥当性が確認されてなくとも密接に関連しうると判断されるものの収集であった。このプロセスではまず，仲介に関する『ドイツ語プロファイル』（Glaboniat et al., 2005）の能力記述文を英語に翻訳し，また態度やふるまいに関する興味深い着想や能力記述文を，文献および反響や議論から渉猟し記録していった。これだけで能力記述文案は夥しいものとなった。次の段階では，特定の指標を構成する主要な概念および態度やふるまいを定義づけ，それらを能力記述文のかたちにしていった。続いて小規模の協議会を開き，より的確な能力記述文を選定し，かつその記述を改善し，それらが含意する熟達度についても議論を積み重ねていった。これらの結果から，プールされた能力記述文は見直され，区分によっては部分削除やさらなる拡張が図られた。

　上記の開発プロセスは2014年1月から2015年2月まで続けられた。その後，草案は三段階の妥当性確認のプロセスに入れられ，2015年2月から12月まで段階ごとに改訂・削除・追加が行われた。この妥当性確認活動は2001年の能力記述文開発でのそれに準じ（North, 2000; North & Schneider, 1998），方法論を混合させた逐次的かつ質的かつ量的なアプローチが採用されたが（Creswell & Plano Clark, 2011），今回はさらにその規模が拡大した。妥当性確認の第一・第二段階では，研究参加教育機関（CEFR-CV の謝辞に記載）で対面式ワークショップを実施した。なお，2015年2月時点で140の機関が参加，これはヨーロッパ言語テスト評価学会（Ealta: European Association for Language Testing and Assessment），高度言語学習事業の評価・認定協会（Eaquals: Evaluation and Accreditation of Quality Language Services），ヨーロッパ高等教育言語センター連盟（CercleS: European Confederation of Language Centres in Higher Education），UNIcert（大学教育のための外国語能

力認定機構)¹² といった組織を通じて補充されたものである。

　第一段階の作業では，約 1000 名の情報提供者がペアとなって参加した。
ここでは，各能力記述文の指標が同定され，それらは明瞭性・教授上の有益
性・実際上の言語使用との関連性の点から評価され，さらに記述上の改善点
が提案された。第二段階は，189 の機関での対面ワークショップに 1,300 名
がペアとなって参加，各能力記述文が示すレベルに焦点が当てられた。最終
段階では英語とフランス語でのアンケート調査がオンラインで実施され，約
3500 の有効回答を得た。2001 年に作業された能力記述文の大多数は，
CEFR の指標作成のため，ラッシュ・モデルにより較正（キャリブレーショ
ン）されたが（Linacre, 2015），そのときの評価作業が今回も踏襲された。

　この三つのプロセスののち，ボランティアによる追加の妥当性確認活動を
二種実施した。ひとつは複言語および複文化能力の能力記述文のさらなる妥
当性確認，もうひとつは発音上のコントロールについての新指標開発活動の
最終段階である（Piccardo, 2016）。主要なプロジェクトの詳細は North &
Piccardo（2016 および 2019）を参照されたい。

　最終分析段階（2016 年 2 月から 5 月）ののち，約 60 名の専門家を招待し
ての内部協議会（2016 年 6 月），さらに評議会各国および主要機関・組織，
さらには 500 名以上に及ぶ個人参加者らとの公式協議会（2016 年 10 月〜
2017 年 2 月）を開催した。二つの指標（仲介方略に関するもの）以外のす
べての指標について，少なくとも 80% 以上の機関および個人が役に立つと
判断した。また評議会各国において最も支持を得た指標は複言語・複文化能
力に関するものであった。妥当性確認の最終段階や協議会等のすべてのプロ
セスを通じて寄せられた 4,000 件以上のコメントの分析の結果，能力記述文
数はスリム化された。さらにオンライン公開前までに，70 件弱のパイロッ
ト調査が実施された（2017 年 1 月〜7 月）。そして現時点で約 30 件の事例
研究が進行中である。これは 2018 年 5 月，ストラスブールのヨーロッパ宮
で開催された会議「草の根レベルでの複言語・複文化教育の充実化を通して
インクルーシブ社会を築く――CEFR-CV の役割」で公式に始動開始がなさ

12　[訳注] ドイツ国内各大学において言語教育機関の言語能力認定基準の統一を目指
　す。実施資格認証に合格したうえでカリキュラム・テスト・認定は各大学に任される。

れたことを受け，この継続調査として実施されているものである。

7. 結論

　CEFR-CV の初版は 2017 年 10 月に CEFR の Web サイト[13] に公開され，完成版では手話使用の能力記述文を含むものとなり，2018 年 2 月にオンライン化，翌年には ISBN を付与して刊行された。前書きと序論を除けば CEFR-CV は三部で構成されている。

　第一部はまず，そのカギとなる CEFR の言語教育／学習の考え方について解説する。言語使用者／学習者を複言語・複文化社会における行為者として捉えることが含意する言語教育のパラダイムシフトがここで明らかにされる。この文章および視覚資料は簡潔にまとめられており，教師教育にも活用できるよう，多次元かつ行動中心の CEFR のアプローチが解説されている。第二部には，更新され完成した CEFR の例示的能力記述文の全容が掲載され，そこには仲介の諸相，オンラインでのやり取り，複言語・複文化能力，発音上のコントロール，手話能力についての指標が新たに含まれている。第三部には役立つ付録が豊富に盛り込まれており，そこには仲介やオンラインでのやり取りに関する能力記述文に関しての，私的／公的および職業／教育上の各領域の例示，また能力記述文開発プロジェクトの概要説明などが含まれる。

　CEFR-CV の刊行により CEFR の開発プロセスには新たな段階が画された。ヨーロッパ評議会のプロジェクトとして 1970 年代初頭に開始され，*The Threshold Level*（van Ek, 1975），ニーズ分析研究（Richterich & Chancerel, 1980），自律的学習者（Holec, 1981），Can Do 式能力記述文を用いた自己評価の試行（Oscarson, 1979）などがもたらされてきた。続いて 1991 年スイスで開催されたシンポジウムで CEFR とヨーロッパ言語ポートフォリオ（ELP: European Language Portfolio）が推奨されたことを契機に，多くの基礎となる研究，すなわち現用のフレームワーク（枠組み）および指標

　13　"Common European Framework of Reference for Languages: Learning, teaching, assessment
　　- Companion Volume" <https://www.coe.int/en/web/common-european-framework-reference-
　　languages>

（North, 1993），社会文化的能力（Byram, Zarate & Neuner, 1996），複言語主義（Coste, Moore & Zarate, 1997），参照枠の区分および水準案（North, 1994）等々について研究が進展した。

　また CEFR の実装支援にはその刊行以来，ユーザーガイド（Trim, 2001），言語教育政策策定ガイド（Beacco & Byram, 2007），カリキュラム開発ガイド（Beacco et al., 2016），診断開発マニュアル（ALTE, 2011），諸検定を CEFR にリンクするためのマニュアル（Council of Europe, 2009），またそのための事例研究集（Martyniuk (eds.), 2010）などが提供されてきた。CEFR-CV によって CEFR の説明体系と能力記述文全体はようやく完成を見たのであり，次刊行物としては，複言語教育・異文化間教育を推進するべく CEFR-CV を活用した事例研究集が予定されている。

　われわれが目指すべきなのは，質の高い，すべての人のためのインクルーシブ教育の促進である。そのカギとなるのはとりわけ言語・文化的多様性の認識を深め，かつ価値化することであり，また複言語的インターカルチャーを普及促進することである。このほか，これと関連して，ヨーロッパ評議会教育政策部門がその使命とするのは，言語的・文化的マイノリティの人権保護，成人移住者の言語的統合支援，教育における民主主義に基づく市民権に関する能力（CDC: Competences for democratic citizenship）の増進（CDC プロジェクト：Barrett, 2016）である。こうした視野のより広い見地については，ヨーロッパ評議会の言語政策の Web サイト[14]にリソースが提供されている。

　ある見方によっては，仲介・複言語主義・複文化主義に焦点したことにより，CEFR-CV は CEFR の核にある哲学を，ヨーロッパ評議会という，より幅広い文脈の使命と密接なものにしたのである。確かに，CEFR-CV は近代言語教育（modern language education）の狭い視界から脱却するとともに，CDC プロジェクトと多くの情報源を共有し，CLIL[15]や移民のための言語教育，インターカルチャー研究，またさらには学校の教育言語による教育なども関連を保持している。協議段階で情報提供者らから圧倒的に高い評価を

14　<https://www.coe.int/en/web/language-policy>

15　Content and Language Integrated Learning（内容言語統合型学習）

受けたのは，この焦点化の幅の広さについてであった。

　CEFR に関連した作業全体を通じて目指されているのは，高度な複言語能力を備え，かつインターカルチャーを弁える市民からなるヨーロッパ像の実現に向けて，政策レベルで貢献することであり，そのことは過去や現在，また未来においても変わりはない。ナショナリズムの台頭する政治情勢もあり，立ち往生気味のヨーロッパ系プロジェクトであるとはいえ，すでに数十年を経たこの長期プロジェクトはいま，かつてないほどに活気を帯びている。

引用文献

Adesope O., Lavin T., Thompson T. & Ungerleider C. (2010). A systematic review and meta- analysis of the cognitive correlates of bilingualism. *Review of Educational Research*, *80*(2), 207-245.

Alexander R. (2008). Culture, dialogue and learning: Notes on an emerging pedagogy. In Mercer N. & Hodgkinson S. (eds.), *Exploring Talk in Schools*, 99-114. London: Sage.

ALTE (2011). *Manual for language test development and examining, for use with the CEFR.*

Atkinson D. (ed.) (2011). *Alternative approaches to second language acquisition.* New York: Routledge.

Backus A., Gorter D., Knapp K., Schjerve-Rindler R., Swanenberg J., ten Thije J. D. & Vetter E. (2013). Inclusive multilingualism: Concept, modes and implications. *European Journal of Applied Linguistics*, *1*(2), 179-215.

Bak T. H., Vega-Mendoza M. & Sorace A. (2014). Never too late? An advantage on tests of auditory attention extends to late bilinguals. *Frontiers in Psychology 5*. doi: 10.3389/ fpsyg. 2014.00485

Balboni P. E. (2015). *Le Sfide di Babele : Insegnare le Lingue nelle Società Complesse [The challenges of Babel: Teaching languages in complex societies]. 4th edition.* Torino : UTET Università.

Bandura A. (2001). Social cognitive theory: An agentic perspective. *Annual Review of Psychology*, *52*, 1-26.

Barrett M. (2016). *Competences for democratic culture: Living together as equals in culturally diverse democratic societies.* Strasbourg: Council of Europe.

Bauman Z. (2000). *Liquid modernity.* Cambridge: Polity.

Beacco J-C. & Byram M. (2007). *From linguistic diversity to plurilingual education: Guide for the development of language education policies in Europe.* Strasbourg: Council of Europe. <https://www.coe.int/en/web/common-europeanframework-reference-languages/documents> (accessed on 08 November 2018).

Beacco J-C, Byram M., Cavalli M., Coste D., Egli Cuenat M., Goullier F. & Panthier J. (2016). *Guide for the development and implementation of curricula for plurilingual and intercultural education.* Strasbourg: Council of Europe. <http://www.coe.int/en/web/common-european-framework-reference-languages/documents> (accessed on 08 November 2018).

Bell D. M. (2003). Method and postmethod: Are they really so incompatible? *TESOL Quarterly, 37*, 325-336. doi:10.2307/3588507

Bialystok E. (2001). *Bilingualism in development: Language, literacy, and cognition.* Cambridge: Cambridge University Press.

Bickes H. (2004). Bilingualismus, Mehrsprachigkeit und mentales Lexikon - Evolutionsbiologische, soziokulturelle und kognitionswissenschaftliche Perspektiven [Bilingualism, plurilingualism and mental lexicon - Perspectives from evolutionary biology, sociocultural and cognitive sciences]. *Fremdsprachen lehren und lernen* [*Learning and Teaching Foreign Languages*] *33*, 27-51.

Byram M. & Parmenter L. (eds.) (2012). *The Common European framework of reference: The globalisation of language policy.* Bristol: Multilingual Matters.

Byram M. & Wagner M. (2018). Making a difference: Language teaching for intercultural and international dialogue. *Foreign Language Annals*, *51*, 140-151.

Byram M., Zarate G. & Neuner G. (1996). *Sociocultural competence in language learning and teaching.* Strasbourg: Council of Europe.

Canagarajah S. (2018). Materializing 'competence': Perspectives from international STEM scholars. *The Modern Language Journal*, *102*(2), 268-291. doi: 10.1111/ modl.12464

Cenoz J. (2013). Defining multilingualism. *Annual Review of Applied Linguistics*, *33*, 3-18. doi: 10.1017/S026719051300007X

Coste D., Moore D. & Zarate G. (1997). *Compétence plurilingue et pluriculturelle. Vers un Cadre Européen Commun de référence pour l'enseignement et l'apprentissage des langues vivantes. Études préparatoires*. Strasbourg : Council of Europe. <https://www.coe.int/en/web/common-european-framework-reference-languages/documents> (accessed on 08 November 2018).

Council of Europe (2001). *Common European framework of reference for languages: Learning, teaching, assessment.* Cambridge: Cambridge University Press. <https://www.coe.int/en/web/common-european-framework-reference-languages> (accessed on 08 November 2018).

Council of Europe (2009). *Relating language examinations to the common European framework of reference for languages: Learning, teaching, assessment* (*CEFR*). Strasbourg: Council of Europe. <https://www.coe.int/en/web/commoneuropean-

framework-reference-languages/tests-and-examinations> (accessed on 08 November 2018).

Council of Europe (2018). *Common European framework of reference for languages: Learning, teaching, assessment. companion volume with new descriptors.* Strasbourg: Council of Europe. <https://rm.coe.int/cefr-companion-volumewith-new-descriptors-2018/1680787989> (accessed on 08 November 2018).

Creese A. & Blackledge A. (2010). Translanguaging in the bilingual classroom: A pedagogy for learning and teaching? *The Modern Language Journal, 94*(1), 103-115.

Creswell J. W. & Plano Clark V. L. (2011). *Designing and conducting mixed methods research. (2nd ed.).* Thousand Oaks, CA: Sage.

Cummins J. (2008). Teaching for transfer: challenging the two solitudes assumption in bilingual education. In Cummins J. & Hornberger N. H. (eds.), *Encyclopedia of language and education.* Bilingual Education Vol. 5, 65-75. New York: Springer. 10.1007/978-0-387-30424-3_116

Cummins J. (2017). Teaching minoritized students: Are additive approaches legitimate? *Harvard Educational Review, 87*(3), 404-425.

European Commission (2009). *Study on the contribution of multilingualism to creativity. compendium part one. Multilingualism and creativity. Final report: Towards an evidence-base.* <https://eacea.ec.europa.eu/llp/studies/documents/ study_on_the_contribution_ of_multilingualism_to_creativity/final_report_en.pdf> (accessed on 08 November 2018).

Filliettaz L. (2004). Le virage actionnel des modèles du discours à l'épreuve des interactions de service. *Langage et Société, 107*(1), 31-54.

Gallagher S. (2009). Philosophical antecedents to situated cognition. In Robbins P. & Aydede M. (eds.), *The Cambridge handbook of situated cognition,* 35-51. Cambridge: Cambridge University Press.

García O. (2009). *Bilingual education in the 21st century: A global perspective.* Oxford: Wiley-Blackwell.

García O. & Lin A. (2016). Translanguaging and bilingual education. In García O., Lin A. & May S. (eds.), *Bilingual and multilingual education. Encyclopedia of language and education 5.* New York: Springer. doi: 10.1007/978-3-319-023243_9-1.

Glaboniat M., Müller M., Rusch P., Schmitz H. & Wertenschlag L. (2005). *Profile deutsch A1 - C2. Lernzielbestimmungen, Kannbeschreibungen, Kommunikative Mittel [German Profile A1-C2. Definition of Learning Objectives, Can-Do Statements, Communicative Resources].* München: Langenscheidt.

Halliday M. A. K. (1973). *Explorations in the functions of language.* London: Edward Arnold.

Halliday M. A. K. (1975). *Language how to mean. Explorations in the development of language*. London: Edward Arnold.

Halliday M. A. K. (2002). Applied linguistics as an evolving theme. Plenary address to the Association Internationale de Linguistique Appliqué, Singapore, December.

Herdina P. & Jessner U. (2002). *A dynamic model of multilingualism: Changing the psycholinguistic perspective.* Clevedon: Multilingual Matters.

Holec H. (1981). *Autonomy and foreign language learning.* Oxford: Pergamon (originally published 1979, Strasbourg: Council of Europe.)

Käufer S. & Chemero A. (2015). *Phenomenology: an introduction.* Cambridge: Polity Press.

Kolb E. (2016). *Sprachmittlung: Studien zur Modellierung einer komplexen Kompetenz* [*Linguistic Mediation: Studies to Model a Complex Competence*]. Münster: Münchener Arbeiten zur Fremdsprachen-Forschung, Waxmann.

Kramsch C. (1993). *Context and culture in language teaching.* Oxford: Oxford University Press.

Kramsch C. (2009). *The multilingual subject. What language learners say about their experience and why it matters.* Oxford: Oxford University Press.

Kumaravadivelu B. (2001). Toward a postmethod pedagogy. *TESOL Quarterly 35*, 537-560. doi: 10.2307/3588427.

Lantolf J. P. (2011). The sociocultural approach to second language acquisition: Sociocultural theory, second language acquisition, and artificial L2 development. In Atkinson D. (ed.), pp. 24-47.

Lantolf J. P. & Poehner M. (2014). *Sociocultural theory and the pedagogical imperative in L2 education: Vygotskian Praxis and the research/practice divide.* New York: Routledge.

Larsen-Freeman D. (2011). A complexity theory approach to second language development/ acquisition. In Atkinson D. (ed.), pp. 48-72.

Larsen-Freeman D. & Cameron L. (2008). *Complex systems and applied linguistics.* Oxford: Oxford University Press.

Lave J. & Wenger E. (1991). *Situated learning: Legitimate peripheral participation.* Cambridge: Cambridge University Press.

Levy P. (2010). From social computing to reflexive collective intelligence: The IEML research program. *Information Sciences, 180*(1), 71-94. doi: 10.1016/j. ins.2009.08.001

Lewis G., Jones B. & Baker C. (2012). Translanguaging: developing its conceptualisation and contextualisation. *Educational Research and Evaluation, 18*(7), 655-670.

Linacre, J. M. (2015). *Winsteps: Rasch-model computer program.* Chicago: MESA Press. <www.winsteps.com>

Marshall S. & Moore, D. (2016). Plurilingualism amid the panoply of lingualisms: addressing critiques and misconceptions in education. *International Journal of Multilingualism, 15*(1), 1-15. doi: 10.1080/14790718.2016.1253699

MacSwan J. (2017). A multilingual perspective on translanguaging. *American Educational*

Research Journal, 54(1), 167-201.

Makoni S. & Pennycook A. (2007). *Disinventing and reconstituting languages.* Clevedon: Multilingual Matters.

Malafouris L. (2015). Metaplasticity and the primacy of material engagement. *Time and Mind, 8*(4), 351-371.

Marginson S. & Dang T. K. A. (2017). Vygotsky's sociocultural theory in the context of globalization. *Asia Pacific Journal of Education, 37*(1), 116-129. <http://dx.doi.org/10.1 080/02188791.2016.1216827>

Martyniuk W. (ed.) (2010). *Relating language examinations to the common European framework of reference for languages: Case studies and reflections on the use of the Council of Europe's Draft Manual.* Cambridge: Cambridge University Press.

Miller R. (2011). *Vygotsky in Perspective.* New York: Cambridge Press.

North B. (1993). *Scales of language proficiency: A survey of some existing systems.* Strasbourg: Council of Europe.

North B. (1994). *Perspectives on language proficiency and aspects of competence: a reference paper defining categories and levels.* Strasbourg: Council of Europe.

North B. (2000). *The development of a common framework scale of language proficiency.* New York: Peter Lang.

North B. & Piccardo E. (2016). *Developing illustrative descriptors of aspects of mediation for the common European framework of reference (CEFR).* Strasbourg, France: Council of Europe. <https://www.coe.int/en/web/common-europeanframework-reference-languages/documents> (accessed on 08 November 2018).

North B. & Piccardo E. (2019). Developing new CEFR descriptor scales and expanding the existing ones: constructs, approaches and methodologies. In Quetz J. & Rossa H. (eds.), *The common European framework of reference, illustrative descriptors, extended version 2017. Special issue of Zeitschrift für Fremdsprachenforschung (ZFF) vol. 2*/2019.

North B. & Schneider G. (1998). Scaling descriptors for language proficiency scales. *Language Testing, 15*(2), 217-262.

Orman J. (2013). New lingualisms, same old codes. *Language Sciences, 37*, 90-98.

Oscarson M. (1979). *Approaches to self-assessment in foreign language learning.* Oxford: Pergamon.

Otheguy R., García O. & Reid W. (2015). Clarifying translanguaging and deconstructing named languages: A perspective from linguistics. *Applied Linguistics Review, 6*(3), 281-307.

Pennycook A. (2017). Translanguaging and semiotic assemblages. *International Journal of Multilingualism, 14*(3), 269-282. <https://doi.org/10.1080/14790718.2017.1315810>

Perani D., Abutalebi J., Paulesu E., Brambati S., Scifo P., Cappa S. F. & Fazio F. (2003). The role of age of acquisition and language usage in early, high-proficient bilinguals:

An fMRI study during verbal fluency. *Human Brain Mapping*, *19*(3), 170-182.

Piccardo E. (2012). Médiation et apprentissage des langues : Pourquoi est-il temps de réflechir à cette notion ? *ELA : Études de Linguistique Appliquée*, *167*, 285-297.

Piccardo E. (2013). Plurilingualism and curriculum design: Towards a synergic vision. *TESOL Quarterly*, *47*(3), 600-614.

Piccardo E. (2014). *From Communicative to Action-oriented: a Research Pathways.* <http://www.curriculum.org/storage/241/1408622981/TAGGED_ DOCUMENT_ %28CSC605_Research_Guide_English%29_01.pdf within the website of the project From Communicative to Action-oriented: Illuminating the Approaches funded by the Government of Ontario and the Government of Canada/ Canadian Heritage> (accessed on 08 November 2018).

Piccardo E. (2016). Phonological scale revision process. Report. Strasbourg: Council of Europe. <https://mycloud.coe.int/index.php/s/I9NfLJPAECo0jOr(document #4)> (accessed on 08 November 2018).

Piccardo E. (2017). Plurilingualism as a catalyst for creativity in superdiverse societies: A systemic analysis. *Frontiers. Psychology*, *8*, 2169. doi: 10.3389/fpsyg.2017.02169.

Piccardo E. & North B. (2019). *The action-oriented approach: A dynamic vision of language education.* Bristol: Multilingual Matters.

Piribauer G., Atzlesberger U., Greinix I., Ladstätter T., Mittendorfer F., Renner H. & Steinhuber B. (2015). *Plurilingualism: Designing and implementing plurilingual oral exams: Framework for the Austrian upper secondary level oral leaving examination at colleges for higher vocational education.* Vienna: CEBS (Center for Vocational Languages).

Puren C. (2009). La nouvelle perspective actionnelle et ses implications sur la conception des manuels de langue. In Lions-Olivieri M-L. & Liria P. (eds.), *L'approche actionnelle dans l'enseignement des langues. Douze articles pour mieux comprendre et faire le point.* 119-137. Paris: Difusión-Maison des langues.

Richterich R. & Chancerel J. L. (1980). *Identifying the needs of adults learning a foreign language.* Oxford: Pergamon. (Reprint of 1978 publication with same name, Strasbourg: Council of Europe).

Swain M. (2006). Languaging, agency and collaboration in advanced language proficiency. In Byrnes H. (ed.), *Advanced language learning: The contribution of Halliday and Vygotsky*, 95-108. London-New York: Continuum.

Trim J. L. M. (2007). CEFR in relation to the policy aim of the Council of Europe. In Council of Europe (2007) The Common European Framework of Reference for Languages (CEFR) and the development of language policies: challenges and responsibilities. *Intergovernmental Language Policy Forum*, Strasbourg, 6-8 February 2007, Report (pp. 50-51). Strabourg: Council of Europe. <https://rm.coe.

int/168069b821> (accessed on 08 November 2018).

Trim J. L. M. (ed.) (2001). *Common European framework of reference for languages: Learning, teaching, assessment (CEFR): A guide for users*, Strasbourg: Council of Europe. <https://www.coe.int/en/web/common-european-frameworkreference-languages/documents> (accessed on 08 November 2018).

van den Akker J., Gravemeijer K., McKenney S. & Nieveen N. (2006). *Educational design research*. London: Routledge.

van Ek J. (1975). *The Threshold Level in a European unit/credit system for modern language learning by adults*. Strasbourg: Council of Europe.

van Lier L. (2004). *The ecology and semiotics of language learning*. Dordrecht: Kluwer Academic.

van Lier L. (2007). Action-based teaching, autonomy and identity. *Innovation in Language Teaching and Learning*, *1*(1), 1-19.

Vogel S. & Garcia O. (2017). Translanguaging. *Oxford Research Encyclopedia of Education*. Subject: Languages and Literacies. doi: 10.1093/ acrefore/9780190264093.013.181

Vygotsky L. S. (1981). The genesis of higher mental functions. In Wertsch J. V. (ed.), *The concept of activity in Soviet psychology*. 144-188. Armonk, N.Y.: M.E. Sharpe.

Walqui A. (2006). Scaffolding instruction for English language learners: A conceptual framework. *The International Journal of Bilingual Education and Bilingualism*, *9*(2), 159-180.

Wandruska M. (1979). *Die Mehrsprachigkeit des Menschen*. Stuttgart: Kohlhammer.

Webb N. (2009). The teacher's role in promoting collaborative dialogue in the classroom. *British Journal of Educational Psychology*, *78*(1), 1-28.

Zarate G. (2003). Identities and plurilingualism: Preconditions for the recognition of jntercultural competences. In Byram M. (ed.), *Intercultural competence*, 84-117. Strasbourg: Council of Europe.

第 5 章

CEFR の文脈化とその先に関する 6 つの考察

アンリ・ベス

長野　督（訳）

　本章は，政治・経済的組織としての EU と，ヨーロッパ大陸の国々の間を取り持つ形で文化と言語を司る欧州評議会をその成立の歴史的経緯を辿り，欧州評議会から生まれた CEFR の方針と性格がヨーロッパという土壌に根付いたものであることを明らかにする。CEFR の記述に用いられている用語や概念は，東アジアの国々の伝統的な教育法と相容れなかったヨーロッパの教育文化に基づいており，文脈化の第一歩である翻訳にも困難がある。また，各国で規範と見なされている「参照レベルの能力記述文」あるいは「ガイドライン」と呼ばれるものは，実は CEFR の特殊な適用例にすぎないので区別すべきであり，またその適用にあたっては，各国の教育文化の状況全体を体系的なやり方で事前に分析し，状況に合わせる＝文脈化する必要があるが，十分に成されているとは言いがたい。CEFR の最大の革新性である複言語・複文化主義に関しては，言語が国家と同一視される単一言語主義の中では，真の理解と普及には当のヨーロッパにおいてすら抵抗があるのが現状である。

キーワード　🔍　欧州評議会，文脈化，コンテクスト，複言語・複文化主義，教育文化

　本誌[1] に掲載されている一連の論考は，まず 2009 年に京都大学で催された国際研究集会[2] において口頭発表され，その後本誌に論文として収録されたものである。私はその学会で発表全体の最後のまとめを任されたことから，今回，本誌を「枠から出る」というテーマで締めくくる役割を仰せつかった。ここで，「枠」が『ヨーロッパ言語共通参照枠』（以下 CEFR）を指すのはもちろんだが，それだけではなく他にもある。

　この論考は，6 つの考察の形を取り，CEFR とこれまでの研究の枠組みよりも，歴史的および認識論的な観点から相対的により広い枠組みの中に位置づけることによって，CEFR の「文脈化」を扱うときに，ときに忘れられがちな事実やいわずもがなのことを，あらためて喚起するものである。

1．「文脈化」の概念に関してはっきりさせておくべきいくつかのこと

　人文社会科学は，数学的な意味ではほとんど形式化できないが，言語の日常的な語を用い，一部の語に多少なりとも専門的な，ひとつあるいは複数の意味を付与することによって形式化される。その結果，語と同数の考え方や概念ができあがる。それによってそれぞれの学問分野の専門家はお互いに同分野の仲間と分かるのであり，そうした語はそれぞれの異なる分野のそれ専門の辞書に収録されるのである。

　しかしこれらの考え方あるいは概念は伝達する語の日常的な使い方を完全には免れない。専門家は，作家とまったく同様に，日常の言語である非専門家の言語を頼りにせざるを得ないのだ。

　contextualisation（「文脈化」）という語は，ふつうのフランス語の辞書に

1　［訳注］「本誌」とは，*Le Français dans le monde : recherches et applications*（no 50, 2011）で，この号は東南アジアにおける CEFR の文脈化(contextualisation)の特集をしている。ベス氏の論考はこの学術雑誌の最後に掲載された Six remarques autour et au-delà de la contextualization du CECR（pp. 150-162）で，中で「本誌の中の」と言及されている論文はすべて同号に収録されたものである。

2　［訳注］2009 年に京都大学で行われた国際研究集会 La contextualisation de l'enseignement des langues étrangères : le Cadre＋le plurilinguisme et le pluriculturalisme＋l'apprentissage autonome à l'aide des TIC et du portfolio「外国語教育の文脈化——『ヨーロッパ言語共通参照枠』＋複言語主義・複文化主義＋ICT とポートフォリオを用いた自律学習」のこと。

も言語教育に特化された辞書にも載っていない。3 つの言語教育の辞書（Galisson & Coste, 1976; Robert, 2002; Cuq, 2003）のうち 2 つには contexte（「文脈」）の語の見出しがあるが，contextualisation には独立した見出しがない。また，1960 年代の応用言語学に強く影響された Galisson-Coste 版（1976）だけが，この語に（ソシュール，ブルームフィールド，ジャクソンらの著作に関係した）4 つの語義を付与しているが，その語義はどれも，ヨーロッパの文脈では，CEFR の文脈化では，といった場合の意味には当てはまらない。

　Cuq 版（2003）は，この語により教育学的な見出しを与えているが（p. 54），そこで扱われているのは「異言語文脈」（たとえば，日本におけるフランス語教育）ではなく「同言語文脈」（たとえば，フランスにおけるフランス語教育）である。そこでは contextualisation の語は「基本的に学習者が文脈に対して持つ表象の全体」を参照し，「それによって，考慮に入れると豊かになる文化的および異文化的バリエーションをも導入する」と記述されている。

　本誌の掲載論文には 2 つの語義が見られ，Ishikawa & Rosen[3] には，CEFR における contexte, contextualisation の語の使用調査がある。しかし，contexte は，これらの掲載論文においては，ほとんどの場合，「ある事実が埋め込まれ，それに価値や意味を与えるような一連の状況」（Lexis[4]）という通常の意味で用いられ，contextualisation という造語も一般的に類似の意味に捉えられている。つまり，CEFR は利用される contexte に合うようどのように調整される（あるいは調整されるべき）か，あるいは CEFR は最初に作られたヨーロッパ大陸の外では，いかに contextualisé（「文脈化される」）（また，あらたな造語だ！）のかというような用いられかたである。

　3　［訳注］Ishikawa & Rosen « Entre adaptation du CECR et ajustement du contexte : proposition de deux outils pour la contextualisation du CECR au Japon »（「CEFR の適用とコンテクストの調整の間——日本における CEFR の文脈化のための 2 つのツールの提案」）48-56.

　4　［訳注］フランスの Larousse 社から出版されているフランス語辞典の名前。

2. CEFR はどのような制度的な文脈において構想されたのか

　グイエ（Goullier）の論文[5]も含めて，本誌に収録された論文の多くが
CEFR に関わるものであると言うのに，CEFR が構想され執筆されたヨー
ロッパの制度的な文脈を明示的に扱っているものはひとつもない。したがっ
て，少なくともヨーロッパ以外の読者のために，グイエの論文についておそ
らく何点か説明をつけ加えておく方がよいだろう。

　グイエの論文はヨーロッパのひとつの制度である欧州評議会について書か
れたものである。ここで，欧州評議会を欧州連合（EU）と混同してはいけ
ない。欧州評議会は 1949 年に 10 ヵ国（フランス，イギリスは含まれるが，
ドイツもスペインも，第二次世界大戦中に果たした役割のせいで，そのとき
には加わっていなかった）によって創設され，現在では 47 ヵ国（EU には
入っていないロシア，トルコ，コーカサス地方（アゼルバイジャン，アルメ
ニア，ジョージア）を含む）をまとめる国際的な組織である。共通の規範と
りわけ人権と民主主義の促進によって，ヨーロッパ大陸の国々全体の団結を
目指している。合衆国，カナダ，日本はその一員ではないが，オブザーバー
国になっている

　一方，EU の歴史は 1951 年の 6 ヵ国による欧州石炭鉄鋼共同体の創設に
さかのぼる。フランスとドイツは含まれていたが，このときにはイギリスは
参加していなかった[6]。1992 年から欧州連合と名前を変え，EU は現在，ヨー
ロッパ大陸の 27 の国を数える。さまざまな条約によって，有識者をブ
リュッセル，リュクサンブール，ストラスブールにある共通の組織に送るこ
とを受け入れた国々である。ストラスブールには欧州評議会の本部もあるの
で，たとえば「ストラスブールのエキスパート」について話すときなどに，
EU なのか欧州評議会なのか，ときに混乱が生じることもある。

　このような起源の違いから，言語については，EU の行動方針が，原則と

5　［訳注］Gouiller « L'utilisation du Cadre européen commun de références pour les langues :
　　pour une tension entre la réponse aux besoins de chaque contexte spécifique et la promotion
　　de valeurs communes »「CEFR を使用すること——それぞれに特有の文脈の必要性に答
　　えることと，共通の価値を振興させることの間に存在する緊張について」)19-27.

6　［訳注］2020 年にイギリスは最終的に離脱した。ベスの原稿は 2009 年である。

して，構成員の 27 ヵ国の公用語である 23 ヵ国語[7]に翻訳されなくてはいけないのに対し，CEFR は英語とフランス語の 2 つが公用語である欧州評議会の中で構想されているため，そのオリジナルバージョンは英語とフランス語の二ヵ国語でのみ書かれている。CEFR の表紙の下部には非常に明示的な 2 つの記載がある。「言語の学習とヨーロッパの市民性」，「言語政策部局，ストラスブール」。つまり，CEFR は欧州評議会全体の政策の一環をなしており，文化および政治の分野で共通の方策を促すことで，ヨーロッパ大陸の国々の間の距離を縮めることを目的とする（CEFR の冒頭に引用されている加盟国への大臣会議の勧告を参照のこと）。より特徴的には，CEFR は，欧州評議会の加盟国の全体に受け入れられるような，「非常に一般的な言語の使用と言語学習に関する全体的表象」[8]を推進することを目指しているのだ。その表象は「行動中心的アプローチ」と呼ばれ，ある言語の使用者あるいは学習者は，その言語を用いて「行為」や「課題」を遂行する「社会的存在（社会的行為者）」として想定されている。その表象は「非常に一般的」なものなので，いわゆる「母語」（すべてのヨーロッパ言語においてこう呼ばれているわけではない）（外国語教育学の専門用語では L1）を排除するものではないが，ふつう「現代語」[9]あるいは「外国語」と言われる言語（専門用語では L2）の教育・学習により注意を向けている。つまり CEFR で問題にされているのは，L1 より L2 の教育・学習モデルの推進である。このモデルは，最初はヨーロッパにおいて，ヨーロッパのコンテクストのために考えられ，ヨーロッパの教育的伝統である多様性に配慮しようとしたのは間違いないが，しかしながら欧州評議会の「全体的な目標」である「参加国間のより

7　同じ言語が複数の国家の公用語でありうる（たとえばフランス語はフランス，ベルギー，ルクセンブルグの公用語である），またひとつの国家は複数の公用語を持ちうる（ベルギーにはフランス語，ドイツ語，オランダ語の 3 つの公用語がある）。Besse の *Les langues officielles de l'Union européenne et leur enseignement/apprentissage*（『EU の公用語とその教育・学習』）（Synergies Chine, 2011）を参照。

8　長くならないように，本誌に集められた発表の引用以上には，本論での多くの CEFR の引用のはっきりした参照先は示さない。

9　フランスでは，特に 19 世紀以降，フランスの学校で教えられている第二言語を「生きた言語（現代語）」（古代ギリシャ語，ラテン語を指す「死んだ言語（古語）」との対比で）と呼んでいる（グイエはこの意味でこの語を用いている）。

大きな一体性」に至ることに方向を定めてもいる。

　このCEFRのモデルに普遍性への何らかの使命感を期待することはできるが，もともと，ヨーロッパ大陸が経験したつらい出来事（とりわけ19世紀と20世紀の戦争の数々）と大陸を大昔から活気づけてきた信条あるいは切望（他でもない，人権）に結びついていることに変わりはない。CEFRの著者たちが民主主義あるいはヨーロッパの市民性に関する価値観について語るときの価値は，欧州評議会が制度的に推進している価値であり，EUの各国の達成基準の中にある，各国の状況に沿ったより現実的な価値とは異なっている。

　欧州評議会が発信するCEFRのような類の文書は，EUの当局者たちが発信する文書に比べてより説得力があり指令的態度を持たないことが求められるが，理由は単純で，厳密に言って，欧州評議会のテキストは「ヨーロッパの規範」ではないからである。そして，執筆者の一人であるCoste（2007: 4）が，「柔軟な形で，文脈化が可能な方向で」執筆されたCEFRがたびたび誤って「ヨーロッパの規範のように，ほとんど医師の処方か裁判所の命令のように捉えられている」と告発したのは間違っていない。しかし，EUのメンバー国，あるいはEUに入りたいと切望している国々[10]の中にさえ，CEFRを言語教育科目の一種の国際的規範とし，公教育に取り入れているものがあるのだから，混同も仕方がないとも言える。

3.　CEFRを構成しているディスコース（言説）について

　数十年前には，外国語（L2）としてのフランス語の教科書を文脈化すること（コンテクストに合わせること）がずいぶん話題になった。コンテクストに合わせるとは，この場合，いわゆる「万人向け」と（かなり不適切だが）言われている教科書を，それぞれの生徒に適した形にしてから使用するべきという意味である。「万人向け」の教科書は世界中のあちこちで販売されることが想定され，パリの出版社によって出版されるのが一般的だが，す

　10　EUに参加したいと望んでいる国家（クロアチア）におけるCEFRの文脈化の困難を扱ったイヴォンヌ・ヴォラックの発表は，東アジアの国に特化されたこの本には再録されなかったが，この点でとりわけ示唆に富んでいる。

べて，教える対象言語であるフランス語で書かれているのが常であり，単言語教科書と読んだ方がよいくらいだ。したがって，コンテクストに合わせるとは，結局，たいていの場合，前書きと教師用ガイドと使い方を学習者の母語 L1 に翻訳し，当該言語でいくらか補足の説明をつけ加えること，すなわち，そこの教師と生徒にうまく適合させるべく，「万人向け」の教科書の一種のご当地バージョンを作成することである。ただ，CEFR についてもそのような同じやり方を採ることは可能なのだろうか。

　いうまでもなく，CEFR は L2 のフランス語の教科書ではない。たとえ生徒の母語に翻訳されようと，教師は教科書のように教室で使用しようなどとは思わないだろう。CEFR の著者たちは繰り返し何度も，CEFR の役割は，あるひとつの特定の教育のメソッドやアプローチ[11] を規定したり奨励したりすることではないこと，また彼らの提案を正当化しそうな理論（言語学その他）に関係した議論も，それを教室での適用に適した形にする方法も，同様に退けたことを断言している。CEFR がメソッドやアプローチとは別のものとして受け入れられるようにするために，少しなじみのない「行動中心的パースペクティブ（perspective actionnelle）」[12]（と強調しておく）という表現になったのはおそらくそのせいである[13]。

　もしかしたらこの立場には否定的な意見もあるかもしれない。しかし，あらゆる言語とは言わぬまでも，さまざまな言語に適応可能なものとして提示されていることからしても，CEFR を構成する言説が従来のメソッドの言説に全面的に依拠しているのは明らかである。たとえば，前述の「行動中心的アプローチ」は，多くの点で革新的ではあるが，それ以前の教授法から大きく変化しているというよりは連続性があると考えられる。SGAV（Structuro Global Audio-Visuel; 視聴覚全体構造方式）について考えてみよう。多くの

11　［訳注］アプローチ(approche)とメソッド(méthode)，厳密には前者は教えるときの大まかな枠組み，方針を指し，後者はそれを実現するための具体的方法を指すが，しばしば二つは「教授法」というほぼ同じ意味で用いられている。

12　［訳注］perspective actionnelle は，「行動中心の考え方」，「行動主義的アプローチ」，「行動中心的アプローチ」などと訳されている。

13　［訳注］Le Français dans le monde : recherches et applications（no 45, 2009）は「語学のクラスにおける行動主義的アプローチとタスク中心アプローチ」と題した特集号だった。

場合，SGAV は視聴覚教授法といっしょくたにされて，歪曲されてしまっているが，SGAV はその発案者の一人によって，いみじくも「状況の中でのパロール」という表現で要約されている。ソシュールが「個人的な意思と知性の行為」と言ったあのパロールである。SGAV によれば，パロールは，それを自然な形で実践している人々と同じような，視聴覚的に本物らしく見える状況の中で教えられるべきであるとしている。

　これについては Champion（2009）を参照するといいだろう。シャンピオンによれば，「行動中心的アプローチ」はそれ以前の教育法の方向性を追認している。少なくともシャンピオンの観点からは，「行為の状況」と「コミュニケーションの状況」は，「状況」の概念によってひとつにまとめられていると映るからである。SGAV 教授法を語るなら，当然，コミュニカティブ・メソッド14 をつけ加えなくてはならない。「人がコミュニケーションができるようになるのはコミュニケーションをすることによってである」というよくお目にかかる表現に要約されるコミュニカティブ・メソッドは，1970 年代にヨーロッパを席巻した教授法である。この教授法が，当時すでに欧州評議会の出版物，中でも「機能・概念」の考え方15 を持つ *Threshold*

14　［訳注］コミュニカティブ・メソッドあるいはコミュニカティブ・アプローチと呼ばれるこの教育法では，その目的が，外国語の文法や語彙に関する知識を学習・教育することではなく，外国語を用いて何かができるようになることである。その「何か」に関する詳しいリストは，英語に関してではあるが，van Ek の *The Threshold Level for Modern Language Learning in Schools*（1976, Council of Europe, 44-112）に「機能」と「概念」に分けて示されている。また，後述する *Un niveau seuil* で導入された「発話行為」と「コミュニケーション文法」は，この教育法に大きな影響を与えた。

15　［訳注］van Ek の *The Threshold Level*（1976）では，コミュニケーション活動の「機能」を次のように 6 種類に大別している（pp. 19-21）。「事実に関する情報を伝えたり，相手に求めたりする」，「判断（賛成・反対，承諾・拒絶など）を表明したり，相手に尋ねたりする」，「感情（嬉しい・悲しい，満足・不満など）を表したり，相手に尋ねたりする」，「心的態度（謝る・許す，賞賛・非難など）を表明したり，相手に尋ねたりする」，「指示，忠告をする」，「社会生活に必要な挨拶をする」。「概念」には，「一般的概念」と「個別概念」の 2 種類がある（pp. 29-33）。前者では，発話の内容を時間，場所，質，量，関係などの大まかなカテゴリーに分けている。後者には，さまざまな形のコミュニケーションの具体的なテーマのことで，「個人に関する事柄」，「日常生活」，「自由時間，娯楽」，「旅行」，「買い物」，「天気」などがある。そして，「機能」（pp. 35-44），「一般的概念」（pp. 44-65），「個別概念」（pp. 65-112）のそれぞれについてさらに詳しく，英語

level[16] と，「発話行為」といわゆる「コミュニケーション文法」を導入して，
そのモデルである *Threshold level* とは一線を画す *Un niveau seuil*（1976）[17] に
依拠していたことに注目しておこう。この 2 つの著作は，CEFR 同様，教科
書でも教授法の手引書でもない。教育学的には，学習者の「言語に関する必
要性」を前もって分析する必要性と，学習者の進歩を「～できる」という言
葉で検討するという考え方を広めるのに大いに貢献した。しかも，その中
に，CEFR の幾多の概念，たとえば「行動」，「言語活動」，「自己評価」，「自

の単語を添えて表にして示している。ただ，機能と概念，一般的概念と個別概念の区別
は必ずしも明確でなく，重なっている場合もある（van Ek & Trim (1991) *Threshold 1990*
(pp. 23-24). Council of Europe）。
　　CEFR は，機能・概念的アプローチと *Threshold Level* の関係について次のように書い
ている。*Threshold Level* は，「機能的／概念的なアプローチを取り入れている。（中略）
言語の形態や意味から始めるのではなく，コミュニケーション上の機能や概念を，一般
的なものと個別的なものとに系統的に分類することから始めている。その上で，それら
を具体化するものとして語彙的・文法的な形を扱っている。（中略）*Threshold Level* で採
られた方法が成功しているのは，教育の現場関係者たちが，純粋に形態的な面から順番
に述べていく伝統的な構成よりも，意味から形態へと進む方が役立つと考えていること
を示している」（CEFR 日本語版，p. 127）。

16　［訳注］前述の *Threshold Level*（全 235 ページ）と後述の *Un niveau seuil*（全 663 ページ）
　　は，1971 年に始まった欧州評議会の「文化協力委員会」のプロジェクトの成果を，教
　　師，学習者だけでなく教育行政，教材作成などの関係者のためにまとめたものである。
　　成人が外国語あるいは第二言語で不自由なく自然に日常生活をするために必要な最低限
　　の言語能力（コミュニケーション能力）について，それを修得するために教育・学習する
　　べきことが，機能（発話行為），概念などに分類されて表の形で示されている。threshold
　　level（niveau seuil）は，しばしばレベルを指す言葉としても用いられて，CEFR の「自立
　　した言語使用者」である B1 に相当する。

17　［訳注］*Un niveau seuil*（Coste, Courtillon, Ferenczi, Martins-Baltar & Papo, 1976, Council
　　of Europe）は，発話行為（actes de parole），一般的概念，個別概念，コミュニケーション
　　文法（grammaire de communication）で構成されている。基本的な構成は，van Ek の *The
　　Threshold Level* と似ているが，*Un niveau seuil* には，3 つの点で *The Threshold Level* と
　　は異なっていると述べられている（pp. v-vi）。そのうちの 2 つは，ここで取り上げられ
　　ている発話行為とコミュニケーション文法である。発話行為は，*The Threshold Level* の
　　「機能」に代わるものであるが，より体系的で，割いているページ数も多く，より重要
　　なものとして位置づけられている。「コミュニケーション文法」では，文法項目の形式
　　よりその用法が重視される。しかし，「コミュニケーション文法」は，*Un niveau seuil*
　　では，発話行為と比べて十分に展開されていない。

律」、「能力」、「やり取り」、「プロジェクト学習」、「ガイドライン」などが同じ表現や他の呼称で存在していることは容易に証明できる。また，ヨーロッパ以外，とりわけ東アジアでこのタイプのL2の教育・学習の導入に大きな抵抗があったことがそうした概念の連続性を物語っている。

SGAVが引き起こした抵抗までさかのぼらずとも[18]，日本へのコミュニカィブ・メソッドの導入に関するDisson（1996）の著書や，Diep[19], Park[20], Bel & Yan[21] の本誌への寄稿を読めば，「コミュニケーション中心的」と呼ばれようが「行動中心的」と呼ばれようが，この地域において，1世紀以上前から[22] 西洋で流行している文化・教育実践とは多かれ少なかれ遠い文化・教育実践に由来する，SGAV同様の抵抗に遭っていることが実感できるだろう。

そのため，それらの国の人々には，文脈化がなおのこと必要なのである。

4. ヨーロッパとアジアの諸言語における CEFR の翻訳について

欧州評議会の2つの公用語である英語とフランス語以外の言語への翻訳はすでに文脈化である（本誌のNishiyama参照[23]）。翻訳は言い換えであ

---

18 ここでは一点だけ，そもそもの成り立ちから，L2は入門学習者には口頭だけで教えられていたということを喚起しておこう。生徒用の本には映画の静止映像のようなものしかない。書くことに重きを置いた教育上の伝統に真っ向から対立していたのはそこである。

19 ［訳注］Diep « Les prises de parole difficiles chez les apprenants vietnamiens : Vers un enseignement contextualisé de la communication »（「ベトナム人学習者にとっての発言することのむずかしさ──コミュニケーション教育の文脈化に向けて」）120-139.

20 ［訳注］Park « La perspective actionnelle en contexte coréen : difficultés, enjeux et exploitations pour une adaptation »（「韓国の文脈における行動中心的アプローチ──適用にあたっての困難，問題，運用について」）120-139.

21 ［訳注］Bel & Yan « CECR et contexte chinois : regards croisés »（「CEFRと中国の文脈──交わる視線」）140-149.

22 18世紀の終わりから19世紀の終わりにかけて発展して以来，20世紀の初めになって初めて「直接教授法」と呼ばれるであろう。

23 ［訳注］Nishiyama « Pour une politique linguistique en faveur de la contextualisation du CECR en Asie du Nord- Est »（「北東アジアにおけるCEFRを文脈化するための言語政策」）28-37.

る。したがって CEFR の言説を別の言語と文化（特に教育），ときにはアジ
アの人々が慣れ親しんでいる言語や文化とかけ離れた言語と文化の中で考え
直し，英仏 2 言語をまったく，あるいはあまり実践できない専門家や教師
が理解可能なようにするためのものだ。翻訳者にとっては，単なる 2 言語
併用以上，少なくとも 3 言語（英語，フランス語，それに目標言語）と，
それぞれの言語に伝統的に結びついている教育・学習の実践を考慮すること
が求められる鍛錬である。英語版から翻訳する方がいいものもいれば，フラ
ンス語版から翻訳するのを好むものもいる。それなのに，英仏 2 つの版の
間には，方法論の観点から，無視できない意味上の違いが間違いなく存在す
る。

　例を 2 つ挙げよう。英語の existential competence（実存的能力）と ability
to learn（学習能力）はフランス語の savoir-être, savoir-apprendre と厳密に類
義だろうか。2 つのフランス語の表現における名詞 savoir は対応する動詞を
脱動詞化したものであり，派生化のせいで，能動的な知識という概念，意志
的で知的な活動（上記「パロール」についてのソシュールの言葉を参照）と
いう考え方をいまだに含んでいる。それは英語の competence や ability の中
にはまったく見出されないか，あるいはかろうじてほんのわずか見出される
考え方である。そして，用いている方法論に関するさまざまな概念を CEFR
が明確には定義していないことから，英語での読者がフランス語の読者とは
少し違うふうに解釈するのはありうることである。ドイツ語版は英語・フラ
ンス語版から訳されたが，ドイツ語という言語の性質上，know-how あるい
は savoir-faire を，Praktisch Fertigkeiten, Prozeduales Wissen, Prozeduale
Fertigkeiten の 3 つの表現に分けている。つまり，英語とフランス語が 1 つ
しか提示していないところに 3 つの savoir faire[24] を提示しているのである。

　このように CEFR の翻訳が同じヨーロッパの言語と文化の間ですら常に
うまくいくわけでないなら，遠く離れた言語と文化に訳されたときには何を
かいわんやということになる。Himeta（2009）は CEFR の日本語版の翻訳

24　最初のは女性複数形で，文字通りフランス語に訳せば habiletés pratiques（実践的な
　　手腕），2 つめは属格を伴う単数で，心理学者がこの形容詞に与えるような意味あいで
　　savoir procédural（手続き上の知識），そして 3 つめは capacité à maîtriser un processus（プ
　　ロセスをコントロールする能力）と訳すことができるだろう。

者にインタビューを行っている。翻訳者によれば，日本語版は，英語版から
出発して，フランス語版とドイツ語版を参考にしており，これら 4 つの言
語による使用用語の対照表つきである。たとえば，フランス語の évaluation
は 2 つの英語の単語（assessment, evaluation）に，また 4 つのドイツ語の単
語（beurteilen, bewerten, Bewertung, Evaluation）に相当する。翻訳者たち
は，専門用語に関しては，「できるだけ日本語らしい日本語に翻訳する」こ
と，つまりほぼ似たような意味の日本語の言葉を見つけることを目指したと
答えている（ibid.: 81）。しかし，日本語に適切な類義語を持たない用語も多
いので，日本の教育文化の中で的確な対応語のない概念については，（アル
ファベットで元の英語の単語を添えて）意味が近い言い換え[25]の類をする
か，すでに読者に知られている語だと考えられるときにはカタカナで英語の
単語の読みを書くか（ロール・プレイ，レベル，ライティングなど），どち
らかの手段を採っている。カタカナ表記は，対応する日本語がない西洋言語
の単語に対して日本で昔からよく用いられてきた方法である。もちろん，そ
の場合，日本の読者が意味をほんとうには理解しないままに，少しばかり外
来の響きがするシニフィアン（記号表現）だけで満足してしまう危険性があ
る[26]。

　ただ，ヨーロッパとアジアのさまざまな言語における CEFR の翻訳は，
まさに翻訳が困難で完璧でないおかげで，教育学的見地からはそれなりに興
味深いものとなっている。大学では，特に 20 世紀の半ば以来，学問領域が
細分化され過ぎる傾向がある。ときには教えられている言語と同じ数だけの

25　たとえば，interculturality という英単語は，「他の文化に適応する能力」を意味する
　「異文化適応性」と訳され，portfolio は，「ポートフォリオ」とカタカナにして「学習の
　履歴」の意味で用いられている。
　　［訳注］CEFR の日本語版は，英語 interculturality（フランス語 interculturalité）を「異文
　化適応性」と訳しているが，この用語は，必ずしも他の文化に適応することを意味して
　いないので，このように訳すのは適切でなく，「異文化間性」と訳すべきである。

26　西欧でもそんなに違っているだろうか。évaluation「評価」という語については，Cuq
　編（2003）の辞書『英仏類語集』は確かに assessment と evaluation を提案しているが，仏
　独類語集は évaluation ひとつでよしとしている。évaluation は確かにこの辞書のフラン
　ス語話者の読者にとっては見慣れないものではないが，フランス語話者を自分たちの言
　語に閉じ込めてしまう傾向がある。
　　［訳注］このことに関しては，本書の 112 ページ，注 5 も参照されたし。

言語教育学があり，同じひとつの言語に対しても，それが母語（L1）として教えられるのか，第二言語あるいは外国語（L2）として教えられるのかによって 2 つも 3 つも違った言語教育学（この論考の結論参照）があるかのような印象すらある。翻訳はそれを「逆細分化－再統合」するのである。CEFR を日本語に訳した翻訳者たちは，日本の西洋言語の教師たちのためにこの仕事をしたと考えていたが，L2 としての日本語教師が，ともすると西洋言語の教師以上に興味を持ってくれたことは嬉しい驚きであった（ibid.: 83）。CEFR の翻訳は，科学的価値はないかもしれないが，少なくとも発見に役立つという価値を持っている。つまり，翻訳を生み出す者，その翻訳されたものの同等性を問う者たちは，自らの思考を磨き，自分の持っている概念的な道具を研ぎ澄まし，そこから作り出す使用法に柔軟性を持たせることができる。そして結果的に，自分たちが研究している現実の複雑さをよりよく理解することができるのである。Ishikawa & Rosen（ibid.）の論文では，2010 年に出版され，ヨーロッパやアジア（中国，韓国，日本）の 12 の言語に翻訳された『CEFR の実用辞典』[27] が取り上げられている。この辞典は L2 を教えている母語話者以外の教師の養成の助けになるかもしれない。彼ら自身の言語と文化（彼らの母語 L1）からピックアップした用語の理解を明確にするよう促し，次に彼らが教える L2 でのその対応語が CEFR において意味するものをさらによく理解する手助けをしてくれるからである。

5.　CEFR をコンテクストに適応させるのか，コンテクストを CEFR に適合させるのか

　CEFR をコンテクストに合わせる方が，コンテクストを CEFR に合わせるよりもすんなりと理解できるのは明らかである。それは，contextualiser（「文脈化する」「コンテクストに合わせる」）という動詞の持つ他動詞性が多分その理由である。しかし，後者も無視してよいものではない。CEFR をもともと作られた環境とは別の環境に移植すると，何らかの変化がもたらされる。少なくとも L2 の教育・学習から人々がこれまで作り出してきた表象に

27　Robert & Rosen (2010) Dictionnaire pratique du CECR, Ophrys.

は変化が起こる。

　CEFR の文脈化について考えるとき，一般とは言わないまでもヨーロッパ「共通」とされる，いわゆる『ヨーロッパ言語共通参照枠』（CEFR）と，「参照レベルの能力記述文」あるいは「ガイドライン」と呼ばれるものとをはっきりと区別しなくてはならない[28]。つまり，それらの「共通の」提案，とりわけその「レベルの段階」と「それらに合った能力記述文」の，ある言語と文化（たとえ文化がそこではまったく考慮に入れられないにしても）への適応である。たとえば，『フランス語のためのレベル B2（自立した言語使用者・学習者），ガイドライン』（Beacco, Bouquet & Porquier dir., 2006）を見てみよう。これはさまざまな言語と文化に「共通」と見なされている CEFR を特殊な形で適用したもので，これも一種の文脈化であり[29]，中でも L2 の母語話者でない教師たちの抵抗を強めかねない。たとえばフランスの学校の伝統においては，程度に差はあれ習慣化された訓練を指す「作文」「縮約」「テクストの要約」といった用語は，伝統的にそれ以外の練習に慣れた者にとってはかなり分かりにくいものである。別の言い方をすれば，教えるべき・学ぶべき L2 に沿ったガイドラインの文脈化は，とりわけその L2 が実際に教えられ・教育される場所と時によって，またその言語を教育する・学ぶ人々の文化と教育の特色にしたがって，再文脈化されなくてはならない。Beacco & Byram（2003）や Coste（2007）はこの類の（再）文脈化の必要性を強調しているが，それでもときおり言葉と現実はほど遠いことがある。

　この（再）文脈化は，CEFR 自体の文脈化ではなく，その多様なガイドラインについて，もともと書かれたのとは異なる文脈への文脈化であるが，十分に議論が尽くされているとは言えない。そのようなガイドラインを導入したいと考えている状況の全体を，可能な限り（Porquier & Py, 2004 参照）マ

28　［訳注］「共通参照レベル」については，本シリーズの『CEFR の理念と現実　現実編　教育現場へのインパクト』より，大木充(2021)「CEFR 評価水準「共通参照レベル」の用い方——「画一化のパラダイム」vs.「多様化のパラダイム」」を参照されたい。

29　［訳注］CEFR に記載されている「共通参照レベル」は，特定の言語のためのものではない。ところが，この Beacco et al. の本ではタイトルに「フランス語のための」とあることから分かるように，フランス語に特化した参照レベルになっている。だから，筆者は，「これも一種の文脈化」と言っている。

クロ的なもの（ときに「設置する環境」と言われるもの）とミクロ的なもの
（「設置された環境」）とを区別しながら，体系的なやり方で事前に分析する
べきであろう。

　マクロ的な文脈からは，次のような，ジャンルの「共通の」問題への答え
が出てくる。たとえば，その L2 を教育する・学ぶ国の，開かれているにせ
よそうでないにせよ，国際政治あるいは多国間政治とはどのようなものか，
移民政策はどのようなものか，教育・文化政策はどのようなものか，その
L2 を学ぶものにはどのような職が提供されているのか，そこで問題となる
価値はどのようなものか，といったような問いである。ミクロ的な文脈から
は，次のような問いへの答えが導かれる。その L2 をそれが話されている
（同一言語）環境で学ぶのか，それともそうではない（異なる言語）環境で
学ぶのか，教師の専門養成はどのようなものか，教師の L2 の口頭および筆
記における能力はどのようなものか，教師はどのような教科書やその他の教
材を使うことができるのか，この L2 を教えるのに何時間あてられていて，
一週間あるいは一ヵ月にそれがどのように配分されているのか，学校内，学
校外での学習者の学習習慣はどのようなものか，この L2 を学ぶための，学
習者の欲求と必要性のあいまったモティベーションは何か，この L2 は学習
者たちの中にどのような印象を呼び起こすかなどである。本誌に寄せられて
いる論文は，全体としてマクロ的な定着状況よりはミクロ的な定着状況に興
味を持っているものが多いが，しかしながら，少なくとも一部分は，マクロ
的なものがミクロ的なものの原因となっていることを注記しておこう[30]。

　たったひとつ，Rong（2009: 94）だけが，何らかのレベルに達するために
（たとえば A2 にはだいたい 200 時間など）Rozen（2007）が与えている「学
習時間の目安」（CEFR はこの点に関しては沈黙を守っている）を引用して
から，自分の中国人の入門レベルの学生は，学期ごと 4〜5 ヵ月間，「週に
14〜16 時間フランス語の授業を受けて」おり，最初の学期にすでにかなり
容易に A2 レベルに達するはずなのに，まったくそこまで行かないと指摘し
ている。しかし，この学生たちは，大半が将来フランス語を専門とするもの

30　だから設置する環境 vs. 設置される環境の対比は注意深く用いられなければならな
　　い。というのは，設置される環境においては，すべてが設置する環境に依存しているわ
　　けではなく，この二つの関係は単純な原因と結果ではないからである。

ではないけれども，フランス語を磨くためにさらに7学期，全部で 2000 時間ほども授業を受けることが可能である。Rong（2009）はそこから「CEFR の評価の基準が，正確さ，つまり信頼性に欠けるか，あるいは中国における学校の言語教育・学習がまったくダメとは言わないまでも少なくともほとんどまったく労力に見合わない」という結論を導き出してしまっている。それを聞いて，対面授業で，よくて文系で2年，理系で1年，一週間に90分2コマ，180 時間しかない日本のフランス語教師（と入門レベルの学生）はなんと言ったらいいのだろうか。特に日本人の教師は中国人の教師よりも自律学習に興味を持っているということは分かるけれども（本誌の Ohki の寄稿参照[31]）。

　中国や日本のような国で，CEFR のフランス語用のガイドラインをそのままの形で応用しても，当然，それらの国でフランス語を教えている・学んでいる「社会的行為者」にとっては気持ちが盛り上がるわけもなく，方法論の面でも受け入れられるものではない。最低限，それぞれの国での教育時間数にしたがって内容をアレンジしなくてはならないだろう。そしてある種の政策は，レベルの段階分けを道具として用い，EU への移民をよりうまくコントロールする目的でそれをヨーロッパの規範の中に置くことを目指しているのだから，（京都学会でいくつかの発表が強調していた）排除の危険を伴わないわけはない。そして，L2 としてのフランス語の学習に割く時間数に関して，なぜ日本の大学と中国の大学でこれほどの違いがあるかという問いについては，その答えは，明白でないにせよ，それぞれの国のマクロ的文脈のこの半世紀にわたる歴史の中に探すべきである。

　それでも，たとえ副次的にすぎないとしても，CEFR はマクロ的文脈の変化を促す役には立つかもしれない。ヨーロッパ大陸の所属民全体に対して，強制ではなく単に提案された規範として欧州評議会が合法的に認めている CEFR であるが，ヨーロッパ大陸の外では，言語の普及に関してグローバル化の効果に敏感な政治機関の多くの責任者によって，国際的なコンセンサスを持ちうる規範と見なされている（前述の Nishiyama の論文を参照）。日本

31　［訳注］Ohki « Contextualiser l'apprentissage autodirigé dans l'enseignement supérieur au Japon »（「日本の高等教育における自律学習の文脈化」）94-104.

語への CEFR の翻訳を始めたのが日本のゲーテ・インスティトゥートであ
り[32]，国際交流基金が早いうちからその日本語訳に興味を持ったのも偶然で
はない（Himeta 2009: 82, note 6 参照）。本誌のパンジェ（Pungier）の論文[33]
は，大阪府立大学というローカルなコンテクストと，よりグローバルなコン
テクストの間で，CEFR が演じることができる役割をよく証明している。
「統合したり連結したりする道具」のように CEFR を使うことによって，こ
の日本の大学の「社会的行為者たち」は，セルジー＝ポントワーズ大学との
交流協定のおかげもあって，フランス語にあてる時間数が実質的に倍になる
ところまで到達したのである。

6.　ひとつの国家の単一言語・文化主義から国家レベルを超えたある種の複言語・複文化主義へ

　私の目から見て，1970 年代の les niveaux-seuils と比べたときの CEFR の
最大の革新性は，複言語主義と複文化主義というものが強調され，ポート
フォリオの活用により，「部分的」言語能力[34] の価値化が重要視されている
ことだ（Castellotti の論文を参照[35]）。「社会的行為者」なら誰でも，そのさ
まざまな言語学習と経験に応じて，「複言語と複文化的能力」を発達させる
ことができる，あるいはできるかもしれない。「複言語と複文化的能力」と
いう概念はすでに 1998 年に Coste, Moore & Zarate の論文で扱われていた
が，用いられる言語と文化によって「一つひとつ区別される能力を積み重ね
たり並列したり」するのではなく，ひとつの「能力の複合体」あるいは「複
合的能力」によって，人の一生の間に造り上げられ，必要と興味に応じてさ

32　ゲーテ・インスティトゥートはアラブ語への翻訳も仲介している。

33　［訳注］Pungier « L'introduction du CECR à l'Université Préfectoral d'Osaka : un outil
　　articulateur et intégrateur de contextes local/global »（「大阪府立大学における CEFR の導入
　　──ローカルな文脈とグローバルな文脈を連結し統合するツール」）38-47.

34　［訳注］部分（的）能力については，本書の「おわりに」を参照されたい。

35　［訳注］Castellotti « Favoriser une conscience et une compétence plurilingue au Japon
　　grâce à une démarche portfolio »（「ポートフォリオを用いた日本における意識と複言語能
　　力の促進」）67-75.

まざまな形で活用する「言語レパートリーの全体」を包括するものである。複言語・複文化能力は，チョムスキーの「理想的な話者－聴者」の能力[36]よりも，また西洋では相変わらず相当広まっている，すべてにおいて猿まねのごとくに L2 のネイティブを真似して学ばせるモデルの能力[37]よりも，現在の多様性と移動性（交流性）の中で進行している世界に合っていることが認められる概念である。

　しかし，また，およそ 2 世紀前から，最初はヨーロッパで，次に世界の広い地域で幅をきかせてきた，小・中・高の学校や大学で，この概念の表象（イメージ）と教室での実践という意味においては，複言語・複文化能力は，うまくいっていないことが認められる概念でもある。

　大まかに言って，ナポレオンの戦争に終止符を打った 1815 年のウィーン会議以来，19 世紀を通じて大きな問題となるナショナリズムの問題に無知であるか，あるいは軽視している政治家，外交官も，正当性の原則の上に築かれたヨーロッパの何らかの均衡を復旧させたいと考えていた。そのことが，反動から，ヨーロッパでは「国家的な」関心事への目覚めを蔓延させてしまった。こうした国家的なものへの関心は，フランス的あるいはイギリス的（たとえば Michelet あるいは Renan 参照[38]）あるいはドイツ的（Herder あ

36　[訳注] チョムスキーの生成文法は，理想的な話者の言語能力の解明を目的としている。

37　[訳注] CEFR によると，言語学習の目標はネイティブのようになる能力を身につけることではない。このことは，CEFR が唱導している複言語主義と深く関係している。複言語主義の観点を採るならば，「言語教育の目的は根本的に変更されることになる。もはや従前のように，単に一つか二つの言語（三つでももちろんかまわないが）を学習し，それらを相互に無関係のままにして，究極目標としては「理想的母語話者」を考えるといったようなことはなくなる」。(CEFR 日本語版，p. 4)

38　[訳注] J. Michelet(ジュール・ミシュレ)はフランスの歴史家。『民衆』(1846)や『フランス史』(1833-1873)の前書き参照。そこでミシュレは，「フランスがフランスを作る，種族という避けがたい要素は二義的なものに私には思える」と述べ，さらに『ヨーロッパを前にしたフランス』(1971)の中でも種族理論を弾劾している。E. Renan(エルネスト・ルナン)はフランスの宗教史家，思想家。『キリストの人生』の著者として，ドイツ人 D. F. Strauss との論争がある。その中でルナンは，種族を元にした政治は皆殺しの戦争，動物園を彷彿とさせる戦争に向かうしかないと言い，さらに 1887 年の有名な講演でも，国民とは「互いの同意，共に生活しようという願望(中略)現在において共通の意思を持つこと」と述べている。

るいは Fichte 参照[39]）に解釈された結果，もはや俗とは呼ばれずに[40]，庶民語，現代語，近代語などと呼ばれる言語のために，ヨーロッパが昔から自らの証としていた学者の言語（特にラテン語だが，他に古代ギリシャ語，ヘブライ語も）は徐々に周辺に追いやられた。程度の差はあれ，ネイティブとして日常のやり取りにおいて同じ言語（あるいは同じ言語と見なされるもの）を話すものは皆，いわば自然な生まれつきの絆でつながれているという考えが支配的になった。同じ「国家的な」集団の中に人々を集め，観念的に，同じ国家の出身であることを正当化するのには，それだけで足る。「国籍」というイデオロギーは国家主義的になることがままあり，その国で大多数の人が話している言語を称揚し，その結果，ほぼ世界のどこにでもある言語と文化の多様性をマイノリティーの烙印を押されている周辺部に追いやってしまうことになった。そのことが，ヨーロッパと世界のそれ以外の地域における言語教育・学習（L2 同様 L1 にも）に影響しないわけはなかった。

　広大な地理的・文明的エリアにおいて，少なくとも教養あるエリートの間で使用されていた言語（たとえばヨーロッパではラテン語，東洋では中国語）を学校教育で学ぶ代わりに，同一国家のすべての国籍保有者は，小学校から，まずは「国家の」，すなわち「母語」とされる言語を，よくてその言語が大多数のものにとってしか母語でなくとも，学ぶことを強要される。また，その後の中等教育あるいは高等教育においては，その国のマイノリティーによって使われている言語（たとえばフランスにおけるアラビア語，ポルトガル語，中国語）であっても，いわゆる「外国語」として学ぶのである。その結果，たとえば「国家の言語」にひとつかふたつ別の言語を加えた複数の言語をプロフェッショナルとして教えることができる教師[41]を養成す

39　［訳注］J. G. Herder（ヨハン・ゴットフリート・ヘルダー）は『人間性形成のための歴史哲学異説』(1927-28) などの著作で，国民は個人とは別個の個人を超えた自然の本能や人民の精神に由来すると述べている。J. G. Fichte（ヨハン・ゴットリープ・フィヒテ）はドイツの哲学者。『ドイツ国民に告ぐ』(1807) という一連の講演の中で，世の中を治めるために生まれた選民の理論を主張した。

40　［訳注］「俗」は，vulgaire の訳。フランス語は，日常ロマンス諸語 langues vulgaires のひとつである俗（口語）ラテン語から派生している。

41　フランスで，「古典文学」の教師と言われる人たちが，原則としてフランス語，ラテン語，ギリシャ語を教える資格がある，というのと同じように。

る代わりに，大学では，たとえばフランスにおいては，たったひとつの言語を教える教員を養成した。

それどころか，そのたったひとつの言語に関して教育・学習をある特定の面に限定するような教員養成コースも存在する。外国語としてのフランス語，FLE（Français Langue Étrangère; 外国語としてのフランス語）がそれだ。明らかに，ネイティブの教師の価値を上げる制度的な仕組みであり，ネイティブでない教師は下位に置かれて，ネイティブを理想的なモデルとするよう促される。ここにはある種の教育上の単一言語主義があり，それを CEFR はかなり徹底的にやり玉に挙げているが，大学の表象における CEFR の理解のされ方を鑑みると，そのせいで，ヨーロッパでもそれ以外でも，CEFR の普及に対して抵抗があることは想像に難くない。

それは，まず大学のさまざまな言語研究の研究分野の細分化に関して，CEFR が及ぼしうる影響の（上述した）問題（本章 **4.** 参照）に関係している。教育・学習されるさまざまな言語によるだけではなく，ある特定の言語について，研究者がどの研究分野の多少なりとも専門家であると自認するかによっても細分化されている。

「複言語・複文化能力」の概念は，ある言語において人が持ちうる下位能力[42] によって，また人が対象言語を修得する度合いによって，不均衡だったり「部分的」だったりするのだが[43]，いずれにしろひとつの言語の教育学ではなく複数の言語の教育学に属していることは明らかだ。L2 のクラスの教育言語がひとつに絞られることは決してないので，たとえクラスのメンバーが同じ母語を共有していると仮定されるような場合でも，クラス内で起こることに関する方法論的な考察には常に少なくともふたつの言語が関係する。メンバーがさまざまな L1 を用いるにせよ，第三の言語（英語がよくこの役

---

42 ［訳注］たとえば，複言語・複文化能力の下位能力としては，「複文化レパートリーを開発する」，「複言語レパートリーを開発する」，「複言語理解」の三つがある。

43 ［訳注］不均衡性について，CEFR は次のように述べている。「不均衡性は複言語と複文化能力のひとつの特徴でもあるが，その不均衡性のために，これらの能力の運用にあたって，どのように一般的技能と知識，言語技能と言語知識（CEFR 第四章，第五章参照）を使うかは一人一人異なる」(CEFR 日本語版，p. 147)。部分(的)能力については，本書の「おわりに」を参照されたい。

割を担っている。Sossouvi[44] 参照）に頼るにせよ，ほとんどの場合はふたつ以上である。そうすると，当然のことながら，求められるのは複数の言語の（その方がよければ複言語・複文化の）教育学であって，教えられているたったひとつの言語の教育学ではない。ところが，この単純な事実を考慮に入れている現行の大学組織は，ヨーロッパにも，世界のヨーロッパ以外の場所にも，まだほとんど存在しない。

　次に，CEFR は，*les Niveaux-seuils* ほど実利中心でも機能主義でもないとしても，各レベルの展開においては L2 の教育・学習に文化的な面はほとんど組み込んでおらず（いくつかの論文がその点を指摘している），ましてや文学（文学はほとんど問題になっていない）に代表される美的な側面は取り入れていない[45]。むろん排除しているわけではなく，CELV（ヨーロッパ現代語センター）[46] の資料センターはそれらを考慮に入れるべく努力はしている。しかし，CEFR の創案者たちは，ひとつあるいはいくつかの L2 の学習において，教育的あるいは倫理的観点から，人間的なものの可能性よりも，ヨーロッパの人たちに彼らの多言語・多文化空間の中での活動を教える必要性で頭がいっぱいだったように思える。これは，東アジアにおいて，機能的というよりはより美的なレベルの理由で学ばれるフランス語にとって，無視すべきではない点である（Besse, 2009 参照）。

　最後に，言語の教育法においては，西洋が自らの言語と文化の中にいながらにして東洋から来た教育法の伝統と革新の「文脈化」の問題を自らに問うて初めて，西洋と東洋の間の交換はより均衡の取れたものになるだろうと思われる。

44　［訳注］ソスヴィの発表は，アフリカを扱ったもので，東アジアの国に特化された本誌には再録されなかった。

45　［訳注］2018 年に公表された CEFR の増補版では，複言語・複文化能力に関して 2001 年版よりは詳しく記述されている。また，複言語・複文化能力の共通参照レベルも策定されている（英語版 pp. 28-29, pp. 157-162; 仏語版 pp. 28-29, pp. 164-170）。また，2018 年版では文学に関する記述も加わり，外国語教育における文学も考慮されている。

46　［訳注］Centre européen pour les langues vivantes の略。1994 年にオーストリアのグラーツに設立され，欧州評議会加盟国の言語政策の改革・実施を支援する組織。

引用文献

Beacco J.-C. & Byram M. (2003). *Guide pour l'élaboration des politiques linguistiques éducatives en Europe. De la diversité linguistique à l'éducation plurilingue.* Strasbourg : Conseil de l'Europe.

Beacco J.-C., Bouquet S. & Porquier R. (dir.) (2006). *Niveau B2 pour le français (utilisateu/ apprenant indépendant).* Un référentiel, Paris : Didier.

Besse H. (2009). Pourquoi apprend-on encore le français en tant que langue étrangère?. *Revue japonaise de didactique du français, Vol. 4, n° l,* 9-25.

Champion F. (2009). Portrait de l'enseignant en jardinier, ou : quelles perspectives de formation et de recherche pour les migrants?. *Le français dans le monde / Recherches et applications, n° 45,* janvier, 144-153.

Coste D. (2007). Le Cadre européen commun de référence pour les langues, contextualisation et/ou standardisation. Colloque international de la FIPF: « le cadre européen, une référence mondiale ? », Sèvres, 19-21 juin 2007. <http://francpaler.org/dossiers/cecr,. perspectives.htmltcecueference>

Coste D., Moore D. & Zarate G. (1998). Compétence plurilingue et pluriculturelie. *Le français dans le monde / Recherches et applications, numéro spécial,* juillet, 8-67.

Cuq J.-P. (dir. par) (2003). *Dictionnaire de didactique du français. Langue étrangère et seconde.* Paris : CLÉ International- ASDIFLE.

Disson A. (1996). Pour une approche communicative dans l'enseignement du français au Japon. Bilan et propositions. Osaka : Presses Universitaires d'Osaka.

Fu Rong (2009). Une étude méta-réflexive du Cadre européen commun de référence dans la perspective de son adaptation au contexte chinois. *Le français dans le monde / Recherches et applications, n° 46,* juillet, 88-97.

Galisson R. & Coste D. (dir. par) (1976). *Dictionnaire de didactique des langues.* Paris : Hachette.

Himeta M. (2009). À propos de la version japonaise du *Cadre européen commun de reference* : réflexion en compagnie des traducteurs. *Le français dans le monde / Recherches et applications, n° 46,* juillet, 78-87.

Porquier R. & Py B. (2004). *Apprentissage d'une langue étrangère; contexts et discours.* Paris : Didier.

Robert J.-P. (2002). *Dictionnaire pratique du FOE.* Paris : Éditions Ophrys.

Rosen É. (2007). *le point sur le Cadre européen commun de référence pour les langues.* Paris : CLÉ International.

第6章

CEFR と増補版
——関係者，専門家としての見解

マルギット・クラウゼ小野，モニカ・シルモイ
松岡真由子・堀　晋也（訳）

　本章は CEFR の開発と普及に深く関わってきた４人の研究者，ブライアン・ノース，ハンス・バルコフスキー，ユルゲン・クヴェッツ，ギュンター・シュナイダーへのインタビュー（2018年9月，2019年2月実施）に基づく。４人の視点や見解の類似点，相違点を明確にするため，このインタビューでは中核となる共通の質問を提示している。彼らには CEFR の開発の過程とそのなかでの各自の役割と任務，そして現在の CEFR に対する見解について語ってもらった。また，インタビューの少し前に CEFR の増補版が発表されたため，手短ではあるがそれについても言及してもらった。このインタビューでは，背景情報や開発者たちの考えを形成した学術的影響など，学術論文ではあまり触れられることのない事柄についても議論することができた。

キーワード🔍　増補版，専門家の見解，インタビュー，評価，学術的影響

1.　序論

　『言語学習，教授，評価のためのヨーロッパ共通参照枠』（Council of Europe, 2001），いわゆる CEFR が約 20 年前に公開されたことは周知のとおりである。CEFR はヨーロッパだけでなく，世界中の言語教育と各種検定試験に多大な影響を与えた。そのままの翻訳による援用が多い一方で，原版に基づいた独自の版が作成されるケースもある。CEFR-J ホームページ（http://www. CEFR-j.org/index.html）によると，2004 年に CEFR-J の開発がスタートし，2008 年に初版が公開された。日本ではごく最近まで CEFR はそれほど認知されていなかったが，突如注目の的となった。にわかの人気は，ともすれば二次情報に基づく表面的な理解に終わることが多い。CEFR の増補版（Council of Europe, 2018）の発表は，CEFR がより明確で整合性のあるものとなるために，補足や追加の解説が必要であったことを示している。CEFR の開発や他の言語での援用に携わった著名な研究者，あるいは長年活用してきた専門家など，彼らへのインタビューを通して，著書や論文からは得られない情報を示すことができるとわれわれは考えたのである。

2.　インタビュー

　CEFR の作成者の 1 人であるブライアン・ノースのインタビューは，2019 年 2 月 18 日にイタリアでモニカ・シルモイ（Monika Szirmai）が行った。時間は 2 時間 10 分。録音データは 3 つのファイルに記録した。その他 3 名のインタビューは 2018 年 9 月に実施。ギュンター・シュナイダーはスイスのフリブールで 1 時間強。CEFR と増補版のドイツ語翻訳に携わったユルゲン・クヴェッツはフランクフルトで約 90 分間。CEFR 発表の前後に教員養成と移民のドイツ語試験に深く関わったハンス・バルコフスキーはイエナで 1 時間。3 名のインタビューはすべてマルギット・クラウゼ小野（Margit Krause-Ono）がドイツ語で行い，それぞれ 1 つのファイルに記録した。

　ブライアン・ノースのインタビューは英語，他のインタビューはドイツ語で実施した。すべて英語に翻訳し，それから日本語に翻訳されている。十分に配慮して翻訳しているが，原文と完全に一致していない点はご理解いただ

きたい。また，口頭での会話には言いよどみや言い直し，不完全な文が含まれるため，読みやすさを考慮し，原文の意味をなるべく保持すべく，完全な文を組み合わせたスクリプトとしている。紙面の都合上，一部は要約，割愛している。

　すべてのインタビューで，以下に示した同じ内容の核となる質問をしている。一方で話の流れ，相手の回答の仕方やその性質に応じてよりパーソナライズされた質問も加えた。

1. 2001 年に最初の CEFR が公開された際にはどのような批判があったか？
2. 最初の公開から 17 年が経過したが，現在の CEFR についての見解は？
3. CEFR はすべての言語に適用できる概念か？
4. CEFR の長所と短所は？
5. CEFR に組み込むべき他の評価基準，ポイント，側面はあるか？歴史，社会文化，または文学関連などの要素についての考えは？すべての領域が CEFR で十分にカバーされているので必要ないのか？
6. CEFR を教育現場，またはカリキュラム作成の基盤として使用する際に，言語教師をどのようにオーガナイズする必要があるか？

2.1　ブライアン・ノース（Brian North）

　1975 年よりユーロセンターに所属。ロンドン，チューリッヒで勤務。当初は英語教師として，その後プロジェクトコーディネーター，研究統括，研究者，マネージャーとして活躍し，2014 年 4 月に退職。CEFR の作成者の一人であり，CEFR のコミュニケーション言語活動の分類と能力記述文[1] の作成に従事した。能力記述文に関しては，CEFR 作成に参加する以前から約 10 年間にわたり研究。2018 年に発行された CEFR の増補版の主要著者でも

1　能力記述文は学習者が CEFR の各レベルで習得すべきスキルを提示している。特定の言語に特化したものではない。

ある。最新の著作は，*The Action-oriented Approach: A dynamic vision of language education*（2019 年，Multilingual Matters）。増補版の著者であるエンリカ・ピカルドー（Enrica Piccardo）との共著。

シルモイ：あなたが CEFR に携わるようになったのはいつですか？　そのきっかけは？

ノース：1990 年に仕事でスイスに移りました。勤務していた語学学校の本社の研究部門のポストに応募したのです。その直前に，IATEFL（International Association of Teachers of English as a Foreign Language）[2] でジョン・トリム（John Trim）に会いました。当時私は研究会立ち上げのために IATEFL の委員会に入っていました。彼は 1970 年代に欧州評議会の現代語プロジェクトのリーダーを務め，のちに CEFR の主要作成者にもなった人物です。チューリッヒの本社に行くという話をしたところ，翌年のシンポジウムに登壇するべきだと言いました。私がボーンマスで IATEFL テスティング学会をオーガナイズしたことを知っていたからだと思います。当時の学会の内容をチャールズ・アルダーソン（Charles Alderson）と一緒に *Language Testing in the 1990s*（Macmillan Education）として出版しました。

　スイスでの勤務が始まると，この政府間シンポジウムを取りまとめるように言われました。そのことがあって CEFR に関わるようになりました。ユーロセンターは 1971 年にスイス政府に代わって政府間シンポジウムを開催したこともあり，現代語プロジェクトが始動したのです。プロジェクトではまず Threshold Level（van Ek, 1975; van Ek & Trim, 2001）[3] を発表し，セルフアセスメント[4]や Oscarson（1979; 1984）

2　1967 年にイギリスで発足（https://www.iatefl.org）。現在 78 ヵ国に加盟団体があり，日本の全国語学教育学会（JALT: Japan Association for Language Teaching）もそのひとつである。

3　Threshold Level（1975）は成人の言語学習者の能力認証制度を開発するプロジェクトの一環で作られた。外国語で効果的にコミュニケーションをとるために必要な到達点が記述されている。

4　教師不在でも学習者が自分の学習の進度をモニターするために活用する自己評価表。

の Can-do リスト[5]，Holec（1981）のオートノミー[6]，そして Richterich & Chancerel（1980）のニーズ分析に関する実証研究を行いました。

　1980 年代には，ユーロセンター独自のシステムを開発する過程で，能力記述文に取り組んでいました。すでに Can-do 型の能力記述文はありましたが，それを土台にしてさまざまな側面，レベルをカバーする Can-do の項目を作成しました。現在は範囲，正確さ，話しぶり，やり取りといった形で知られています。また当時，われわれはヨーロッパ言語ポートフォリオにも携わっていました。このポートフォリオは，CEFR を推奨するシンポジウムでユーロセンターが提案したものです。ヨーロッパ言語ポートフォリオ向けの能力記述文のたたき台を受容，産出，やり取りの考え方に基づいて準備していました（North, 1992）。

CEFR 開発に対する影響

シルモイ：バーミンガム大学であなたが行った研究について少し話をしたことがありますよね。その研究が CEFR プロジェクトへの参加にどのように影響したか，教えてください。

ノース：教室における談話の研究に興味があったので，バーミンガム大学に行きました。教室における談話とは，生徒が教室のさまざまな場面で使用する言語のタイプ，特にコミュニケーションタスクでのグループ活動の形態による使用する言語形態の違いに関心がありました。

　彼は自身に影響を与えたものとして，Barnes & Todd（1977）*Communication and Learning in Small Groups* と Sinclair & Brazil（1982）*Teacher Talk*，そして教師の発話に焦点を当てたギル・ブラウン（Gill Brown）の研究について触れた。

5　Can-do リストは自己評価のツールのひとつである。

6　自己統制学習(Self-directed learning)，自立学習(Independent learning)，自律学習(Autonomous learning)は類似する点が多くあるが，まったく同じではない。自律学習における教師の役割は，従来の「教える者」よりもむしろアドバイザーやコーチに近い。

ノース：受容，産出，やり取り，仲介のアイデアは，1991年のシンポジウムでの私の発表に端を発しています。いや，シンポジウムよりも前ですね。CEFRが開発される前からであることは言うまでもないですが。ただ，仲介はずっと後に組み込まれました。当初私は，受容，産出，やり取り，そして処理と考えておりました。当時は1つの言語の視点からしか考えていなかったためです。それはともかくとして，この考えに至るにあたってさまざまな応用言語学者の影響を受けました。例えばH. H.・スターン（H. H. Stern）の*Fundamental concepts of language teaching*で述べていますが，1960年代からすでに4技能の分類が機能しないことが明らかになっていました。そうしたスキルの分類は，教育の観点からは有用でないのです。

ブライアン・ノースは，Alderson & Urquhart（1984），Brumfit（1984），Swales（1990），そしてHalliday（1989）にも触れ，次のように語った。

ノース：彼らは皆，4つのスキルは完全に人為的な分類であると指摘しています。単に抽象的な概念であるからです。そして，4つのスキルのうちひとつだけで言語を使用することはほとんど起こり得ません。これらのつながりが重要なのです。

ブライアン・ノースは，Willis（1983）とマーティン・ウォーレン（Martin Warren）について語った時，次のように補足した。「バーミンガム大学の授業で目にした「自然さ」（naturalness）[7]の研究からヒントを得ました。「自然さ」の概念，つまり教室で目標言語を使うなかで，自然言語を学んでいくことに影響を受けました」。そしてSinclair（1981）が言うところの「談話のレベル」（planes of discourse）[8]に関するアイデアを発展させて，教室でのアセスメントに応用させた（North, 1986; 1993a）。

7 　自然さ(Naturalness)はしばしば形のよさ(well-formedness)との対比で議論される。形のよい文章とはともすれば「教科書的な言葉」のように不自然なものとして捉えられることもある。

8 　ディスコース分析やテキスト言語学で用いられる専門用語。

シルモイ：アメリカ国立外国語センターに行かれた時に助成金を獲得され
　　たと記憶しています。その経験は **CEFR** の開発にどのような影響を
　　与えましたか？

ノース：主に 2 つの影響がありました。まず熟達度の尺度。そして項目反
　　応理論，ラッシュモデル，潜在特性理論などいろいろな名称がありま
　　すが，大きく見るとこの 2 つに影響を受けたと思います。私は FSI
　　（Foreign Service Institute）スケール[9] には精通していました。1975 年に
　　出版されていたからです（Wilds, 1975）。ILR（Interagency Language
　　Roundtable）スケール[10] については，名前を知っていた程度です。実
　　際にそのスケールについて勉強したこともありませんでした。
　　ACTFL（American Council on the Teaching of Foreign Languages）[11] につ
　　いても何も知りませんでした。ですから，スケールの背後の歴史につ
　　いて知ることは，私にとって大きな発見でした。背後にある考え方，
　　限界，批判などです。Kramsch（1986）や Lantolf & Frawley（1985）
　　が，ACTFL のアプローチを閉じたシステムであり，一種の堂々巡り
　　であると痛烈に批判をしていましたから。

　　　コミュニケーション能力に関するサンドラ・サヴィニョン（Sandra
　　Savignon）の研究は，応用心理学と子どもの発達におけるコミュニ
　　ケーション能力の捉え方と非常によく似たものでした。Savignon
　　（1972）のアプローチは，Gumperz（1984），Hymes（1972）などの民
　　族学の研究を反映しています。CEFR の示す能力（competence）は，
　　部分的にはそこからきています。もう 1 つの側面は，仕事の場面に
　　おける能力というフランスの概念からきています。行動する能力で

9　アメリカの FSI（Foreign Service Institute）が開発した 6 段階のスケール。当初は個別の
　　スキルではなく総合的な言語スキルを測定するものであったが，1968 年に基本 4 技能
　　の能力記述文が作成された。

10　FSI は 1985 年に ILR（Interagency Language Roundtable）によって改訂され，より詳細
　　な体系となった。

11　American Council on the Teaching of Foreign Languages（https://www.actfl.org/）。初等教
　　育から高等教育まで，あらゆる言語教育・学習の改善と拡大を目的として 1967 年に設
　　立されたアメリカの組織。

す。まさにフランスの伝統ですが，この概念は当時，ダニエル・コスト（Daniel Coste）によって示されていました。またジャン＝ジャック・リシェ（Jean-Jacques Richer）という人物もいました。彼はこの分野で多くの研究成果を残しています（Richer, 2009; 2012; 2017）。CEFRの能力の概念は，これら2つのアプローチによって一般的になりました。当時はフランスの動向は知りませんでしたが，能力とパフォーマンスの分離に意味がないという同じ結論に至りました。

　シンポジウムの後，レベルと能力記述文の編成方法に関する正式な提案（North, 1994）をし，既存のシステムに関する詳細なレポート（North, 1993b）を作成しました。これらは，当時行った4つか5つの予備的研究のうちの2つでした。作成者の一人として，能力記述文を作成し，スケールを作成することが私の任務であると伝えられました。それに対して私は次のように答えました。「ただ座ってこの資料を書くことはできない，自分が所属する機関や部署のためならともかく，ここでは国際的なシステムについて議論しているのです。だから研究に基づいて進めなければいけないのです。ただ座って書くことはできないのです」と。しかし，残念なことにこれは私個人のメッセージに過ぎず，ほとんどの人にはまだ届いていません。CEFRは，すべてデータと研究に基づいていることはまだ認識されていないのです。彼らは，テーブルを囲んで座って，能力記述文を書き，数人の同僚と共有しただけで，それを検証したと言っているのです。CEFRから着想したいくつかの大規模な国家プロジェクトを除いて，私たちは前進しなかったかもしれません。

　私は熟達度の尺度別の能力記述文を担当していました。また，アイテムバンキングにも関与していました。アイテムバンキングとは，テストの各項目の難易度を知るために使う手法です。ラッシュモデル[12]を使用して，各項目の難易度と統計的特徴を測ります。アイテムバンキングは測定だと私は思っています。実際には測定という言葉で表現

12　1960年にデンマークの数学者ゲオルグ・ラッシュ(1901-1980)が発表した数理モデル。教育学ではテスティングの分野で用いられている。

されてはいませんが，それをしているのです。測定をし，スケール（尺度）に項目を貼り付けているのです。われわれも同じことを行い，現在私が取り組んでいることそのものです。「言語能力の尺度」と呼ばれるものです。間違いなく関連性はあるのです。

　特にアメリカがそうだったのですが，1970 年代になってもなお，仕事の場面に関連した応用心理学では，経験に基づいた評価尺度を作成する伝統が根付いていました。Can-do リストは尺度の異なる点において修正されていました。重要な，影響を与える研究としては，Smith & Kendall（1963）が挙げられます。1970 年代にこの分野では whole literature [13] という考え方があったのですが，言語に携わる人のなかで，そして応用言語学に関係する人のなかで，そこに目を向けた人はいませんでした。1941 年以来，応用心理学の主流において，a few, some, a lot, そして occasionally, sometimes, always（Champney, 1941）といった単語をそれぞれの項目に交互に使って，レベルやスケールの段階を区別する方法は正当ではないと考えられてきました。こうしたアプローチは，測定において意味をなさないものだと見なされています。私はそうした研究から多くのことを学びました。客員研究員としてではありましたが，共通の枠組みのスケールを作るための手法を提案し，論文にまとめました。1993 年に National Foreign Language Center Paper で発表された *The Development of Descriptors on Scales of Proficiency: perspectives, problems, and a possible methodology* です。

シルモイ：あなたの考えに影響を与えた出来事は？

ノース：1980 年代半ばを振り返ってみると，初期の段階の Cambridge UCLES（University of Cambridge Local Examinations Syndicate）[14] から影響を受けました。1984 年の UCLES ハンドブックにおいて，はじ

13　文のなかの一語だけを置き換えて，表現を区別しようとする手法（後述の slot and filler アプローチはその一例）はそれほど有効ではないという考え方。

14　ケンブリッジ大学にある非営利でかつ教員の関与しない組織である。この組織の発行する UCLES ハンドブックは，試験担当者に対して，学習者が試験に合格するために習得すべきことに関して詳細なガイドラインを提供していた。

めて適切なスクリプトが作成されたからです。スクリプトにはコメントがついていて，それぞれのレベルの内容を理由とともに示しており，その人がなぜそのレベルなのかが分かるようなビデオも最初は用意されていました。標準化されたスクリプトとビデオという発想は，1980 年代半ばに Cambridge から学んだことでした。そのため，間接的に影響を受けたと言えます。

　それから，英語圏のフレームワークプロジェクトにも影響を受けました。この ESU（English-Speaking Union）フレームワーク[15] は 1989 年に発表されたのですが（Carroll & West, 1989），私はこれに反対の立場でした。というのも，このフレームワークの能力記述文は，文を使ってそれぞれのレベルを表すわけですが，たった 1 語か 2 語を入れ換えてそれぞれのレベルを表そうとしていたからです。これでは違いが分からず，混同するばかりです。能力記述文を作成するにあたって 8 つの文のまとまりが隣り合っている場合，各文の 1 語を変えるだけという slot and filler アプローチ[16] を採用した場合，それぞれのレベルの違いを理解するには，前後のレベルの文を 5 回ほど読む必要があるでしょう。もちろん，記述文を解釈するためにということです。私が ESU フレームワークと同じようなアプローチをとらなかった理由のひとつはそれです。しかしこれは問題のひとつに過ぎません。人は自らの行動を検証しません。他人の間違いを繰り返すだけです。常に以前からあることと同じことをするわけです。定型表現をある作品から別の作品にコピーするようなものでしょうか。ですから，私はこのような主観性を排除するように努めました。1920 年代のサーストン（Thurstone）以来，評価尺度を開発する基本的原則があります。尺度上の能力記述文の位置（レベル）は，記述の作成者の私見とは切り離して独立させるべきなのです（Thurstone, 1928）。自分が正しいと思うこと，他の人が実際にそれに同意していること，自分

15　1918 年にイギリスで設立された国際的な教育慈善団体。ディベート，スピーチ，セミナーなどの活動を通じてコミュニケーションを促進している。

16　人工知能における知識表現の一種。固定した構造のスロット（空白部分）に値（フィラー）を埋めることで表現が産出される。

の独自の見解をサポートするデータがあること，これらを独立して検証する必要があります。これが，CEFRの能力記述文の開発における基本的なスタンスでした。

CEFRについて

シルモイ：2001年に公開された時の，CEFRに対する批判を教えてください。

ノース：測定の方法論などについて詳細に説明した付録がありますが，これは割愛したほうがよかったでしょう。そして私が作成した評価のセクションには，賛否両論がありました。主な論点は，能力記述文がどこへ向けたものなのか，その方向性にあると思います。当初はすべての能力記述文は付録にまとめられていました。ですが，2001年の版ではジョン・トリムの判断で本文に入れることにしました。双方の見解がありました。ジョン・トリムがテキストの本文に記述を入れるというのは，能力記述文をフィードバック形式にすることが歓迎されていたからだと思います。しかし，一般的にフランス人は物事，事象をレベル別にするという考え方にそれほど熱心ではありません。能力記述文を支障のないように並べて付録に密閉しておくことは，ひとつの対処法だったのです。ジョン・トリムの答えは，能力記述文が参照枠の不可欠な部分であることを示すためにも，テキストの本文に記述を入れるべきだということでした。実際，能力記述文は，最も好意的に受け取られた部分のひとつでしたので，本文に入れる必要はあったのでしょう。残念ながら，探している能力記述文を本文から見つけるのは大変ではあります。

　CEFRの増補版は，教育哲学の観点からCEFRの最も重要な部分を強調する短いテキストなので，それは大きな前進であると思います。また，すべての能力記述文が示されているのですが，それぞれの尺度の説明が付け加えられており，その尺度が何を表しているのかも分かるようになっています。尺度の数は80とかなりの数ですが，おそらく2001年版CEFRよりも使いやすい資料になっていると思います。2001年版はさまざまな種類のテキストが混在した，非常に不思議な

文書です。ご存知のとおり，説明があり，項目のリストがあります
が，これらは自由記述式となっています。そして能力記述文の尺度が
あり，われわれがリフレクションボックス[17]と呼ぶものがあります。

　能力記述文をテキストの本文に入れるのがよかったのか，それとも
本文とは別にしておいて，アクセスしやすいようにすればよかったの
か，正解は分かりません。

シルモイ：今改めて 2001 年の CEFR をどのように見ていますか？

ノース：非常にうまく始動したと思います。この CEFR は，将来を見据
えた資料になっていました。それ以降の出来事，経験，研究により 4
つのスキルから受容，産出，やり取り，仲介に移行させる決定が正し
いことも示されました。やり取りは，検証を重ねることによって
2001 年当時よりもはるかに一般化されています。

**シルモイ：CEFR はすべての言語に適用可能ということで，どの言語に
対しても，能力記述文とレベルはそのままの状態でよいと思います
か？**

ノース：簡単に答えるとすれば，NO です。CEFR にも書いたように，有
効性，妥当性の検証は理論的に終わりのないプロセスです（Council
of Europe, 2001: 22）。能力記述文が開発されたコンテクスト以外で使
おうとする場合，他の場面でも応用して使用できる有効性を実証また
は確認する責任はユーザーにあります。言いたいのは，ある文脈で何
かが開発され，人々がその文脈からそれを取り出して，まったく想定
されなかった文脈で使用する事例は，言語教育の歴史のなかで実に多
く存在するということです。CEFR には明らかに世界的に見ても重要
な側面があります。CEFR の主なねらいのひとつは，コミュニケー
ションやネットワークを可能にするための，メタ言語を提供すること
です。

　あなたが私に問いかけたのは，CEFR の能力記述文がすべての言語
に適しているかということですよね。モダリティごとに能力記述文を

17　CEFR ではそれぞれの能力について，「本書の利用者は次の点を考慮し，必要とあれ
ば，その結果を表明するとよいだろう」という形で，能力記述文とは別にさらなる省察
の観点を示している。

区別する必要があります。会話をするために使う，あるいは相手の言わんとすることを理解するために使う。これらはすべての言語に関連しているでしょうか？　私がそのように尋ねる理由は，どちらもすべての言語に共通する自然現象を表しているからです。例えばメモを取る，レポートやエッセイを書くなど学習で獲得したスキル，これらは領域固有のものではありません。教育とトレーニングを通じて獲得する学習スキルです。特定の状況ではそうとは言えない場合があるかもしれませんが。それから，基本的に能力記述文は多言語の文脈で開発されており，英語，フランス語，ドイツ語版用に調整されました（North, 2000; North & Schneider, 1998; Schneider & North, 2000）。これらの 3 言語間では，記述が異なって解釈されることはありませんでした。その後，別の検証が行われ，すぐにスウェーデン語や他の言語を学ぶフィンランド人の学習者を対象にした検証も行われました。フィンランド語はインド＝ヨーロッパ語族に属していないことから，非常に重要な研究と位置づけられました。CEFR の能力記述文は基本的に機能本位です。物事をどのように行うかではなく，何ができるかを説明するものです。ですので，ある特定の言語の形態とは切り離して考えることができる，独立したものなのです。参照した個別のレベルの能力記述文ごとで扱われるものなのです。

　リスニング，スピーキング，オーラルでのやり取りと産出に関する能力記述文は，言語を超えてうまく機能する可能性が非常に高いですが，ある東洋の言語の国では，言語形態の問題があるため，事情は異なるかもしれません。日本語のようにアルファベットを使用しない言語では，もちろんより複雑だと思います。CEFR の特徴は何かをするように指示しないことです。人に何かを示し，言う。これを想像してみてください。あなたがたの文脈にどのような示唆をもたらすでしょうか？　CEFR の能力記述文は，それを受け入れ，採用し，ただ使用するという意図で作られたものでは決してないのです。

シルモイ：CEFR の検証には，英語以外にどの言語が使用されましたか？　およそ何パーセントのデータになりますか？
ノース：私の博士論文研究（North, 1996; 2000）の基礎となった最初の年

は，方法論の検証を行いましたが，その時は 100% 英語です。2 年目は，英語，フランス語，ドイツ語で。全体として，英語が 2 分の 1，フランス語，ドイツ語が 4 分の 1 ずつだと思います。2 年目にはフランス語とドイツ語を重点的に使用したためです。

シルモイ：CEFR に基づいたテストは純粋に言語スキルを測定するものでしょうか？　それに加えて高いアカデミックスキルも，高い点数，グレードを獲得するためには必要でしょうか？　つまり CEFR に基づいたテストが測っているのは，言語スキルだけではなく，知的スキルなど言語以外も含まれているのかということです。

ノース：一般的な能力と言語能力を区別することはできないと思います。この質問には，言語使用から言語を切り分けられるという仮定がありますが，実際には不可能です。テストというものは，彼らはどのように言語を使用するのかなど，受験する人々を念頭に設計する必要があります。なぜなら，言語のコミュニケーション的な側面での使用について話をするのであれば，一般的な能力を含むすべての能力を動員することについて話をすることになるからです。グループでの共同作業にも当てはまります。言語スキルと認知スキルを分離することは不可能です。なぜなら思考して，何かをするために言語は使用されるからです。分離できて，そして取り出して小さな箱に入れて学ぶことができるようなものではないのです。言語は使うことで初めて学ぶことができますが，その文脈にいなければ使うことはできません。比較的単純なレベルであったとしても，一般的な能力と言語能力を分けることは不可能，これが私の答えです。この質問は，言語をひとつのコードとして捉えていることを前提としていますが，言語は単なるコードではありません。高次のレベルでは，より抽象的な事象を扱うために言語を使用します。これをアカデミックスキルと呼びます。しかし，アカデミックスキルは仕事や文化とも関連しています。ですから同じことは仕事や文化に対しても言えるということです。

シルモイ：CEFR は予想された方法で活用されてきたと思いますか？それが正しい方法で活用されなかったとしたら，どのようなユーザーがそれを間違って使用したと思いますか？　教師ですか？　試験官？

彼らはどのように使用したものと推測しますか？

ノース：名称は「言語学習，教授，評価のためのヨーロッパ共通参照枠」ですが，われわれが意図したことは，ヨーロッパ共通のテスティングのための参照枠ではなく，カリキュラム改革のプロジェクトという位置づけです。基本的には，学習者を社会的行為者として捉えています。主体性を持って物事を行うか行うことができる人のことですが，コミュニケーションタスクを示唆しています。行動志向的アプローチ[18]です。Can-do リストは，カリキュラムの目的として，また物事の進捗状況をモニターするための道標となり得ます。そして目標の達成を証明するものとなります。透明性の高いよい基準があれば，教師による評価がより良いものとなります。これは，標準化されたテストを導入することよりも教育的価値があります。ですので，CEFR は哲学的には標準化されたテストにとって代わるものであると言えます。教師による評価を促すこと，改善することを目的としたツールなのです。

　2007 年頃までは，各レベルやポートフォリオチェックリストにある能力記述文にしか目が向けられていませんでした。別の能力記述文のスケールを見ることすらありませんでした。人々が目を向けていたのは，基本的にグローバルなスケール，世界各国共通の側面であって，そのようなスケールをもとにテストの修正を図りたいという意図がありました。この側面に焦点を当てることが最も手っ取り早い方法ですから，そこは理解できます。しかし，それはわれわれの意図ではありませんでした。CEFR の主な目的は，メタ言語を提供することでした。メタ言語によって，人々は考え，互いにコミュニケーションを図り，言語を学び，他の人々とつながっていきます。その結果，解決策を見出し，物事を生み出すことができるのです。CEFR によって，他の機関に所属する言語教師と，あるいは同じ所属機関や他の機関に所属していて，異なる言語を教える言語教師ともコミュニケーション

18　行動志向的アプローチでは学生も社会関与者，すなわちコミュニケーションを通して目標達成を志向する存在として捉えている。

をとることが可能になります。さまざまな言語の，さまざまな種類の試験が（ビジネス向けであったり，アカデミックな対象であったりするわけですが），必要以上に存在するなかで，それらの関係性を理解することができるのです。互いにどのように関連しているかを知ることができれば，十分なのです。それぞれの試験が平等であると偽る必要はありません。多かれ少なかれ，どのように関係しているかを知ることができればいいわけです。CEFR はとても便利なのです。他の場所（分野，言語）で起こっていることと，実際にあなたが取り組んでいることの関係性を示してくれる点でも。

　能力記述文のスキームは，言語学習に関連して，言語とは何かについての包括的な見方を示してくれます。われわれはどのような側面を考慮すべきかについて考えさせられます。例えばサブスケールはどうでしょうか。全体的なスケールではなく，教師にとってより重要でかつ詳細なスケールです。

シルモイ：他の基準や側面を CEFR に取り入れるべきだと思いますか？

ノース：CEFR の更新に向けたプロジェクトで，この点については徹底的に検討しました（North & Piccardo, 2016; Council of Europe, 2018）。われわれはほとんどの領域をカバーしたと思っています。「仲介」は言語教育の概念を広げるために明らかに重要です。まだ手がつけられていない側面は，異文化間の概念全体に関わる部分だと思います。CEFR に欠けているのは何かとあなたは私に尋ねました。その質問に対して私が答えられる唯一の要素がそれだと思います。欠けているわけではありません。CEFR でも言及はされています。ただ，異文化間能力に対する具体的な記述は，およそ 6 つの文のみです。CEFR の話では，複言語・複文化能力について触れられることも多いですが，これらの能力は相互に関連していると言えます。新しい指標，例えば複文化環境の促進という考えは，異文化間能力に関係してくるでしょう。この能力は非常に重要かつ根源的な能力で，すべての言語，すべての環境に適用されるものです。共通参照枠においても必要とされることでしょう。

シルモイ：CEFR において足りないとされた部分は，増補版によって埋

めると思いますか？

ノース：かなり埋められました。先ほど触れた異文化間の事柄を除いてです
　　　が。われわれは，「仲介」とそれに関連する複言語・複文化主義に
　　　ついては残すことを選択しました。CEFR と関わりが深いからです。
　　　それには多くの理由があります。

シルモイ：**CEFR の枠組みは，教員養成でどのように活用できる／活用
　　　すべきだと思いますか？　増補版については？**

ノース：活用すべきだと強く思いますが，実際に使われていること以上
　　　に，効果的な使い方がされていないことに驚いています。受講生にた
　　　だ本を与えるだけというのはよい考えとは思いません。彼らが理解で
　　　きる言葉で，CEFR の内容を説明する必要があります。言語と行動が
　　　つながっているという考えのもとで CEFR は成り立っています。行
　　　動できなければ，能力があるとは言えません。行動について語らずし
　　　て能力について語ることは矛盾を意味します。行動指向のアプローチ
　　　なのですから。このような CEFR を日本で導入するとなると，それ
　　　は革命と言ってもいいでしょう。哲学的な革命です。率直に言って，
　　　言語教育を成功させるためにその革命は必要なものです。

シルモイ：**教師やアドバイザーがいない学習環境の場合，自律学習者が
　　　CEFR のワークフローを使うことを推奨できますか？**

ノース：誰もが常に自分がどのレベルかを見てから，能力記述文でそれを
　　　確認することになります。レベルを確認すれば，実際の行動を知りた
　　　くなります。そこで自分のレベルのビデオを見ることになるかもしれ
　　　ません。スクリプトを用意して，能力記述文に目を向けてみましょ
　　　う。記述は実際に何を意味していますか？　教室でどのように使うこ
　　　とができるでしょうか？　タスク作成にどのように役立てられるで
　　　しょうか？　こうして行動指向のアプローチに集中することができま
　　　す。タスクを実行する時，特定の方法で言語を使用することになりま
　　　す。さまざまな能力を必要とする，特定のタスクを遂行するためで
　　　す。そうすると言語能力に加えて実用的なものが前面に出てきて，方
　　　略を必要とする事態も起こります。それは次のレベルの話になりま
　　　す。そして最後に，人々は複言語主義というものに気づくのです。そ

の概念は，10 年または 20 年前と比べて，現在ではずっと身近なものとなりました。ですが，ここが出発点というわけではないと思います。

インタビューの主な焦点は CEFR の評価であったが，増補版についても説明がなされた。簡潔ではあったがいくつかの能力記述文についてディスカッションした。そのなかで，日本の言語教育の現状を鑑みて，ここでは発音について取り上げる。

ノース：原版の CEFR で発音に関する能力記述文があるのですが，一番問題を抱えている部分であり，それにはさまざまな理由があります。増補版では，発音の明瞭さについて説明しています。明瞭さとは一種の客観的側面です。それは理解のしやすさを意味しており，ネイティブスピーカーのような発音を意味してはいない，それが重要なポイントです。英語のネイティブスピーカーのふりをする必要はありません。相手が理解できる明瞭な発音が求められているのです。

シルモイ：あなたの信念やこれまでやってきたこと，または **CEFR** やその増補版について話しておきたいことは他にありますか？

ノース：増補版作成プロジェクトの主な成果は，会話，流暢さなど，言語学習の中核からは少し離れている分野の能力記述文を検証し，修正できることが証明されたことだと思います。また，複文化能力や小規模グループでの協同学習についても組み込むことができたと言えます。それが実行可能であるということ，そして CEFR のすべてのレベルがつながったということを証明したという点で極めて重要なことだと思います。出来上がったものを見れば，新旧のスケールの一貫性には目を見張るものがあります。CEFR はこれまで，第二言語習得の研究（SLA）に基づいていないと多くの批判を受けてきましたが（North, 1997），最初にその点を指摘しました。SLA が CEFR には十分取り入れられていなかったという指摘です。しかし，ご存知のとおり CEFR はわれわれにとっての共通参照枠です。したがって，単なる堂々巡りのような方法でなく，共通認識を基盤とすることが極めて合理的だと

思います。

2.2　ハンス・バルコフスキー（**Hans Barkowski**）

　1971年よりベルリンのゲーテ・インスティトゥートに勤務。1988年より
ベルリン自由大学の教授で異文化間教育を専門とする。1997年からはイエ
ナのフリードリヒ・シラー大学でドイツ留学局／外国語および第二言語とし
てのドイツ語部局の長を務め，2012年に退官。2004年からゲーテ・インス
ティトゥートの言語教育の諮問委員会委員長。また移民法（ドイツ連邦内務
省）および移民難民協会（BAMF, ドイツの省庁）で定められた移民統合の
ための言語コースの評価委員会のメンバーでもあった。キャリアを通して，
彼はドイツ語を（トルコの）移民と外国籍の学生に教えること，また異文化
学習やドイツ語の言語テストと教員養成に携わった。また，外国語教育に関
する多数の著作に加えて，CEFRと起こり得る事態について批判的な論陣を
張る。

　クラウゼ小野：2001年に最初に発表された時の，CEFRに対する批判
　　は？
　バルコフスキー：CEFRの一番の問題は，序文や本文中の至るところで，
　　道具として描かれていることでした。応用して使うことはできるが，
　　使用する義務はないという説明がなされているのです。しかし結果と
　　しては，ヨーロッパ参照枠という権威をまとって，スタンダードと
　　なってしまったのです。私は当時から多かれ少なかれそうなることを
　　予測しており，最初の議論としてCEFRは事実上，基準となってし
　　まい，ディスカッションをして変更，修正できるものにはならないと
　　主張したのです。事実そのようになりました。
　クラウゼ小野：それは，あなたが現在，ドイツで目にしていることです
　　か？
　バルコフスキー：そうなったのです。すべての教育機関で，最終的にレベ
　　ルがCEFRに従って作られました。英語版の能力記述文に従って設
　　計されたのです。これがいいか悪いかは別の問題ですが，ただちにす
　　べての教科書のカバーにはCEFRのレベルが書かれるようになり，

A1 または B2 などという表記がされるようになりました。そのようなことから始まり，今も続いています。私が考えていたように物事は進みましたが，素晴らしいと言える状態ではありませんでした。現在は少し違った見方をしています。レベルを定めて，それぞれのレベルやその基準を設定する上で，一定の方向性が示され，標準化が達成されたのかもしれませんが，全体的にまだ不安定な状態だと言えます。ですので，私にとって CEFR は発展途上なのです。今では，私はCEFR を，方向性を示す道標として誰もが使用できるものだと考えています。優れた教師がそうするように，自分にあったやり方で使用することができるのです。

　規範的な影響力により，今日ではあらゆることが標準化されつつあります。ですが，標準とは，検証や評価，アクセスや伝達が可能で，人々をつなぐものでなければなりません。しかし，そのようなものはあり得ません。なぜなら，CEFR の作成者が把握している問題点がまだ残ってはいるけれども，その点ばかりに固執する必要がないと考えているからです。

クラウゼ小野：現在の CEFR についてはどのように考えますか？

バルコフスキー：私は CEFR を容認しています。教員養成のセミナーでは，能力記述文，特に Can-do や能力リストなどを一緒に検討し，議論しています。例えば，ある能力記述文をワーキンググループに提示して，その具体例を考えるよう求めます。するとまったく異なる結果が返ってきます。そのため能力記述文は，どのような文法，単語，語彙が必要かについて，必ずしも決まった結果を導かなくてもよいわけです。

クラウゼ小野：CEFR はあらゆる言語に適用可能だと思いますか？

バルコフスキー：文化ごとのコミュニケーション能力の方向性を，包括的かつ入念に比較する必要があると思います。文化というのは，ある能力が（期待されている）その役割を果たせない領域だと想像します。CEFR は欧米諸国におけるコミュニケーションのあらゆる諸相をカバーしているとは思います。それが，日本や日本人にとってどうなのかは分かりませんが，そうしたコミュニケーション能力が単純にタ

ブーであったり，時期尚早であったりという理由で顧みられない地域
もあるでしょう。刺激のある問題ですが，私は文化の点から CEFR
を考えてみたいと思っています。

**クラウゼ小野：CEFR で文化的側面にあまり焦点が当てられていない理
　由は？**

バルコフスキー：あまりにも多く寄せられる批判に対して脆弱にならない
　ように CEFR のなかに縮小化した比較文化の基準を見出そうとして
　いることと関係があるのだと思います。CEFR の目的は，いかなる母
　語のバックグラウンドであっても，あらゆる言語を学ぶことができる
　スタンダードの作成でしたので，文化的な部分は無視したのかもしれ
　ません。私はそれを不合理だとは思いません。

　　CEFR が発表された時を振り返ってみますと，出版社の圧力が相当
　ありました。彼らは，CEFR をひとつのスタンダードとして認識され
　るようにしたかったのですが，それは時期尚早でした。多忙な教師に
　は次々と CEFR ラベルつきの教科書が渡され，教員養成は CEFR を
　基盤として組まれました。これは重要な点です。そのために，当初考
　えられていたよりもずっと早くさまざまなことが起こったのです。ま
　た，フリーランスを含むあらゆる出版社の教科書執筆者は，この方向
　に動き出しました。

　　CEFR が登場する前の実践が完全に間違っていることはありませ
　ん。表には出てこない潜在的な基準も，数十年にわたって実践や教科
　書について教師たちが議論を重ねて作り上げられました。CEFR はこ
　れらの基準も基盤としているものでした。言語政策はまた別の領域の
　話ですが。現在の言語教師は CEFR の歴史的背景や，その基盤がい
　かに不安定であるかさえも知りません。ほとんどの（連邦）州の教師
　の給与は低く，また非常勤講師は自分の実践を振り返る時間もありま
　せん。それでも彼らには書物が必要です。どのようにすればよいか，
　方向性が示されている本です。それを知ることだけでも教師にとって
　は満足でしょう。書籍の流通量が多く，また広く出回っているような
　状況であればなおのことです。非常勤講師に自分自身の成長について
　省察を求めることは無理があります。専任教師や同僚とのコミュニ

ティがある教師，またゲーテ・インスティトゥートにいる教師だけが
成長の振り返りをすることができると思います。

　比較をしてみると，それぞれのレベルが同じでないことが分かりま
す。A1, A2, B1 それぞれ何なのか理解することが実際には難しいので
す。そうなると教師はすぐに「心配せずに，示されている言語の例を
取り上げる」と言うようになります。それはまた，教科書の著者が押
し進めている方法でもあります。

クラウゼ小野：現在あなたが関わっているのは，移民に対する教育です
か，それとも移民の統合に向けた教育についてですか？

バルコフスキー：移民難民協会（BAMF: ドイツの省庁）で私は長年諮問
委員を務めていました。当時は統合コースの基準を策定しているとこ
ろで，私は著者の一人でした。そしてカリキュラムは日常生活と密接
に関わるものとしていました。学習者が日常生活でできるだけ早く言
語を使用できるようになることが必要であると考えたのです。そのた
め，諮問委員会では，統合コースでは資格のレベルを B1 に設定しま
した（つまり，B1 を達成する必要があるということです）。

　議論されたのは，なぜすべての能力で B1 レベルの力が必要とされ
るのかについてでした。ライティングを例に挙げると，ライティング
力が生活に欠かせない能力かと言えば少し疑わしい部分もあります。
誰もが必要としているわけではありません。ですが読解力は部分的で
はありますが，日常生活に対処できるように，かなり早い段階で高い
レベルが求められます。すべてが混同されていたのです。生活は A1
から C2 という形で組織化されてはいません。異なる領域の能力を比
較する時はなおのことです。私は常々 CEFR に記述されている B1 レ
ベルを持ち出すことは意味がないと言ってきました。ですがこれが基
準であり，標準になってしまっています。

クラウゼ小野：それは現実的なアプローチと言えますか？

バルコフスキー：これは一側面です。しかし，時々意味もなく移民が排除
されてしまう事実に問題があると見ています。統合されるための能力
を必要としていない人もいますが，そうした人は雇用や市民権から遠
ざかってしまいます。言語能力は必ずしもそれに結びつくための役割

を果たすとは限りません。私には，言語能力が強要されたものとして
機能しつつも，それが全体としてバランスのとれた社会状況，あるい
はその影響を受けた状況にまで反映されていないように見えるので
す。

2.3　ユルゲン・クヴェッツ（Jürgen Quetz）

1971 年よりヨハン・ヴォルフガング・ゲーテ大学フランクフルト・ア
ム・マイン英米研究所に所属（2006 年に退職）。1999 年から 2007 年まで，
ゲーテ・インスティトゥートの言語諮問委員会のメンバー。1990 年以降，
ゲーテ・インスティトゥートを代表して東ヨーロッパ（ポーランド，リトア
ニア，ラトビア）および世界各国で試験実施者向けのセミナーに携わる。こ
れまでキャリアでは言語テスト，シラバス，コース設計に取り組む。2000
年から 2001 年にかけて CEFR のドイツ語翻訳，2018 年には増補版の翻訳に
も携わった。外国語教育に関する多数の著作に加えて，CEFR とその影響に
ついて批判的に論じている。

> **クラウゼ小野：2001 年に最初に発表された時の，CEFR に対する批判
> は？**
>
> **クヴェッツ**：CEFR には 1994 年と 1998 年にジョン・トリムが手がけた先
> 駆けの文書があり，フランクフルトのワークショップで発表されまし
> た。CEFR は非常に恣意的な文書であり，レベルは経験的に実証され
> ていないという批判的な声がありました。欧州評議会は，CEFR を教
> 育機関に課すことで既存のアプローチを平準化したのです。トリムは
> 他の意見に耳を傾けない人でした。すべてのことはすでに決定され，
> すでに着手されており，完結している。これが彼の立場でした。私に
> はゲーテ・インスティトゥートから CEFR のドイツ語訳の依頼がき
> ました。そして 2001 年 2 月にスウェーデンのルンドで英語版，フラ
> ンス語版とともに発表しました。作業のなかで，ギュンター・シュナ
> イダーとブライアン・ノースが疑問に答えたり，説明をしたり，翻訳
> についてコメントしたりと手助けしてくれました。尺度の検証はすで
> にスイスで 3 言語によって行われていました。

　プロジェクトは1994年から1997年まで続きましたが，尺度はすでに妥当性が示され，検証済みであったため，変更はできませんでした。私が翻訳する必要があったのは本文だけで，尺度については必要ありませんでした。6つのレベルそれぞれの能力記述文はすでに完成していたのです。最初に批判が上がった際にも能力記述文についてはもはや議論の余地はありませんでした。神聖なテキストとされていたわけです。ノースとシュナイダーがこのスケールの作成者でした。3つのすべての言語で，複数回にわたり入念な手順で手が加えられていったのです。そのことは参照枠でも説明されています。その後，各言語で6つのレベルが設けられました。1998年にはすでに利用可能な状態でしたが，ヨーロッパ全体で知られていたわけではありません。

クラウゼ小野：翻訳の過程で何か重要な発見がありましたか？

クヴェッツ：翻訳する場合，その語の意味の深いところまで考える必要があります。ですので，欧州評議会がテストや教材の比較ができるように一種の枠組みを示してくれたことは大変ありがたいことでした。当時，TOEFL以外に世界のどこにもスタンダードと言えるものは存在しませんでしたから。チャールズ・アルダーソンが，ワークショップで「私のB1もあなたのB1も同じということですか？」と尋ねてきました。彼はCEFRに対して最初に厳しい批評をした人物でした。ポジティブな点は言語政策面，すなわち欧州評議会が義務としている，あるいは形として示さなければならない少数言語の保護でした。また市場で流通するあらゆる種類のテストを調整するツールになった点も挙げられます。

　この調整の手順は，それぞれの言語で参加者100人をあてがい，計100のワークショップを開催し，参加者は個々のスキルに応じてスケールで能力記述文を分類してもらうというものです。これは，CEFRの付録AとBに記載されています。そして，ラッシュモデルに従ってすべてがレベル別に分けられ，その分類を検証したのです。これは私にとって非常に冒険的な試みでした。参加者が知的，認知的にどのような働きを見せるのか想像できなかったからです。そこで，

最初に能力記述文を意味的に分析し，グラデーションの特徴を調べました。記述を検証するプロセスは，私にとって非常に懐疑的なものでした。これについては，次の年に小さな論文ではありますが，言及しています。ともかく能力記述文の検証の手順全体は，私にとって非常に疑わしいものに見えたということです。私自身は批判的なスタンスでしたが，言語政策の非常に重要な道具であったため，ずっとCEFRを導入しようと考えていました。その当時，ドイツ商工会議所の小さなパンフレットがありました。例えば上司が従業員にこう尋ねたとします。「アビトゥーア（バカロレア）ではGUT（Good）と評価されていますが，それはどういう意味ですか？」と。アビトゥーアは他の試験との関連性がなく，当時はTOEFLもケンブリッジテストも測定のツールとして使用されていなかったので，アビトゥーアでの語学力を評価しようがなかったのです。言語を越えても信頼のある，客観性のある測定ツールが必要不可欠なのです。そして，忘れてはならないのは，参照枠は財政面でもノウハウの面でも，ケンブリッジ大学出版局の大きな支援を受けていたことです。一義的にはマーケティングのツールとしてなのですが。さらにゲーテ・インスティトゥートの支援も受けていたのです。その点を無視することはできません。2001年から2004年の間に，私以外に批判的な主張を展開した人はほとんどいませんでした。春の学会[19]に参加した何人かの同僚は別として，CEFRについては論文が1本出たくらいです。

クラウゼ小野：それはこのプロジェクトのリーダーである西山氏も指摘しています。

クヴェッツ：これは異常なことです。リストには載っていませんが，本質的な部分について批判をした人がいました。バルコフスキーやクルム（Krumm）です。ええ，その巻は興味深いものでした。さらに，アルダーソンとその同僚であるギュンター・ノルト（Günter Nolt），フィンランドのサウディ・タカラ（Saudi Takala），そしてフランスのクレ

19　2002年にドイツのエプスドルファーグルント（Ebsdorfergrund）で開催された言語教育の学会（Frühjahrskonferenz zur Erforschung des Fremdsprachenunterrichts 22, 2002）のこと。

ア・タルディー（Claire Tardie）の批判は本当に衝撃的でした（Alderson et al., 2004）。なかでもアルダーソンが中心人物でした。ランカスター大学の彼のウェブサイトには文書が挙げられています。オランダの国家プロジェクトでCEFRの採用，すなわちテストや教材への導入に対する試みにあたり徹底的な調査がなされました。この調査を実施するにあたり，プロジェクトチームは尺度を細かく調べあげ，分析していきました。この文書は重要です。というのも，CEFRのプロジェクトに対して初めてなされた重要な批判だったからです。2004年のことで，英語版で公開されました。2004年以降は，テストや教材への導入でてんやわんやの状態でした。CEFRの導入はほとんど無批判に行われました。40以上の言語への翻訳にも懐疑的でした。韓国では研究者が英語版とドイツ語版の両方を使用し，模範的なプロセスを経て韓国語版を作成しました。もちろん，彼らは英語版とドイツ語版の見逃せない重要な相違点に気づき，その後私をワークショップに招待して，それについて質問してくれました。なぜ正確に翻訳しなかったのかと。しかし，それなりの理由がありました。体系的，科学的，そして重大な本質的な批判はほとんどありませんでした。例えば，CEFRについて非常にポジティブに書いたキース・モロー（Keith Morrow）の著作ぐらいしか知りません。唯一の例外はクラウディア・ハルシュ（Claudia Harsch）の論文で，彼女はCEFRを非常に徹底的に調べていました。インターネット上でも公開されています。2009年以降，欧州評議会内で議論が始まりました。そして，多くの言語で，そして国境を越えて，公然とあるいはひそかになされた批判をノースは丁寧に拾い上げていきました。彼はすでにケンブリッジ大学出版局と一連のイベントを開催し，教材とテストの調整を行い，スケールと能力記述文が実際にどのように機能するかを調査していたのです。ヨーロッパの半分は，すべての言語の大規模なチームに関わっていました。そしていわゆるCEFRの増補版に関わる作業が開始することは，2010年頃にはすでにはっきりとしていました。私は昨日翻訳を終えたばかりなのですが，これは非常に難しいプロジェクトなのです。

クラウゼ小野：CEFR の増補版について，どのような印象を抱いていますか？

クヴェッツ：CEFR の増補版ですので，CEFR に疑問を呈するスタンスのものではありませんが，オンラインでのコミュニケーションが可能になるなど，世界が変化していくなかで，アップデートと改善が必要となり，それを目的として作成されました。面白いことに，ブライアン・ノースはチューリッヒに彼のオフィスがあったのですが，手話を取り入れたのです。これが CEFR にどう関係するのか皆が疑問に思っていましたが，彼はそれを欧州評議会に売り込むことができたのです。われわれはそれを翻訳する必要はありませんでした。チューリッヒ大学の手話チームがすでに 3 つの言語に翻訳していたのです。また，C レベル，特に C2 レベルで。C1 にも追加がありました。あとは，個人的な見解ですが，異文化間という奇妙な哲学です。

クラウゼ小野：それはどういうことですか？

クヴェッツ：「仲介」と複言語・複文化能力があります。はい，複文化能力です。増補版には，異文化間の要素は残されていないからです。私は今でも慎重に意見を述べるようにしています。自分のなかでまず消化しなければならないからです。われわれは現在，2019 年に出版されるドイツ外国語研究学会（ZFF: Zeitschrift für Fremdsprachenforschung）の学会誌のテーマ別の小冊子を準備しています。すでに 6 つの論文のうち 4 つの査読が終わり，作業に取り掛かっています。いくつかの論文は，広範囲に及ぶ増補版の行方に目を向けるきっかけを与えてくれました。言語教育学への新しいアプローチが示されていますし，古い CEFR に反論するという意味ではなく，「仲介」がすべてのスキルにおいて中心的な出発点になっているからです。結果的にこれで失敗とのバランスがとれたと言えます。私の見解ですが，ブライアン・ノースとエンリカ・ピカルドー（Enrica Piccardo）は多くの重要な点で失敗しました。彼らはそれを認めようとしませんが。増補版の翻訳者として，私は何も言わないつもりです。ただ，この前同僚たち（彼らには非常に感謝している）と交わした議論の後に，随分と予定をオーバーしましたが，更新と加筆をするというのは非常に賞賛に値す

る試みだったということを感じました。しかし，その理論的な影響
は，CEFR よりもさらに混沌としたものになるでしょう。追加された
尺度を見ると，さまざまな目印との間を行ったり来たりしています。
参照枠の従来の能力モデルとの互換性を維持するべく，一方で「仲
介」による新しいアプローチを追求するためでしょう。その結果，尺
度のタイトルにすでに多くの混乱が生じています。

**クラウゼ小野：CEFR の増補版は，学校での語学教育に影響を与えます
か？**

クヴェッツ：ドイツでは増補版の反響がそれほどあるとは思えません。と
いうのもごく最近，基幹学校（Hauptschule），実科学校（Realschule）[20]
の更新と同時に中等教育レベル 2 に関する独自の基準を策定したか
らです。従来のスキルの概念を維持しつつ，5 番目のスキルとして言
語による仲介を追加しました。そのためドイツは，ゲーテ・インス
ティトゥートを除き，独自の道を進むことになります。公教育におい
て増補版は参照枠ほど重要とはならないでしょう。

**クラウゼ小野：あなたはテストの専門家です。CEFR の公開から 17 年が
経ち，この度増補版も追加されました。あなたは両方の翻訳に携わっ
たので，CEFR のみを知っている人よりも物事がはっきりと見えて
いるのではないでしょうか。要点をまとめていただけますか？
CEFR の主な長所と短所は何でしょうか？**

クヴェッツ：欠点は（CEFR の欠点ではありませんが），実に多くの領域
で無批判に導入や受容がなされていることです。ドイツ語の B1 のレ
ベルが何を意味するかを知っているつもりでいました。しかし，ここ
数年間でゲーテ・インスティトゥートはすべて見直しました。B1 の
試験は，過去の試験とはまったく別のものとなりました。それに伴い
他の試験も変わります。ただし，ケンブリッジ大学英語検定機構も
ゲーテ・インスティトゥートもその事実を公表しません。さまざまな
要因の制約で，テストは変わりつつあります。ただし，移住者を対象

---

20 中等教育の機関であり，基幹学校(5 年制)は卒業後に就職して職業訓練を受ける者，
実科学校(6 年制)は卒業後に職業教育学校に進む者や中級の職につく者が主に進む。

とした試験（B1 も含む）では独自の能力記述文を採用しています。

ハンス・バルコフスキーは，ゲーテ・インスティトゥートの言語に関する諮問委員会の議長を務めていた時，独自の試験を推進してきました。そこでは移民のニーズが CEFR よりも考慮されています。

クラウゼ小野：CEFR を変更する，もしくは書き換えるようなことが今後あったとしたら，どうしますか？

クヴェッツ：私はすべてを洗い直して書き直します。歴史的にも意義のある文書です。増補版は CEFR の多くのポイントに手を加え，有意義な形で補完しました。しかし増補版は，依然として CEFR を尊重しすぎています。そのため CEFR と同様に，恣意性が高く，意図は理解されても，導入が進まないということになりそうです。

クラウゼ小野：あなたは CEFR を翻訳されていますが，どのように使用されましたか？

クヴェッツ：テストの評価に活用しました。またドイツ国内外を問わず数多くの場所で CEFR を紹介し，試験内容の評価など活用法のデモンストレーションを行いました。私はテストの開発と改良の両方に携わりました。そして，CEFR に照らし合わせてゲーテ・インスティトゥートのテストの分類と評価も試みました。さらに CEFR を土台として，ドイツのヘッセン州から委託された基幹・実科学校向けのテストを作成しました。そのため能力記述文を使用することの意味を理解しているつもりです。

　テストが実際にどのように作成されるかについて説明したいと思います。いかなる試験も（ケンブリッジでもゲーテでも），CEFR に沿ってテストの作成が進められるわけではないことを知っておく必要があります。まず，教師や試験官が経験則に基づき，大まかな目安を立てます。それに従って，レベルや形式の観点から A2 に適していると思われるテキストを持ってきます。テスティングをパスすると次に具体化していくことになります。その段階で，テストの妥当性を保証するためにどの能力記述文を採用するかを決定することになります。私の知る限り，ゲーテでもケンブリッジでも，ヨーロッパにおけるあらゆる試験は，公にしていることが他にあったとしても，このような

手順を経て作成されます。

　ということで実際には，グレードのベースにあるのは教師の経験則であり，A, B, C の大まかな理解であるように見えます。A, B, C が伝統的な初級，中級，上級に対応する理由があるのです。欧州評議会はこの区分があまりにも粗すぎると言っており，そこで A1, A2 などを追加することになります。最終的には，B1 プラスと B2 プラスという段階も生まれました。そのため，当初の 6 レベルが 10 に拡張されました。その後，目安の策定が行われましたが，試験の作成者はそれをあまり気にすることはありません。レベル 1, 2, 3 の初心者の大まかな区分けをするのでさえ苦労し，どのテキストがコンテンツ，主題などの点において適しているかを考えます。そしてひとつのテストが決定すれば，その詳細について記録を残しておきます。比較検討できるようにするために必要な作業です。

2.4　ギュンター・シュナイダー（Günther Schneider）

　1971 年よりフリブール大学（スイス）で数々の役職を歴任。元外国語学習研究センター所長（2008 年退職）。1977 年より欧州評議会の言語プログラムにおけるプロジェクトやワーキンググループにも参加。1993 年から 1998 年までスイス国立基金プロジェクトの責任者。そこで CEFR の能力尺度が開発される。彼はドイツ語による能力記述文を作成し，3 つの言語すべての能力記述文の検証と評価に貢献。ブライアン・ノースとともに CEFR の発表に携わると同時に増補版の発表にも貢献した。若者と成人向けのヨーロッパ言語ポートフォリオのスイス版の著者の一人であり，これは他の多くのポートフォリオの基礎となっている。主な研究分野は，学習目標の定義，テスティング，自己評価，言語ポートフォリオ，外国語教授法，教科書分析。彼のキャリアは CEFR および増補版の開発と密接に関連している。

　クラウゼ小野：CEFR の開発のプロセスにおいて，何か重要な問題がありましたか？
　シュナイダー：初期の準備段階から常に派閥が存在していました。ヤン・ファン・エック（Jan van Eck）やジョン・トリムのアングロフォン，

語用論，心理言語学のグループ，もう一方は社会言語学，社会学寄り
のフランコフォンのグループでこちらは常に批判的でした。1977 年
に私がチームに加わった時には，すでにどちらのグループも存在して
いました。当時ルートヴィヒスハーフェン（Ludwigshafen）でシンポ
ジウムがあったのですが，そうしたシステムを望んだのです。2 つの
グループは衝突し，そのようなシステムを開発するという提案は，そ
れぞれの国が独自で教員養成をすることを望んだため失敗に終わりま
した。当時はさまざまなトピックに関する教師養成の専門家による
ワークショップがあり，1989 年頃のリュシュリコン[21]までかなり長い
間続きました。リュシュリコンはここスイスで欧州評議会の協力で準
備されていました。

　私は他の研究者とともにポートフォリオの開発に関心を持ちまし
た。そこには能力記述が求められます。リュシュリコンでの会議で
は，ポートフォリオの前提条件として CEFR が必要であるという判
断が下されました。ポートフォリオは個別に設計されるのではなく，
比較可能なシステムに基づいて設計されることで，能力記述文が言
語，国横断で同じ方法で記述されるようにしたかったのです。認証機
関同士が同じ記述の体系を共有することに多くの人が関心を持ったの
です。

　リュシュリコン以前に，すでにポートフォリオのドラフトが 2 つ
あり，ロンドンでも会議が開催されていました。そこで，ポートフォ
リオのアイデアがさらに国際的に発展したのです。しかしその時に，
CEFR なしでのポートフォリオを作成しないことが決定されました。

クラウゼ小野：これは同時に行われましたか，すでに **CEFR** の派閥があ
　りましたか？

シュナイダー：ええ，ありました。リュシュリコンの版があり，「言語学
　習，教育，および評価における透明性と一貫性」がそのモットーでし
　た。と同時に考え方がまったく異なるグループも存在していることが

21　1991 年 11 月には，政府間シンポジウム「ヨーロッパにおける言語学習の透明性と一
　　貫性（Transparency and Coherence in Language Learning in Europe）」が開催された。

分かりました。例えば，社会言語学者ルイ・ポルシュ（Louis Porches）
の貢献。彼は DALF[22] を開発し，国際認証に関わる多くの業績がある
のですが，評価の側面に非常に慎重に批判的でした。また一方では，
ブライアン・ノースによる貢献があります。これは言語心理学的レベ
ルでも非常に明確です。もちろんそれだけではありませんが。という
ことでこうしたグループが存在していました。そして，CEFR が必要
であるという決定は，具体的に何かを行うことを延期するための代弁
のようなものでした。欧州評議会には開発のためのリソースがそれほ
どありませんでした。われわれは単に運がよかったのです。というの
も，人類のための，いわゆる国家規模の研究プログラムがスイスで立
ち上がったのです。通常このようなプログラムは，自然科学など，よ
り社会的に関連した分野に向けられたものです。1990 年代の初めの
ことでした。リュシュリコンの後，私たちは何人かのスイスの代表，
そしてブライアン・ノースと何ができるかについて話し合っていまし
た。その頃，上記の研究プロジェクトに応募することをリュディ教
授[23]から提案されたのです。彼自身は審査委員であり申請できなかっ
たので，私が応募したのです。これにより，スケールの開発と CEFR
の具体的な骨格を作成することが可能になりました。

クラウゼ小野：あなたはプロジェクトに申請して資金を獲得し，**CEFR**
の開発者となりました。

シュナイダー：資金を獲得して，知見を持っていたブライアン・ノースに
参加してもらうことができました。彼は以前にアメリカに行ったこと
があり，あらゆるスケール開発について学んできました。欧州評議会
は彼に奨学金を出していたのです。また，彼はユーロセンターにおけ
るスケール開発の豊富な経験があり，統計も熟知していました。これ
は非常に重要でした。そうしたこともあり，われわれは彼に資金を提
供したのです。このプロジェクトを支えた 3 人の人物がいます。英
語のブライアン・ノース，フランス語のルネ・リシュトゥリッシュ

22　DELF とともにフランス国民教育省が認定したフランス語資格（ディプロム）である。

23　ジョルジュ＝クロード・リュディ（1943-）。スイスの言語学者。

(René Richterich)，彼はずっと CEFR のための予備研究を行っていました。そのなかで彼はニーズ分析を行っており，Monsieur Besoin[24] とも呼ばれていました。そしてドイツ語の私です。ということで 3 つの言語でスケールを開発することで，スケールに言語依存の部分はそれほどなく，異なる言語による定型化は可能であるという主張をすることができたのです。

クラウゼ小野：ということは，スケールは最初から 3 言語だったのですね。

シュナイダー：はい，最初の年に英語のみで試作版を作成し，次に 3 言語で 2 回目の試作を行いました。

クラウゼ小野：どのように行われたのですか？

シュナイダー：教師と学習者の協力を仰いで，そしてさまざまなレベルで，つまり初等教育の 1 年生でなく，中等教育の 1 年生から大学，成人教育まで行われました。

　　また批判に関して言えば，茶々を入れるだけの，到底容認できないものもありました。例えば，現在は増補版にも盛り込まれているので，移民はただちに「仲介」の能力を測定されることになり，その結果，国外退去につながるのではないかというような，ナンセンスで当てこすりに過ぎないものです。

クラウゼ小野：CEFR と増補版には監視役のような役割があるということですか？

シュナイダー：CEFR と増補版は移民のための試験と混同されています。残念ながら多くの試験がこの働きをしています。その防止のため，欧州評議会は多くの手を打ちました。移民を対象にした試験の質は，大規模な認証機関の協力のもとに向上してきました。というのも，以前は多くの国で試験が手作業で行われ，一部分が純粋に役所的だったのです。例えば，帰化のための試験を管理する公務員は，単にインタビューのようなことをするだけで，「in」または「out」の判断を下す

24　ニーズはフランス語で besoin であることから，フランス人のリシュトゥリッシュはこのニックネームで呼ばれた。

のです。こうしたことから試験の基準がきちんと定められるように
なったのです。

クラウゼ小野：欧州評議会がバックにいるのですか？

シュナイダー：そうです。試験の著作権もずっと保持しています。はい，
増補版は欧州評議会に代わり，さまざまな国，方面からの専門家のグ
ループの協力で開発されました。欧州評議会にも反対意見の人々はい
ますが，最終的には何かが決定され，文書にし，それを採決します。
完全に満足していない人もいますし，「もう参加しない」と言った人
も常にいました。しかし方向性は多岐にわたりますが，プロセス自体
は常に非常にオープンなのです。完成に至った増補版ですが，最初の
ドラフトから眺めてみると非常に大きな進展があります。参加した
人々の多くの意見が反映されているのです。よくミーティングを行う
のですが，中心メンバーが常に5〜6人います。そして，相談役やレ
ファレンスなど，合わせて20名ほどになるのですが，2〜3日議論し
て何かしらの結論を出すのです。ドイツでもCEFRの登場後に批判
はありました。最初の批評はドイツ人からでした。

クラウゼ小野：増補版はCEFRと一緒に活用すべきでしょうか？

シュナイダー：それが目的です。欧州評議会には問題がありました。世界
と時代が変わったことは一目瞭然です。社会にも変化があるので，当
然CEFRのいくつかの部分には改良が必要でした。しかし新しい版
をまた56の言語に翻訳する場合，どれだけの混乱が生じるのでしょ
う！　政府はどの版を参照することになるのでしょうか？　まず，す
べてを再び翻訳しなければなりません。改良版を作成するだけで！
だからわれわれは改良版を作成していなかったと判断されたのでしょ
う。CEFRには小さな欠陥と不十分な箇所が残っています。なので，
すでにCEFRで扱われているものに注釈を施し，いくつかのことを
修正し，不足しているものを追加する増補版が存在することになるの
でしょう。

**クラウゼ小野：私の理解が正しければ，CEFRはすべての言語で導入可
能なモデルではないですか？**

シュナイダー：はい。驚いたのはヨーロッパのみを対象としていたにも関

わらず，ヨーロッパ以外でも使用（修正された形でも）されたことです。もちろんさまざまな文脈で使用できますが，それぞれの文脈を考慮する必要はあります。これは繰り返し述べておくべきことです。地域，職業のレベルで，学校単位で，あるいは移民のために使用することが可能です。学習者にとって何が重要かを考え，判断するべき問いのなかに CEFR は位置づけられてきたのです。適応と独自の開発。しかし，そうした問いが自己省察にそれほど活用されていないことは明らかです。CEFR はあくまでもひとつの提案であることを認識することが非常に重要です。制約や何かを求めるシステムではなく，包括的で一貫性のあるシステムです。それぞれの文脈に適合させ，有効に活用することが意図されています。

　CEFR はカリキュラムそのものではなく，カリキュラムの開発に提案をする立場です。カリキュラム開発者が根拠を持って，この対象者にはこのレベルに到達させたいと考えた場合，このレベルのどの領域が重要であるかを追求することになります。何を意図するのか？　どのような言語ツールが必要か？　それはカリキュラムのなかで，学習者と言語を考慮して決定するのです。

クラウゼ小野：それが重要なポイントですね。直接それを言ってもらえればよいのですが，誤解をしている人もいます。

シュナイダー：出版社が突如，能力記述文をウェブサイトに掲載し，教師に対して「これがレッスン 3 です」などと言い始めた時はまったくひどい状況でした。もちろん無理解による不適切なやり方です！

　当時 A1 レベルのテストはなく，出版社は長い間抵抗していました。CEFR の開発中のことでした。もちろん，認証機関もひとつのブロックとして機能していました。ケンブリッジ，ゲーテ，アリアンスフランセーズ，DELF・DALF，ALTE[25] は CEFR の開発中，リュシュリコンでは強力な抵抗勢力でした。彼らは何も変えたくなかったのです。彼らはすでに持っていたものを使い，売り続けたかったのです。

25　Association of Language Testers in Europe（https://www.alte.org/）。公平で正確な評価を推進することを目的とした言語テストプロバイダーの組織。1989 年にケンブリッジ大学とサラマンカ大学（スペイン）によって設立。

そして彼らは長い間，Breakthrough level[26] のような下のレベルに，その開発も含めて反対していたのです。増補版では A1 よりもさらに低いレベルも設けてあります。

クラウゼ小野：もう一度まとめていただけますか？　CEFR の長所と短所は？　主な長所は？

シュナイダー：そうですね，CEFR がなければ，言語教育と評価はまったく異なったものとなっていたでしょう。それはヨーロッパだけではなく。そして何らかの枠組みのなかで意見交換する可能性もなかったのではないでしょうか。CEFR 関連の学術ジャーナルの数がどれだけあるか。ヨーロッパ以外でも CEFR で示されている能力がどのように発展してきたか。「私は B1 レベルです」と言うだけでなく，それが何であるのかについて議論できること。それらを目にするとそのように考えてしまいます。もはや文法についてのみ議論する時代ではありません。学習目標の決定には文法だけでなく，他の基準も関連しています。主な焦点は学習者のニーズに移ってきています。もちろん，心理言語学と言語習得の研究から生じた批判についても議論しなければなりません。どの尺度にどの程度対応し，どの程度まで言語習得に対応しているのか。またその連続性などについても。

クラウゼ小野：CEFR は幅が広すぎて，すべてを読んでいる人はいません。ですが，活用はしています。それについてどう思われますか？

シュナイダー：すべて読むことはできません。それが現実です。でも使うことはできるのです。何をしたいかを考え，その上で何を使うことができるのかを参照すると，CEFR はその決定を下すお手伝いをします。柔軟性が極めて重要なのです。それが CEFR の核心であり，それを意図して作られたものなのです。だから CEFR という名称なのです。柔軟性を活かそうとすれば，決定事項とその理由を同僚に知らせる必要があります。CEFR はこの際に議論を促すことを望んでいます。そうすることでのみ，比較可能性が保たれるでしょう。皆が同じ

26　ヤン・ファン・エックとジョン・トリムが開発した能力記述文のシリーズ(Threshold Level もそのひとつ)のなかで最も下のレベル。CEFR の A1 に相当。

ことをするのであれば比較はできません。学習者が一人一人同じでないように，それぞれの教師も多くの点で異なります。「私は CEFR のこの部分からは逸脱します，この部分は取り入れます，この部分に追加をします，その意図はこうです」と言えば，透明性を担保することはできます。

クラウゼ小野：評価のスケールに関しても批判はありますが。

シュナイダー：能力記述文は試験を評価するための評価尺度ではないのです。試験のためにこれらを使うのです。これは常にテストの専門家の間での議論のポイントとなっています。スケールを開発するために能力記述文を使用できますが，その使用は，コンテクスト，受験者，関係者，求められているスキルを考慮する必要があります。

クラウゼ小野：あなたは CEFR に沿って言語教育をされていたのですよね？

シュナイダー：ここにわれわれのプログラムがありますが，CEFR に沿って教えることはできません。ですが，教科書の開発には活用してきました。ですが，CEFR に沿って教えるということではありません。つまり……。

クラウゼ小野：ではどのように進められてきたのですか？　教員は皆参加して民主的に決定がなされたのでしょうか？

シュナイダー：大学の言語教育センターでは考え方の違いがありました。例えばフランス語と英語では方向性も異なります。ですが学習プログラムのなかではその違いは打ち消されていました。教師によるプログラムの受け止め方や実践の違いも生じました。ですが，教師がプログラムと異なる，逸脱する実践を行った場合も，独裁的なやり方でそれを修正することはできません。彼らが教室で実践していることは，必ずしも会議で議論されたことではありません。

　日本については，次のように付け加えたいと思います。拙速に物事を進めるのではなく，入念な準備をすることが重要です。また，ケンブリッジに対しても，試験の実施だけでなく，何が重要かについてコミュニケーションを図ることにも注意を払うべきだと伝えることも重要です。特に後者については事前に入念に行う必要があります。とい

うのも，これは多くの国で繰り返されているパターンだからです。移民についてであれ，学校教育についてであれ，ドイツでは指導要領についても，政府は諮問委員会の勧告を採用し，何らかの決定を下します。上意下達であれば，下から抵抗があり，それを助ける理論家がいて，物事が悪い方向に進むことはよくあるのです。そのプロセスは非常に長い時間をかけて進むこともあるのです。

3. 結論

　結論にあたり，CEFR の開発者であるブライアン・ノースとギュンター・シュナイダーが，教育機関における CEFR の使用方法について懸念を示したことに注目したい。彼らは CEFR が規範ではなく，学習者，試験実施者，政策立案者，管理者など，言語学習の過程に関与するすべての当事者に包括的かつ首尾一貫した選択肢を提供するものであることを強調している。また，A1, B1 などのラベルは，学習者がすべてのスキルにおいてそのレベルにあること，あるいはその必要があることを意味していないことも指摘している。教師も政策立案者も生徒のニーズと目標を考慮する必要がある。

　しかし，CEFR は一種のスタンダードとして固定化されつつあり，それぞれの学習・教育の文脈に合わせることなく使用されているケースが多い。また今回のインタビューを受けたうちの 3 人は，政府が CEFR を移民への試験という政治的手段として使用する試みを批判している。さらに CEFR の作成および発表の過程において主要な試験，認証機関の存在が重くのしかかっていたこと，ドイツの主要な出版社によって，新刊だけでなく既存の教科書に対しても早急に CEFR のラベルをつけるよう圧力があったことにも触れていた。

　本章の目的は CEFR の作成と普及に関係した 4 人の研究者の見解を提示することであった。それを一堂に集めることは滅多にない機会である。彼らの CEFR に対する評価には相違もあるが，言語学習とその状況を改善し，学習者の努力が成功につながることを支援するという目的を共有していることは明らかであることを指摘しておきたい。

謝辞

　本研究は，日本学術振興会の科学研究費補助金（B）（プロジェクト番号 18H00688，代表：西山教行京都大学教授）によるものである。インタビューに協力し多くの時間を提供してくれた 4 名の研究者に感謝の意を示す。インタビューの原稿をレビューし，詳細な参考文献リストを提供してくれたブライアン・ノースに対して重ねて謝意を示す。

引用文献

Alderson J. C. (2004). *Final report of the Dutch CEF construct project.* <https://eprints.lancs.ac.uk/id/eprint/44/1/final_report.pdf>

Alderson J. C. & B. North (eds.) (1991). *Language testing in the 1990s: The Communicative Legacy.* London: Macmillan.

Alderson J. C., Figueras N., Kuijper H., Nold G., Takala S. & Tardieu C. (2004). The development of specifications for item development and classification within the common European framework of reference for languages: Learning, teaching, assessment: Reading and listening: Final report of the Dutch CEF construct project. Lancaster, UK: Lancaster University.

Alderson J. C. A. & Urquhart S. (1984). *Reading in a foreign language.* Harlow: Longman.

Barnes D. R. & Todd F. (1977). *Communication and learning in small groups.* London: Routledge and Kegan Paul.

Brumfit C. J. (1984). *Communicative methodology in language teaching: The roles of fluency and accuracy.* Cambridge: Cambridge University Press.

Carroll B. J. & West R. (1989). *ESU framework. Performance scales for English language examinations.* Harlow: Longman.

CEFR-J homepage <http://www.CEFR-j.org/index.html> accessed 10 July 2019.

Champney H. (1941) The measurement of parent behavior. *Child Development, 12*(2), 131-166.

Council of Europe (2001). *Common European framework of reference for languages: Learning, teaching, assessment.* Strasbourg: Council of Europe. <https://rm.coe.int/1680459f97> accessed 20 March 2019.

Council of Europe (2018). *Common European framework of reference for languages : Learning, teaching, assessment. Companion volume with new descriptors.* Strasbourg: Council of Europe. <https://rm.coe.int/CEFR-companion-volume-with-new-descriptors-2018/1680787989> accessed 08 March 2018.

Foreign Service Institute <https://www.state.gov/bureaus-offices/under-secretary-for-

management/foreign-service-institute/>

Gumperz J. J. (1984). *Communicative competence revisited*. Berkeley, CA: University of California Press, Berkeley Science Report Series.

Halliday M. A. K. (1989). *Spoken and written language*. Oxford: Oxford University Press.

Holec H. (1981). *Autonomy and foreign language learning*. Oxford: Pergamon (originally published 1979, Strasbourg: Council of Europe.)

Hymes D. H. (1972). On communicative competence. In Pride J. B. & Holmes J. (eds.), *Sociolinguistics*. 269-293. Harmondsworth: Penguin.

Kramsch C. (1986) From language proficiency to interactional competence. In *The Modern Language Journal*, 70(4), 366-372.

Lantolf J. P. & Frawley W. (1985). Oral proficiency testing: A critical analysis. *The Modern Language Journal*, 69(4), 337-345.

North B. (1986). Activities for continuous communicative assessment. Unpublished MA phase 3 project English. Language research dept., University of Birmingham.

North B. (1992). A European language portfolio: Options for scales for proficiency. In North B. (ed.), Transparency and coherence in language learning in Europe: Objectives, assessment and certification; the proceedings of the intergovernmental symposium held at Rüschlikon November 1991. Strasbourg: Council of Europe. <https://rm.coe.int/0900001680707cde> Reprinted in Schärer R. & North B. Towards a Common European Framework for Reporting Language Competency, NFLC Occasional Paper, National Foreign Language Center, Washington D.C., April 1992.

North B. (1993a). L'évaluation collective dans les Eurocentres. *Le Français dans le Monde - Récherches et Applications*, numéro spécial, 69-81.

North B. (1993b). *Scales of language proficiency: A survey of some existing systems*. Strasbourg: Council of Europe.

North B. (1994). *Perspectives on language proficiency and aspects of competence: a reference paper defining categories and levels*. Strasbourg: Council of Europe.

North B. (1996). The development of a common framework scale of descriptors of language proficiency based on a theory of measurement. Unpublished PhD thesis, Thames Valley University.

North B. (1997). The development of a common framework scale of descriptors of language proficiency based on a theory of measurement. In Huhta A., Kohonen V., Kurki-Suonio L. & Luoma S. (eds.), *Current developments and alternatives in language assessment*. The prceedings of the the language testing research colloquium, Tampere 31st July -August 3rd 1996. (pp. 423-449). Jyväskylä: University of Jyväskylä.

North B. (2000). *The development of a common framework scale of language proficiency*. New York: Peter Lang.

North B. & Piccardo E. (2016). Developing illustrative descriptors of aspects of mediation for the common European framework of reference (CEFR). Strasbourg, France: Council of Europe. <https://rm.coe.int/common-european-framework-of-reference-for-languages-learning-teaching/168073ff31> accessed 18 August 2019.

North B. & Schneider G. (1998). Scaling descriptors for language proficiency scales. *Language Testing*, *15*(2), 217-262.

Oscarson M. (1979). *Approaches to self-assessment in foreign language learning*. Oxford: Pergamon.

Oscarson M. (1984). *Self-assessment of foreign language skills: A survey of research and development work*. Strasbourg: Council of Europe.

Richer J-J. (2009). Lectures du Cadre: continuité ou rupture? [Readings of the CEFR: continuity or rupture?]. In Lions-Olivieri M-L. & Liria P. (eds.), *L'approche actionnelle dans l'enseignement des langues. Douze articles pour mieux comprendre et faire le point* [*The Action-oriented Approach in Language Teaching: Twelve Articles to Better Understand the State-of-the-art*], 13-48. Paris: Difusión-Maison des langues.

Richer J-J. (2012). *La didactique des langues interrogée par les compétences* [*Language Pedagogy put to the Question from the Perspective of Competences*]. Bruxelles: EME and InterCommunications sprl.

Richer J-J. (2017). Quand le monde du travail peut venir en renfort de la didactique des langues..., [When the world of work can come to reinforce language pedagogy]. *Revue TDFLE 70 La pensée CECR. [TDFLE Review 70: The CEFR Concept]* 1-34. <http://revue-tdfle.fr/les-numeros/numero-70/28-quand-le-monde-du-travail-peut-venir-en-renfort-de-la-didactique-des-langues> accessed 25 September 2017

Richterich R. & Chancerel J. L. (1980). *Identifying the needs of adults learning a foreign language*. Oxford: Pergamon. (Reprint of 1978 publication with same name, Strasbourg: Council of Europe).

Savignon S. J. (1972). *Communicative competence: An experiment in foreign language teaching*. Philadelphia: Center for Curriculum Development.

Schneider G. & North B. (2000). *Fremdsprachen können: was heisst das? Skalen zur Beschreibung, Beurteilung und Selbsteinschätzung der fremdsprachlichen Kommunikationsfähigkeit.* [*Knowing a Foreign Language: What does that Mean? Scales for the Description, Assessment and Self-assessment of Foreign Language Communicative Proficiency*]. Chur/Zürich: Nationales Forschungsprogramm 33: Wirksamkeit unserer Bildungssysteme [National Research Programme 33: Effectiveness of Our Education System] / Verlag Rüegger.

Sinclair J. (1981). Planes of discourse. In Rizvi S.N.A. (ed.), *The two-fold voice: essays in honor of Ramesh Mohan*, 70-89. Salzburg: University of Salzburg.

Sinclair J. McH. & Brazil D. (1982). *Teacher talk.* Oxford: Oxford University Press

Smith P. C. & Kendall J. M. (1963). Retranslation of expectations: An approach to the construction of unambiguous anchors for rating scales. *Journal of Applied Psychology*, *47*(2), 149-155.

Stern H. H. (1983) *Fundamental concepts of language teaching.* Oxford: Oxford University Press.

Swales J. M. (1990). *The genre analysis: English in academic and research settings.* Cambridge: Cambridge University Press.

Thurstone L. L. (1928). Attitudes can be measured. *American Journal of Sociology*, *33*, 529-554.

van Ek J. A. (1975). *The Threshold Level in a European unit/credit system for modern language learning by adults.* Strasbourg: Council of Europe.

van Ek J. A. & Trim J. L. M. (2001). *Threshold 1990.* Cambridge: Cambridge University Press.

Wilds C. P. (1975). The oral interview test. In Spolsky B. & Jones R. (eds.), *Testing language proficiency*, 29-44. Washington D.C.: Center for Applied Linguistics.

Willis J. (1983). Spoken discourse in the EFL classroom, unpublished MA thesis, University of Birmingham.

第 **7** 章

社会的行為主体を実現する
アクション・アプローチの意味
——CEFR の複言語主義解釈から言語教育実践の方向性へ

細川英雄

　欧州評議会は「複言語（plurilingualism）」について「多言語（multilingualism）」が多くの言語が存在・共存する，あるいはそのような社会的状態を示しているのに対し，「複言語」では，個々人の母語を含め，すべての別の言語あるいは言語的変種を含むものと定義している。しかし，この「多言語」「複言語」「言語レパートリー」等の区別の仕方そのものが，言語学的言語境界に縛られた概念であり，個人のことばの活動総体を考えるとき，より大きな枠組みが構想される必要がある。この問いは，個人の中の複数のことばの活動という立場によって導かれる。つまり人間のことばの活動とはすべて複合的で多様だという立場によってこそ，人は，ことばによる他者との対話によって社会参加が可能となるはずである。本章では，以上のような解釈によって，複言語主義の言語学的言語境界の限界を超え，新しい言語活動主義の立場から，その教育実践としてのアクション・アプローチと社会的行為主体の意味を読み解く。

キーワード 🔍　言語学的言語境界，トランスランゲージング，複言語活動主義，市民性形成，**Well-being**（善く生きる）

1. 複言語主義をどう解釈するか──欧州評議会の言語教育政策と CEFRの理念

　欧州評議会の言語教育政策は，ヨーロッパ統合の一つの形として，その言語教育の姿を実現させようとするものだった。その根底には，政治的，社会的，文化的などのさまざまな面から，ヨーロッパの平和をめざすという理念があることは間違いない。このことは，たとえば，「言語学習は万人のためのものである」（Council of Europe. Directorate General IV. Language Policy Division 2004 より）等の，欧州評議会の考え方によって明らかである。しかも，この欧州評議会の言語教育政策は，広く考えると，決してヨーロッパだけのためのものではないことが明確だろう。

　この課題は，一つの社会における多言語多文化という考え方（多言語多文化主義）から，一人の人間の中の複数の言語・文化という発想（複言語複文化主義）への転換を示唆している。ただし，この場合，言語の社会的側面に基づいて，言語の構造的特徴およびその諸系統から言語を分類する言語学では，その言語の数が地球上に知られている民族の数と一致することになる。ということは，一民族一言語という立場を言語学はとることにならないか。

　言語の働きを他者との文化とのかかわりという観点から見ると，ことばの活動は，身体としての感覚，精神としての感情，思考としての論理と一体化したものであることを指摘せざるを得ない（細川, 2017）。感覚・感情・論理との関係が一つになって，個人としての価値観・考え方などを形成するものであるからだ。同時に，対象である他者がどんなことにどのような興味・関心を持って行動しているかを知識として知ることともかかわりがある。

　ソシュールが language 言語活動を，langue と parole に区別したのは言語研究のためである。そのこと自体は，言語学の発展には大きく寄与したが，人間のことばの活動を考えるためには，むしろ language の総体として扱うことの方が人間のことばの活動にはふさわしいのではなかろうか。

　このように考えると，言語の分類として，社会的側面としてのラング langue をもとにする規準ではなく，むしろ個人的な側面としてのパロール parole を含む言語活動 language 全体として，ことばの活動を解釈することが必要だろう。

　そうすると，ことばによる活動の数は，民族としての言語の数にとどまらず，その言語を使用する人の数だけあるということになる。このことは，ことばが，言語学で区切られた 6000〜8000 の境界だけではなく，地球上の個人の数だけ，すなわち 60 億のことばがあると考える可能性に広がっていく。

　ことばの活動の境界が人の数だけあるということになると，むしろ個人の言語活動はすべて複言語的であり，純粋に単言語というものは存在しないという論理が成り立つだろう。たとえば，日本語というのは，一つの言語ではなく，無数の個人語が集まって，たまたま日本語という言語があるということになる。もちろん，そこには，一定の法則的なもの，緩やかな枠組みのようなものは存在し，その範囲内であれば，相手の言っていることが比較的容易に理解できるというようなことになるのだろう。単言語が存在しないとなると，複言語主義の定義も大きく変わってくるにちがいない。複言語主義とは，言語学上で分類された言語を複数持つこと，あるいは，そのことを改めて主張することではない。本来，人間とは複言語活動的存在なのだということを提案する複言語活動主義だということになるだろう。

　このような観点から，あえて複言語主義を再定義するならば，複言語活動主義といった用語がふさわしいように思われる。ソシュールの原点に帰り，人間のことばによる活動は LANGUAGE（言語活動）であり，それは本来，複数のことばによる活動によるものだということである。さらに，この複言語活動主義を補強するものとして，近年のトランスランゲージングの考え方が参考になる[1]。

1　Garcia & Li（2014）に代表されるトランスランゲージングの考え方によると，人々が複数言語能力を運用するとき，コードスイッチングのような，独立した別々の言語間を行き来してことばを選択し，簡単な切り替えを行うのではないことが指摘されている。この解釈にしたがえば，言語使用者の持つすべての言語能力を一つの言語レパートリーと見なし，言語行為者はその混ざりあった言語システムをその人固有のことばとして駆使していることになる。小泉（2011）は「複言語話者の「自分のことば」とは，自身を最も適切に表現できるものであり，複数の言語・文化間を柔軟に移動できる存在としての象徴である」と述べ，高（2019）もまた，複言語話者が第一言語や第二言語の他に，それらのことばによる「混ぜ語」や「Japinglish」という独自のことばを持っていることを高校生の複言語当事者の語りから明確化し，複数言語使用者は，複数の言語を別々に使用しているの

2. アクション・アプローチと呼ばれる立場について——その起源と展開

　以上のような立場から，複言語活動主義を具体化する教育実践として，「ヨーロッパ言語共通参照枠」（以下，CEFR）の「アクション・アプローチ」（英語 action-oriented approach，フランス語 approche actionnelle，ドイツ語 Handlungsorientierter Fremdsprachenunterricht）を挙げることができる。

　このアクション・アプローチは，欧州評議会の掲げる5つの理念（社会的結束・民主的市民性・相互理解・言語の多様性・複言語主義）に裏付けられたもので，いわば，これからの新しい言語教育の一つのあり方を示すものである。したがって，ここでは，この考え方をめぐって，日本語訳の課題を含めて，その起源と展開および言語教育における位置づけについて検討してみよう。

　CEFR 本文には，アクション・アプローチについて，次のように記されている（なお，日本語訳では，「行動中心アプローチ」という訳が当てられているが，本章では，あえて「アクション・アプローチ」という訳語とする）。

　　言語の学習，教授，そして評価のための，包括的で，明確で，そして一貫性を持つことを目指す共通枠組みは，言語使用と言語学習の一般的見方と一致している必要がある。ここで採用された考え方は一般的な意味で行動中心主義である。　　　　　　　　　（吉島・大橋他, 2004: 9）

　さらに，その「行動中心」アプローチについては，以下のように記述されている。

　　言語の使用者と学習者をまず基本的に「社会的に行動する者・社会的存在（social agents）」，つまり一定の与えられた条件，特定の環境，また特殊な行動領域の中で，（言語行動とは限定されない）課題（tasks）

ではなく，異なる特徴を持つ言語能力が「混然一体」(川上, 2015)となっていることを指摘した。このようなトランスランゲージングの立場は，本章で述べる複言語活動主義の主張と共通の理念的基盤を持つものであろう。

を遂行・完成することを要求されている社会の成員と見なすからである。発話行為は，言語活動の範囲内において行われるが，言語活動というものはより広い社会的コンテクストの一部を形成している。これはそれ自体としてその意味を持ちうるものである。「課題」というときは一人ないしは複数の個人によって，一定の結果を出すために行われる，独自の具体的（specific）な能力を方略的（strategically）に使って遂行する行動（actions）を考えている。従って，行動中心の考え方は，認知的，感情的，意志的資質と同時に，社会的存在としての個々人が所有し，また使用する特有の才能全てを考慮することになる。（同上，p. 9）

　では，このアクション・アプローチは，どこからどのようにして生まれたものなのだろうか。

　この起源についての関心は，この用語が CEFR 制作の過程でつくられたものなのか，それとも，それ以前からあった用語を CEFR が取り込んだのかという点である。たとえば，フランス語では，approche actionnelle と perspective actionnelle という二つの表現がほとんど同じ意味で用いられることがしばしばあるが，だれがなぜどこからこの術語を使い始めたかということについては判然としない。実際のところ，言語教育関係の分野で使われている例は CEFR 以外では見当たらない。

　一方，行動中心の例としてしばしば言及されるものにプロジェクト活動があるが，それがアメリカの J. デューイとその弟子の W.H. キルパトリック（1871-1965）によって創始された「プロジェクト・メソッド」に由来することを考えると，直接的に，このプロジェクトの概念が行動中心に結びついたとは考えにくい。おそらくは，CEFR の制作過程で，だれかがこういう用語をつくりだした／使い出したように推理できる。後に述べる社会行為主体との関係から考えると，1940 年代にアメリカのレヴィンによって創始された Action Research の用語との関連性があるように思われるが（細川・三代，2014），真相究明にはもう少し時間が必要だ。

3. コミュニカティブ・アプローチからアクション・アプローチへ

　ここでは，1970年代初頭から起こったコミュニカティブ・アプローチ（以下，CA）とアクション・アプローチ（以下，AA）の立場の違いとその教育方法における差異と共通点を検討することによって，ことばの教育のあり方について考えることとしよう。

　Puren（2012）は，政治的・社会的・教育的な観点から，CAとAAの差異を論じている。

　まず，政治的な側面では，1970年代にヨーロッパでの国同士の移動政策が起こり，この影響を受けてCAが開発されたが，1990年代以降，ヨーロッパにおける多様性統合の動きに合わせ，AAの考え方が採用されるようになった。70年代は，観光旅行などの一時接触として異なる言語の習得必要性が生まれたが，90年代からは，恒常的に存在する移民との生活，労働のための異言語対応が重要になった。このような状況になると，単に外国人と話すという情報交換のための言語学習ではなく，Co-action（ともに行動する，協働）／協文化（co-culturel）といった，他者との協働的な姿勢が必要になってくる。その結果，あるコミュニケーション場面での能力を育成することを目的化し，教室は将来への準備の場（シミュレーション）と考えてきた教室活動においても，具体的行動の社会的行為主体（acteur social）として捉えることが重要となり，同時に，社会における個人の役割という観点で言語教育を再検討しようとする動きが加速し始めた。これは教室自体がミクロ社会であるという考え方に基づいている。

　以上のような考察・検討を参考にしつつ考えてみると，CAの目的はあくまでもコミュニケーション能力育成という点に集約されており，その能力達成の後に何があるのかは範疇外であることがわかる。この能力育成という立場は，後に述べる「個体能力主義」（石黒, 1998）に結びつきやすい傾向を持つ。これに対し，AAでは，ことばの活動による個人と社会の関係が重要視されていて，最終的にはどのような社会を形成するのかという点に収束しようとする，大きな目的に支えられているといえよう。

　ただ，具体的な教育実践の中では，CAとAAが判然と二つに分けられるわけでもない。タスク，プロジェクトなど，CA・AA両者に共通する術語

も少なからずある。たとえば，タスクという用語は，Task-Based Language Teaching（TBLT）と呼ばれる学習／教育の方法の一つとして 80 年代から散見するが，同じ TBLT でも，そのニュアンスは微妙であり，オーディオ・リンガル寄りのものから，AA の社会的実践として位置づけられるものまで，かなり幅のあることがわかる。

　たとえば，CEFR をもとにして，言語カリキュラムを作成しようとする場合，活動テーマは何らかのタスクを設定し，到達目標は Can-do リストが目的となるだろう。

　具体的には，たとえば「ハイキングの企画」というようなタスクを設定し，そこで「場所を探す，日時の決定，友達，先生をさそう」といったタスク実現のための言語活動をあらかじめ決め，そのうちのいくつかを教室活動として目的化する。そして，そのタスク遂行に必要な表現・語彙・文型をあらかじめ準備することになる。最後に，活動の評価として，「何ができるか」や「どのようにできるか」等を設定しておくというような，これまでの一般的な教室活動の手順となるだろう。

　現実には，このタスクそのものは，内容重視（テキスト重視），調査探求（リサーチ重視），問題解決（プロジェクト重視）といった活動下位分類が必要かもしれないように，きわめて多岐にわたっていて，そう簡単に決められるものではない。

　問題なのは，上記のような教室実践が，あたかも CEFR の理念に基づく教室実践であるかのように思い込まれてしまう現実があることである。

　このような実践には，アクション・アプローチの本来の意味がほとんど生かされていない。なぜなら，「社会的行為主体」としての活動とは何か，そのことにより，このことばの教育実践は何をめざすのかという問いが，これらの実践例には決定的に欠けているからである。

　いずれにしても，それぞれの活動の目的がどこにあるのか，ひいては，言語教育そのものの目的とは何かという議論を踏まえることが必要だろう。

　ここで指摘したいことは，CA か AA のいずれかが優れているというようなことではない。

　CA も AA も，いずれもヨーロッパの政治的・社会的・文化的状況の中で，言語教育の新しい展開をめざして生まれたものである。しかもそれは，

70年代，90年代のそれぞれのシンポジウムがきっかけとなって，かなり大きな政治的な言語教育政策の下で構想されたものであるからだ。

　一つ重要なことは，CA も AA も，その考え方や立場を示したものであり，決して一つの教育方法を指すものではないことがわかる。また，同じ考え方・立場であるといっても，上記のような，多くの活動形態があり，それぞれに少しずつ異なっているため，必ずしも同じ方法をとるとは限らない。同一の考え方・立場に基づきつつも，それを実現する方法は，人の数だけあるという原理（細川, 2012）はここでも有効である。

4.　社会的行為主体形成をめざすアクション・アプローチの思想理念

　コミュニカティブ・アプローチは，前述のように，ヨーロッパ統合の一つの形として，その言語教育の姿を実現させようとするものだった。その根底には，政治的，社会的，文化的などのさまざまな面から，ヨーロッパの平和をめざすという理念があることは間違いない。

　1971年の第1回シンポジウムでの議論における基本方針は，欧州評議会の次のような考え方に引き継がれているといえる。

- ・言語学習は万人のためのものである
- ・言語学習は学習者のためのものである
- ・言語学習は異文化コミュニケーションのためのものである
- ・言語学習は生涯のものである
- ・言語教育は常に調整され，包括的にされなければならない
- ・言語教育は一貫性と透明性がなければならない
- ・言語学習と言語教育は，状況や使い方の変化，体験に応じて変わる，生涯にわたるダイナミックなプロセスである
  （Council of Europe. Directorate General IV. Language Policy Division 2004 より）

　ここからいえることは，CA が，それまでの構造主義的言語観から脱して，言語の構造と機能を場面的な運用と結びつけようとしたことであろう。

これをもって，まさに「コミュニカティブ」という立場を形成しようとした
ものであろう。

　このCA開発の前提となったものが，"The Threshold Level"（以下 Threshold
レベル）である（van Ek & Trim, 1991）。Threshold レベルでは，学習目標を
特定するための機能——概念モデルを開発し，外国での日常生活においてそ
の国の人々と交流するための必要な最低限の能力を規定しようとしている。
つまり，Threshold レベルは，学習者が目標言語の自立的な使用者と評価さ
れるには言語的に何が「できる」とされるのかを具体的に示し，またそのた
めに必要な知識や技能をも明示しようとした学習評価基準であるといえる。
1975 年に発表された英語版の "The Threshold Level" およびその翌年に発表
されたフランス語版の "Le Niveau Seuil" はともに言語学習プログラムの基
礎的なモデルと見なされ，その後，各国での言語学習計画に多大な影響を与
えたことはよく知られている。これはコミュニケーションの道具としての言
語の概念（notion）と機能（function）を定め，学習者の言語能力基準をガ
イドラインとして示している。

　従来のオーディオ・リンガル・メソッド等のように文法構造や言語構造を
中核とするアプローチではなく，言語の「伝達機能（function）と概念
（notion）」を中核とするアプローチである。すなわち，言語運用を社会的行
動と見なす理論的枠組みがあり，その「言語運用のための能力観」（コンピ
テンシーモデル）が，「コミュニケーション」概念の基盤にあるといえる
（大谷・杉谷・橋内・林, 2015: 336）。

　しかし，ここでは，前述のように，その言語運用能力向上の後に何がある
のかという問いを CA 自体が持たなかったことの限界が指摘できるだろう。
「言語運用を社会的行動と見なす理論的枠組み」としたが，この「社会的行
動」とは，その社会で定式化された，いわばステレオタイプの「行動」をそ
のままさすことがほとんどで，きわめて社会順応型の発想に基づいていたと
いえる。この点で，CA は，言語道具論の枠組みから出られなかったという
ことができるし，言語運用の展開を示してはいても，その言語を使って個人
が何をするのかという，ことば使用の本来の意味へ迫ることはできなかった
といえよう。

　これに対して，AA には，複言語・複文化主義に表されるように，さら

に，ヨーロッパの文化・社会の状況に合わせて，ダイナミックにことばの教育に取り組もうという姿勢が見える。

ここでのキーワードは，社会的行為者としての話者の確立であり，それは，複言語主義に始まって社会的結束に至る，個人と社会の形成をめざしたものだといえるからである。

欧州評議会の言語教育政策では，とくに「複文化性 Pluriculturality」「相互文化性 Interculturality」の二つが主張されている（福島，2011 参照）。これは，多様で複雑な背景を持つ個人が，相互の差異を認めつつ，対話を通じて，社会に参加していくことをめざすものであり，同時に，民主的な市民形成へという道筋を提案するものである。

この欧州評議会の言語教育政策の目的を，その階層性にそってやや踏み込んで解釈することを試みると，次のようになる。

- 社会的結束（social cohesion）－地球規模の世界的結束
- 民主的市民（democratic citizenship）－世界的市民性の形成
- 相互理解（mutual understanding）－他者性の認識
- 言語の多様性（linguistic diversity）－言語学的境界の限界
- 複言語主義（plurilingualism）－個人の中のことば
- 教育実践としてのアクション・アプローチ（action-oriented approach）－社会的行為主体

まず，社会的結束（social cohesion）の促進とは，個人の成長や教育，雇用，情報へのアクセス，文化的向上における機会の均等は，生涯を通したことばによる活動によるところが大であると指摘できるからである。まさに個人と社会の関係をことばの活動として捉えようとしたところに大きな意味があると考えることができる。しかも，それは，ヨーロッパの問題に限定されることなく，地球規模の世界的結束へとつながる可能性を十分に有しているということができよう。

このことは，それぞれの社会において民主的市民（democratic citizenship）をいかに形成するかという課題と密接な関係にある。それは，世界的市民性の形成へという思想にもつながるものであろう。

　相互理解（mutual understanding）という概念は，他者の文化（価値観，考え方等）の違いを認めるという，他者性の認識に基づくものでなければならない。Intercultural とは，個と社会を結ぶ，重要な条件の一つとなるからである。

　言語の多様性（linguistic diversity）は，等しく認識されなければならないし，すべての人はあらゆる言語の尊厳を知らなければならないことになる。

　社会的行為主体の形成をめざすアクション・アプローチは，このような欧州評議会の言語教育政策の大きな思想枠組みと理念によって成立するものであろう。

　社会的行為主体の形成をめざすアクション・アプローチは，かつてのコミュニカティブ・アプローチが示したような，「社会順応型」の擬似的な「社会行動」を目的とするのではない。真正の社会構成員として，現実の社会そのもの，つまり自らの社会のための一員としてどのようにふるまい，その社会をどのように形成するかに自らかかわろうとする。その行為者を「社会行為主体」と呼ぶのである。

　それがさらに，個人の中の複数のことばという立場，つまり人間のことばの活動とはすべて複合的で多様なのだという前述の複言語活動主義の立場から，すべての人は，ことばによって他者とコミュニケーションする活動によって，この社会を形成させていくことができる。社会における個人の民主的，社会的プロセスへの参加は，それぞれが複合・多様の視点を持つことにより実現することができるからである。

　したがって，教育実践としてのアクション・アプローチ（action-oriented approach）は，多様で複雑な背景を持つ個人が，他者との相互の差異を認めつつ，その他者との対話を通じて，社会に参加していくことをめざすためのアプローチである。それはいうまでもなく社会的行為主体として民主的な市民形成，その社会的結束へという道筋を提案する言語教育実践であるといえよう。

　このような思想理念の背景を全く捨象して，目の前の言語教育方法だけに応用しようとする態度そのものが，前述のようなちぐはぐな実践を生みだしていることを私たちは危惧しなければならない。国際交流基金の JF スタンダードにおける文化本質主義や英語教育の CEFR-J の言語技術主義にその典

型を見ることができる（細川, 2010）。

　本章では，欧州評議会の言語教育政策理念について，その階層性を検討することで，それぞれのキー概念を拾いながら，具体的な言語教育実践に結びつけることができることを示した。つまり，上記の階層性こそ，欧州評議会の掲げる言語教育の目的である社会的結束と民主的市民性形成を実現するための一つの大きな軸であることが明確になるからである。それはいうまでもなく，個人における自己と社会を結ぶ意識のあり方を検討するための言語教育の実践の枠組みでもある。

5.　改めて「日本社会」とは何か

　ここで，日本社会とは何かという課題について改めて考えてみよう。

　私たちは，日本社会に暮らし，日本社会にいると考えている。たしかに，日本という国は，地理的に東アジアに属し，6世紀ごろから，中国および韓国の影響下のもとで，文化的発展を重ねてきた。江戸時代の長い鎖国の後，明治以降は，ヨーロッパの影響の下で国家的枠組みが形成され，また，第2次大戦後は，アメリカの強力な支配の下，現在に至っている。

　したがって，日本社会のあり方を世界の中できわめて特殊なあり方として，その独自の形態を主張する考え方もある。少なくとも，アジアの一員でありながら，欧米の影響を色濃く受けつつも，決して欧米と同じではない，という認識が多くの論者の指摘するところでもあろう。ゆえに，「日本社会における」という論点は，きわめて説得力のある，重要な視点であるように扱われるのであろう。

　しかし，個の視点に即して考えてみると，日本社会に関するイメージは，本当に一人ひとり異なるものである。しばしば使われる「日本社会では…」という前置きは，ほとんどが書き手の勝手なイメージによってつくられた「日本社会」像であるにもかかわらず，いつのまにか普遍的，絶対的な「日本社会」が存在するかのような印象を読者に与え，読者もまた，そのことを疑うことなく，いつのまにか「日本社会」イメージを共有してしまう。しかも，その「共有」したと思っているイメージもまた，決して共有されないものであるにもかかわらず，そのように思い込まされてしまうところに，この

用語の罠がある。

　このように，日本社会というものが固定的な枠組みとして考えられてしまうところをどう乗り越えるかという点も，言語・文化・社会の観点から自らの世界観を形成するために重要であろう。

　ここでいう，自己と社会とのかかわりというのは，自分の世界（宇宙）の認識ということである。たとえば，家族というものを一つの社会として考えると，家族という枠組みがあって，その枠の中で一人ひとりの個人が暮らしているというふうに考えがちである。ところが，生まれて育った家族というものに対しても，その中のメンバーの家族への思いや捉えかたは一人ひとり違う。一方では同じだと考え，一方では違うと捉え，だからこそ，それぞれの認識が異なると知ったとき，固定的な家族のイメージは簡単に崩壊する。このように，私たち一人ひとりは，自分の周囲の状況に対して，常に何らかの固定的なイメージを持ち続けていて，それが社会だと思い込んでしまう。

　しかし，本当はそうではなく，一人ひとりが勝手に自分の独自のイメージでその社会を描いているに過ぎない，自らが属す複数の社会の総体として，いつのまにか「日本社会」という幻想空間を想定し，それをあたかも実体であるかのように前提としてしまう，一種の文化本質主義に陥っている。

　つまり，実のところ，社会の中心は，自分自身なのだという認識から始めることが重要なのである。だからこそ，その世界の中心である自分にとって社会とは何かを考えることは，自分とは何かと考えることとほぼ同義だといっていいことになる。隣にいる他者もまた，自分の世界を持ってその中で他者を判断しているから，この両者の世界は永遠に同一にはならないということなのである。

　そうすると，社会を知るということは，自分の持っている社会イメージの複数性（無限性），重層性，複雑性，困難性を知るということであり，これはまさに，自分自身を知る（知ることができない）ということでもある（ラィール，2016）。

　だから，自己，他者，社会というものが，小さな段階から大きな段階への発展と考えるのは，いわば「常識」（多くの人がはまり込んでいる罠）で，実は，この三者は循環している，一つの大きな動態性だと考えることができる。つまり，自己＝他者＝社会の循環そのものと考えてもいいのだろう。し

たがって，「日本社会における」という前提は，安易に持ち出すべきことではなく，慎重によく検討しなければならない課題なのである。

　もちろん，ここから，コスモポリタニズム（世界市民主義）に安易に進めばいいというものでもないだろう。むしろ，なぜ「日本社会」なのかという問いをもう一度問い直し，そこから国民・国家の枠組みだけではない，新しい個人のあり方を考える必要がある。

6.　「この私」の世界観をつくる──ことばの活動による市民性形成の課題へ

　個人が言語を学ぶということは，言語・文化・社会の循環の中でどのように自らを位置づけるかという課題である。Intercultural（相互文化的）とは，個人それぞれが異なる文化を持つ（同じ文化の個人は存在しない）という前提のもと，自らのイメージ・解釈としての「文化」に気づき，同時に，さまざまな「文化論」の罠を乗り越えつつ，自己と他者が協働して関係性を構築し，新しい創造的な世界を築いていくというプロセスである。それは「個の文化」が相互的かつ複雑に交差しあう関係のあり方そのものを指す教育であり，そのような言語活動の場を形成することが言語文化教育と呼ぶべきものである。Interculturality（相互文化性）とは，複数のアイデンティティを保持しつつ行われる，他者との相互関係性そのものを指し，「言語教育」とは，この地球上の，さまざまな人々と，ともに生きていくための社会を形成するための，基盤的な，ことばによる教育を指す。したがって，ここでいう「言語教育」とは，言語を教えることを目的化しない，しかし，言語による活動の場を保障し形成する教育のことである。

　その意味で，「intercultural education 異文化間教育」とは，国家・民族間に限定した集団類型の特徴や傾向を学ぶことでは決してなく，むしろそうした集団類型を超えて，どのように人と人が理解しあえるか／しあえないか，を考える場を形成することでもあろう。

　言語教育として考えたとき，言語習得を目的としない言語活動とその活性化が一つの意味を持つことになる。それは，ともに生きる社会において，一人ひとりが充実した言語活動主体として，自己・他者・社会を結ぶにはどう

したらいいかという課題でもある。

　すばらしい，一つの方法で学習すれば，必ずその言語が使えるようになるという保障のどこにもないことは，この200年の近代史の中で明らかだ。つまり，ことばを習得するための，万人にとっての魔法の杖など，どこにも存在しないのである。

　このことは，行為者一人ひとりが，一個の言語活動主体として，それぞれの社会をどのように構成できるのか，つまり社会における市民として「この私」がどのような言語活動のあり方を有するかという課題と向き合うことである。この「この私」の市民性形成こそが，言語教育，相互文化教育（異文化間教育），社会共生の重要使命である。そして，それは，ことばの活動がWell-being（善く生きる）という最終的な目的へどのようにつながるかという道筋を示すものなのである。

付記

　本章の「アクション・アプローチ」に関する記述は，拙稿「ことばの活動によるコミュニケーションとその教育の意味——欧州評議会における言語教育政策間の推移から」（佐藤慎司編（2019）『コミュニケーションとは何か——ポスト・コミュニカティブ・アプローチ』くろしお出版）と重なる部分があることをお断りする。なお，文中のトランスランゲージングの概念については，本書編集の大山万容さんから貴重な教示を得た。記して謝意を表したい。

引用文献

石黒広昭（1998）.「心理学を実践から遠ざけるもの——個体能力主義の興隆と破綻」佐伯胖・宮崎清孝・佐藤学・石黒広昭編著『心理学と教育実践の間で』(pp. 103-156.)東京大学出版会.

大谷泰照・杉谷眞佐子・橋内武・林桂子編（2015）.『国際的にみた外国語教員の養成』東信堂.

川上郁雄（2015）.「「ことばの力」とは何かという課題」『日本語学』 *34*(12), 56-64.

小泉聡子（2011）.「複言語話者にとってのことばの意味——複言語主義的観点から」『言語教育研究』 *2*, 31-41.

高千叶（2016）.「JSL高校生にとって複数言語を使用する意義とは——学習場面における複数言語のやりとりに着目して」*Journal for Children Crossing Borders*, *7*, 24-43

福島青史(2011).「「共に生きる」社会のための言語教育——欧州評議会の活動を例と
　　して」『リテラシーズ』8, 1-9.

細川英雄(2010).「議論形成の場としての複言語・複文化主義——言語教育における海
　　外理論の受容とその文脈化をめぐって」細川英雄・西山教行編『複言語・複文
　　化主義とは何か——ヨーロッパの理念・状況から日本における受容・文脈化へ』
　　(pp. 148-159.) くろしお出版.

細川英雄(2012).『「ことばの市民」になる——言語文化教育学の思想と実践』ココ出
　　版.

細川英雄(2017).「言語・文化・アイデンティティの壁を越えて——ともに生きる社会
　　のための対話環境づくりへ」佐藤慎司・佐伯胖編『かかわることば——参加し対
　　話する教育・研究へのいざない』(pp. 191-211.) 東京大学出版会.

細川英雄・三代純平(2014).『実践研究は何をめざすか——日本語教育における実践研
　　究の意味と可能性』ココ出版.

吉島茂・大橋理枝他訳・編(2004).『外国語教育II——外国語の学習，教授，評価のた
　　めのヨーロッパ共通参照枠』朝日出版社.

ライール, b(2016).『複数的世界——社会諸科学の統一性に関する考察』(村井重樹訳)
　　青弓社.

Garcia O. & Li Wei (2014). *Translanguaging: Language, bilingualism and education*. London,
　　UK: Palgrave McMillan.

Puren C. (2012). Perspective actionnelle et formation des enseignants : pour en finir avec le
　　CECR. <http://www.christianpuren.com/mes-travaux-liste-et-liens/2012b/>

van Ek J. A. & Trim J. M. (1991). *Threshold 1990*. The Council of Europe.［J.A. ヴァン・
　　エック，J.L.M. トリム(1998).『新しい英語教育への指針——中級学習者レベル
　　「指導要領」』(米山朝二・松沢伸二訳)大修館書店.］

第 **8** 章

「亡霊へのシンパシー」と
言語概念認識の歩み
——CEFR の睥睨に対峙する諸言語の影

エマニュエル・ユヴェール
倉舘健一（訳）

　いま生じている相反性や矛盾などの大半は，言語教育／研究における言語概念論の不在に起因している。複数性に言及されても，結局は表面的議論に終始してしまう。CEFR が睥睨する地平と網羅の監理は，ハイデガーが技術論で理路づけ批判したもので，言語のコントロール（管理）や網羅をねらいとする限り，その不均質さや他者性がもつ潜在性を干涸らびさせてしまう。言語のもつ影を，それが言語の本質にもかかわらず消し去ってしまう。言語教育／研究において現在支配的な傾向を指摘し，その象徴として CEFR を取り上げ，コミュニカティブで，行動中心的で，つまり実用的という，自明であるかのように目指されるこの志向が，単にさまざまな選択肢から選び取られただけのものであることの論拠を示し，教育観のみならずここに作用している政治性や倫理観について批判する。さらに解釈学的哲学に依拠しつつ，多様性に根ざした言語と学習の方向性を示す。

キーワード 🔍　**言語概念認識，ハイデガーの技術論，解釈学的哲学，予記不能（imprédictible），適応＝占有（appropriation）**

1.　はじめに

　『ヨーロッパ言語共通参照枠』（CEFR; Conseil de l'Europe, 2001）のフランス語および英語での刊行からまもなく 20 年を迎える。90 年代からの準備作業期間を加えるなら，言語の教授法・教育学［訳注：didactique / didactologie des langues（DDdL），以降「言語教育の研究」と略］は，おおよそ 30 年間，CEFR をはじめ，ここに掲載され普及した方針，考案されたツール，なされた省察の影響下にあったことになる。影響は確かにあったが，それが重大な結果を孕んでいることは否めない。3 つの要点，すなわち，行動中心の考え方，共通参照レベル，複言語・異文化間能力が特によく取り上げられてきた。これらはそれなりに区別して考えられるものである。だが，科学認識論（エピステモロジー）から生じた横断性が主流のいま，2018 年に公表されたその CEFR-CV（Conseil de l'Europe, 2018）には，言語概念認識に関して，こうした流れに起因した悪化さえ確認される。

　私は 2014 年の論文で，CEFR は「複数の解釈」で扱われてしまっていること，さらには／あるいは，そもそも「論理矛盾」を孕んでいるとの考えを展開した。そしてこの「複数の解釈」を確認したのちには，ある特定の志向が他の諸志向より支配的である事実について省察する必要があり，また「認識論的争点をも同様に考慮しつつ，省察を深めるとともに省察を多元化する必要がある」と結論づけた。本章は引き続き，特に言語概念に焦点を当てた省察を行うものである。

　いま生じている相反性や矛盾，こうした傾向の大半とは結局，CEFR において，またこの 30 年の間の言語教育の研究全体で，言語概念がほぼ不問に付されてきたことに起因しているように思われる。言語多様性，言語変種，言語の社会言語学的規範やその地位の複数性など，こうした概念にたとえ言及がなされても，これから見ていくように，結局は表面的議論に終始してしまう。言語のコントロール（管理）や網羅がねらいである限り，その不均質さや他者性がもつ潜在性を干涸らびさせてしまうからである。投光器を向けると影は消されるように，CEFR が睥睨する地平と網羅の監理は，ハイデガーの「技術（テクネー［＝科学技術−技術学］）の志向」（後述および Debono, 2016 参照のこと）の議論のうちに理路づけられるもので，言語の

もつ影を，それが言語の本質にもかかわらず，消し去ってしまう。

　2.ではまず，ここで私が「言語の影」と呼ぶものを位置づけ，3.での議論，すなわち CEFR とその最近の増補版の基底にある「言語」の概念の検討に向かう。4.では，もうひとつの選択，私が「多様」とか「適応的」（Castellotti, 2017）と呼び，「多様性を真摯に全うする」（Huver & Bel, 2015）ことを目指すあり方について論ずる。

2.　理路の道標となるもの

　本章の表題「亡霊へのシンパシー Sympathie pour le fantôme」[1] にローリング・ストーンズの「悪魔を憐れむ歌 Sympathy for the devil」を連想する向きもあろうが，無関係である。風変わりな表現を選ぶのは，これから論を進めるうえではしばしば理解のきっかけになるはずだと考えるからである。また以下に挙げる二人の名も，その理路の道標となるだろう。

2.1　ミカエル・フェリエ

　一人目はミカエル・フェリエ，25年来，東京在住のフランス人作家である。本章のきっかけが日仏間の研究集会であったとはいえ，言及するには他にも理由がある。彼がその小説やエッセイで関心を寄せるのが，言語多様な複数の空間や，多様性の想像のさまざまな産物だからである。この多様性を彼は「サンゴ礁的」と表現し，不安定化，脱習慣化，分類不能なもの，「人類全体における辺境性」をその特徴として同時に含ませる[2]。こうした多様性

1　［訳注］「霊」ということばの頻出する言説は，ただでさえ呪術的な喚起力に訴えていると疑われるところがあり，特定の分野を除いて，学術上での使用は避けられるものであろう。本章のもととなった国際研究集会では，この表題は当初「ファントムに共感を」と訳された。しかし，カタカナにすることはものごとを単純化してしまう。こうした操作の根にある思考こそ，本章で著者が言語教育やその研究に批判するところでもある。近年の現代思想・哲学とも呼応した使用であり，また後述の通り，これはある小説の表題から採られている。こうした経緯を慎重に配慮し，訳出することをお断りしておきたい。

2　Ferrier M. (2015). *Mémoires d'outre-mer*（『海外からの回想』），Gallimard より。この作家についての詳細は彼のブログを参照されたい。<https://www.tokyo-time-table.com/>

の捉え方は，私が後述するところと呼応する。小説『亡霊へのシンパシー』[3]のなかで彼が招来し粗描するのは，歴史の"正典"から外れる3人の特異な人物の亡霊である。そしてフランス史を，ある「別の」，「開かれ，機知に富み，折衷的な」(p. 81) 歴史として描きだす。私も同様に，多様性を扱う端緒を，ここでは忘却の彼方に求めようとしているが，それはフランスの歴史ではなく，言語教育の研究の歴史の忘却の彼方だ。そして目指すのは，ある「別の」思想世界であり，ある「別の」の言語教育のイメージである。

2.2 ベルナール・ピィ

そして二人目はベルナール・ピィ[4]である。私が多くの着想を得ている論文「外国語の習得と他者性」で，彼はこう述べている。

　　学習者の目標言語でのコミュニケーションには，第一言語が影となってほぼ常時そこにある。学習者にとっての問題は，この存在の影をどうするかの判断だ。二つの解決法がある。なんとかしてこの亡霊を追い出すか，あるいはともに暮らすか。　　　　　　　　　　　(Py, 1992: 118)

ここでは「第一」言語の亡霊に言及されている（言語教育の研究は当時，いまだ「言語干渉」と名指されていたものの地位を問うことをその争点としていた）。だが，「外」国語（＝「奇妙な étrangère」言語）の影＝亡霊についても同様に主題化し得るし，私の感覚では，これは是が非でも主題化されなくてはならない。つまり，外国語本来の，不安定化，脱習慣化，分類不能，他者的，辺境的であるような性質，また「開かれ，機知に富み，折衷的な」性質を，である。それをこれから試みるが，ここで述べるのは，諸言語本来の多様性，つまり他者性（外国語ならなおさらだ）は，影としてある，とい

3　[訳注] 引用ページは以下の文献。Ferrier M. (2010). *Sympathie pour le fantôme*. Gallimard.

4　[訳注] ベルナール・ピィ（Bernard Py 1939-2012）はスイス出身のロマンス諸語学，スペイン語学，社会言語学，言語教育研究の専門家。フランス語の他，ドイツ語やスペイン語で書かれた論文で知られる。専門を同じくするジョルジュ・ルディ Georges Lüdi, 心理言語学のフランソワ・グロジャン François Grosjean, フランス語教育学のジャン＝フランソワ・ド・ピエトロ Jean-François De Pietro らとの共著がある。

うことだ。なぜならば，

1）それらは評価されず，影に残されるものの，CEFR およびその傾向
　をさらに強めた増補版のような網羅へと向かう記述では，その監理
　圧が過剰な光をなし，この影にあるものを追い立てるからだ。
2）しかし，別のあり方，真逆のあり方[5]を目指すならば，影は生命力を
　もち，不可欠なものとなる。つまり，この亡霊とともに暮らし，シ
　ンパシー（「共なる−悲壮感 sym-pathie」）のうちにあるなら，言語
　教育の研究は，影をコントロール（管理）しようと試みるのではな
　く，むしろそこから亡霊が立ち上がってくることの重要性を認識す
　るはずである。

3.　影に残され，追い立てられる亡霊──CEFR での言語概念

3.1　実用主義志向の問題

　論旨を進めるためここで留意するのは，CEFR には，言語とは，行動中心
主義と複言語主義とを同時に目指すもの，という観点があることである。つ
まり，

1）行動中心主義では，「言語の使用者と学習者をまず基本的に「社会
　的に行動する者・社会的存在」，つまり一定の与えられた条件，特
　定の環境，また特殊な行動領域のなかで，（言語行動とは限定され
　ない）課題（tasks）を遂行・完成することを要求されている社会の
　成員とみなす」　　　　　（2001 年仏語版 p. 15; 追補版日本語訳 p. 9）
2）複言語主義では，「複言語主義がそれ以上に強調しているのは，次
　のような事実である。つまり個々人の言語体験は，その文化的背
　景のなかで広がる。家庭内の言語から社会全般での言語，それか
　ら（中略）他の民族の言語へと広がっていくのである。しかしその
　際，その言語や文化を完全に切り離し，心のなかの別々の部屋にし

___

5　Castellotti（2016）は，氷山のメタファーを使ってこの反転を示す。

　　まっておくわけではない。むしろそこでは新しいコミュニケーショ
　　ン能力が作り上げられるのであるが，その成立には全ての言語知識
　　と経験が寄与するし，そこでは言語同士が相互の関係を築き，また
　　相互に作用し合っているのである。いろいろな状況の下で，同じ一
　　人の人物が特定の相手との対話で効果を上げるために，その能力の
　　なかから一定の部分を柔軟に取り出して使うこともする。」

　　　　　　　　　　　　（2001 年仏語版 p. 11; 追補版日本語訳 p. 4）

　行動中心主義と複言語主義という，この二つの志向を結びつけているの
は，ある種の実用主義的な言語概念である。仮に示すならば，これは「行動
において，すべては存在する」（Debono, 2013: 1, 同じく Cometti, 2010: 第 8
章）という考えに基づいている。ここで使用される「行動中心主義」という
用語は，確かにとりわけ雄弁である。だが，複言語的なものの見方を明示的
に「コミュニケーション能力」に関連づけておきながら，この複言語・異文
化間能力の志向が単に選択的なものにすぎないにも関わらず，そこにほとん
ど疑念の余地を残させない。実際のところ，そもそも「コミュニケーション
能力」という用語使用自体がハイムズ[6] の「コミュニケーション能力」に準拠
しての選択にすぎない。

3.2　分析哲学に基づく現行の言語教育——その前提と論理的帰結とは

　ところで，科学認識論（エピステモロジー）の観点から言えば，この実用
主義 pragmatisme（および語用論 pragmatique linguistique）が基盤とするの
は，言語の分析哲学である。その哲学の系譜や，またそれに対立する解釈学
的哲学の系譜は措き（Dosse, 1997, あるいはまた Babich, 2012 に参照された
い），ここでは二つの鍵となる概念から触れるに留める。

6　［訳注］デル・ハイムズ Dell Hymes (1927-2009) はアメリカの言語学者，社会言語学
　　者，文化人類学者。コミュニケーション能力という概念を提唱。1970 年代，ハイムズ
　　らが「母語話者が持っている能力のなかには，文法的に正しい文を作るだけではなく，
　　いつ，だれに対してどのように話すのかといった言語使用の適切さに関する能力も含ま
　　れている」（日本語教育学会編 (2005)『新版　日本語教育事典』p. 695）と，コミュニケー
　　ション能力の重要性を主張した。

3.2.1　効率

　一つ目は「**効率 efficacité**」である。周知の通り，分析哲学では効率こそが真理の評価の主軸となる基準である。したがってオースティン[7]は，言語行為とは，真理に向けられた評価基準（つまり真に発話されたか否か）からではなく，効率に向けられた評価基準から評価されるべきもの，と捉える。つまり"成り立った"言語行為とは，実用において効率的であった言語行為であると捉える。

　現代の言語教育の研究[8]に充満するこの効率思考からも分かる通り，この思考は同じロジックから CEFR にも通用している。導入部の冒頭から明記する通り，CEFR が目指すのは，「言語学習者が言語をコミュニケーションのために使用するためには何を学ぶ必要があるか，効果的に行動できるようになるためには，どんな知識と技能を身につければよいかを総合的に記述する」（2001 年仏語版 p. 9; 追補版日本語訳 p. 1）ことである。この効率思考は，その連なりの先端にある増補版にも認められる。たとえば，能力記述文の多くが指示するのは，言語やさまざまな言語活動方略や認知方略の"効率的な"使用である。

3.2.2　表現可能性

　二つ目は「**表現可能性 exprimabilité**」である。サール[9]の思想の根本原理は，「だれかが指し示したいと望み得るものごとはすべて言い尽くし得る」（Searle, Debono 2013 より引用）[10]ということにある。表現可能性の限界は，サールにとって本質的に技術的なものである。当然のこととして，その

7　［訳注］ジョン・L・オースティン John L. Austin（1911-1960）はイギリスの哲学者。分析哲学に基づき，日常言語学派の立場から，言語行為（発話行為）に先駆的な研究を行った。主著に『言語と行為』がある。

8　たとえば，"効率的な"教育方法の研究である。

9　［訳注］ジョン・ロジャーズ・サール John Rogers Searl（1932-）は，アメリカの哲学者。主に言語哲学，心の哲学を専門とする。カリフォルニア大学バークレー校元名誉教授。

10　Debono（2013）は，以下の論文を引用している。Searle, J. R. (2009 [1972]). *Les actes de langage. Essai de philosophie du langage*. Paris : Hermann.

限界が生じるのは，ある言語の習熟の不充分に（これはとりわけ言語教育の研究に関連する），もしくは，言語における特定の単語や言い回しの不在といった，言語自体の不充分に起因する，と捉える。アンダーソン（Anderson, 2002）が端的に述べているように，語用論[11]では「われわれはあなたに話させる方法を心得ている」というように捉えるのだ。

　CEFR（およびその増補版）にもこの原理が作用している事実を言語上の痕跡から例示することはより慎重である。誤解とか解釈の対立がここでは扱われ"ない"という消極的事実の証明によってそれが浮き彫りとなるからである。たとえば，CEFR は"対立"という概念をほとんど欠いているのだ。そしてまた"誤解"が扱われるのも，本質的に機能不全の視角からである。これは常に改善の可能性，つまりは改善の必要性という考え[12]に基づくことを示す。そのことは，たとえば次の引用からも明らかである。

　　・B2 レベルの特徴は，「誤解を招いた場合，間違いを修正する。「お得意の間違い」を覚えておいて，**会話での間違いをしないように意識[訳注：をコントロール（管理）]する**」（2001 年仏語版 p. 33; 追補版日本語訳 p. 36）ことである[13]。

　　・誤った理解や容認できない曖昧さが生じた際，確認のために，コミュ

---

11 ［訳注］語用論は言語表現とそれを用いる使用者や文脈との関係を研究する分野で，1960 年代のオースティンの発話行為の研究から始まり，サールの適切性条件，ポール・グライスの協調の原理の解明を経て確立された。

12 CEFR では，そもそも「意志」の(つまり個人の)問題として言語学習を捉えていることはいくつかの言い回しから分かる。
　　もし充分な決意と必要な援助があれば，人間はコミュニケーションやテクストの産出と理解を妨げるものを克服する並外れた能力を持ち合わせていると言えるのである。　　　　　　　（2001 年仏語版 p. 76; 追補版日本語訳 p. 99）
　　新しい社会文化的知識や経験を導入する課題の難易度に影響を与えるのは，例えば，学習者の異なるものに対する関心や開かれた態度，自文化の視点や価値体系を相対化する心構え，自文化と外国文化の間で「文化を媒介する」役割を引き受け，異文化間の誤解や衝突を進んで解決しようとする積極性，などである。
　　　　　　　　　　　　　　　　　（同仏語版 p. 76; 追補版日本語訳 p. 123）

13 ことわりのない限り，強調部は本章の著者による。

ニケーションあるいは言語レベルのどちらかによる説明を要求したり（中略），**コミュニケーションを再び軌道に乗せたり，誤解を解いたりするために，** 必要なら話をさえぎるなどの行為を行う。

（2001 年仏語版 p. 70; 追補版日本語訳 p. 89）

同様に，「異文化間の誤解や対立」に対して，学習者は，文化の仲介役を務め，「**効果的な解決ができること**」（2001 年仏語版 p. 84; 日本語訳 p. 111）が求められている。

また"誤解"という用語は，動詞「訂正する」（「誤解を訂正する」）や「上手に扱う」（「誤解を上手に扱う」）とともに頻出するのであり，このことはつまり前述の効率原則があることを示す。

表現可能性の原則は，二つの捉え方をとりわけ過大に価値づける。

1)「コミュニケーションは自明である」という捉え方
（コミュニケーションが常に自明であるというのではなく，そのための手段を身につけたときから自明になるという捉え方）
2)「受容より産出が優先する」という捉え方
（受容／理解の観念は欠かないが，これを「自分を理解してもらう」ためのひとつの手段，つまり自分のコミュニケーションの意図を理解させるための手段として捉えており，これをとりわけ産出活動の濾過過程に位置づける（Huver, 2018 を参照））。

端的に言うと（私の研究チームに詳細な探究があり，Castellotti, 2017; Debono, 2013; Robillard dir., 2016; Pierozak et al., 2018 など参照されたい），効率と表現可能性の結びつけが，言語（外国語であればなおさらだが）とその習得を，予記可能なプロセスに，つまりコントロール（管理）の可能なプロセスに変えてしまう。そこには複言語，仲介，インターカルチャーの次元に属することまでもが含まれる。こうしたものの捉え方はとりわけ以下に象徴的に見出される。

1）CEFR の記述方法

「この CEFR のような存在がその機能を全うするためには，**包括的**［訳注：＝網羅的］で，**明確**［訳注：＝自明］で，**一貫性**をもたねばならない。」　　　　　（2001 年仏語版，p. 12; 追補版日本語訳，p. 7）

2）CEFR の共通参照レベル

「評価レベル」の発想自体が線型であることから，予記可能となる。

3）「コントロール（管理)」の観念

これは CEFR とその増補版でさらに顕著に見られるものである。

　　「加えて，特に相互の対話のない活動（中略）では，**言語使用者は意識的に，コミュニケーションの点でも，言語の上でもモニター**［**訳注：＝コントロール（管理)**］**を行い**，言い間違いや「お得意の」間違い（つまり頻繁に犯してしまう間違い）に気がつき，訂正（自己修正）する。」　　　　　（2001 年仏語版 p. 53; 追補版日本語訳 p. 67）

　　「**言語活動とはひとつの手段（tool）である**。動的で協同建設的なプロセスの流れにあって，なにかについて考え，その考えたことについて話すため使用される。」　　　　　（North & Piccardo, 2016: 31）

　　「言語活動とは**記号のシステム**であり，**自分自身と他人とをコントロール（管理）する**ためのシステムである。（中略）社会活動は，さまざまなかたちの社会的，文化的仲介をともない，種々の概念の創発に先行してある（Lantolf, 2000)。個人は，仲介を自身で経験し，頭の中で社会的やり取りのイメージの再構築を繰り返す。（中略）言語活動とは，社会的やり取りの結果として生じる。」

（North & Piccardo, 2016: 18）

　自明性，コントロール（管理)，網羅性，予記可能性。メタファーか理念にせよ，これらの用語がなぞるのは，ハイデガーが呼ぶところの「技術（テクネー）の思考」であり，合理化可能な部分だけに世界を還元する思考である。言語資料は，本質的に機能性から考察される。つまり前述の通り「ツー

ル」としてみなし，このうち，言語単位，発話行為，評価レベルへとかなり容易に可能分割となり，また網羅的にも把握可能となる。ついで増補版では，インターカルチャーや複言語などの次元に向けられた能力記述文をCEFR に追加する。言語面や実用面に焦点化し過ぎと言われる CEFR の初版（2001 年版）の補完や補正だけでなく，できるかぎり網羅的にこの思考を全うしようとする。換言すれば，CEFR というプロジェクト，また哲学的な意味でその基底にある指示対象が，この増補によってはっきり浮き彫りとなったのである。

3.3 影に残され，追い立てられる言語の亡霊——分析哲学に基づく言語概念

ベルナール・ピィの引用を振り返ってみよう。

> 第一言語が影となってほぼ常時そこにある。学習者にとっての問題は，この存在の影をどうするかの判断だ。二つの解決法がある。なんとかしてこの亡霊を追い出すか，あるいはともに暮らすか。
>
> （Py, 1992: 118）

この引用から私が読み取るのは，インターラング interlangue（言語間）の復権の要請である。第一言語が（影となって）外国語にあるということは，外国語学習の「中央に在る他者」（Py, 1992: 113）を認知し，「他者を中央に置いた」外国語学習の支持を要請する，ということである。

トゥーアール[14]（Thouard, 2000: 53）は，分析哲学とは，「多義的な含みを追放しようとする思考」に要約される営為だとする。この言い方は簡潔かつ総括的なものだが，私の意図を見事に表現している。このような思考に立つ限り，つまり CEFR においても，影は見えぬものとなり，少なくともこの視界からは，存在もしない。言語は，一義的で，自明で，効率的であるものとされ，学習は常に合理化しコントロールできるものとされ，他者性は常に

---

14 ［訳注］ドゥニ・トゥーアール Denis Thouard (1965-) はフランス出身の哲学者。カント，シュライアマハー，フンボルト，ジンメル，ツェランなどの研究から，主に社会科学研究の方法論における解釈学的哲学の可能性を探究する。CNRS 主任研究員。マルク・ブロックセンター(ベルリン)研究員。

アクセスできるものとされる。影はどこにも見当たらない。2018年の
CEFRの増補版は，それが網羅性を追求する限りにおいて，この志向を増幅
しかつ強化しかしておらず，したがって，他者性との出会いについても，そ
のある種の概念だけから増幅しかつ強化しているにすぎない。

　自明，コントロール，網羅，予記可能……こうしてこの理路の思考は，亡
霊である他者をことごとく追い立てる。ともかく言えるのは，CEFRが分析
哲学に係留しており，これはその甚大なる帰結である，ということではない
だろうか。ならば，「亡霊」となったものへの「シンパシー」を思い起こ
し，諸言語の影，つまり諸言語の他者的であるというその本質を，その現在
置かれた地位から反転させるためには，言語と他者性とを，別なる諸哲学で
基礎づけ，別なる概念として捉えていくべきではないだろうか。ともかくこ
れこそが私が研究チームの信とするところである[15]。

4. 「亡霊へのシンパシー」——ある別の言語概念のほうへ

　言語の別の概念とはいかなるものであろうか。またそれが依拠すべき別な
る哲学思想とはなんであろうか。私はここで対立を強調して手短に述べる
が，これが二項対立論に陥ったように映るとしても，それはただ論証を目指
してのことである。念のため，これらの対立自体についての議論にはDosse
（1997）やCometti（2010）などのあることを付記しておく。

4.1 解釈学的哲学に基づく言語概念——世界および他者性の経験としての
言語

　他者性と多様性がその本来の意味で，諸言語（外国語であればなおさら）
と言語学習の基礎である。つまりこれを厳密に検討すると，別の伝統に酌む
必要があるのだ。これらの概念と正対する，これらを中央に置く理論や哲学
に，である。これらの概念が無視されようがなく，明々白々な地位に置かれ
た理論や哲学に学ぶ必要がある。そこでフンボルトが展開した言語観であ

15　本章において展開された省察全体の責任が私にあるなら，引用文献からも分かるよう
　　に，これがDynadiv（言語文化多様性の動態と争点）の研究チームでの長年の共同作業に
　　根ざした省察の成果であることを強調しておく。

る。言語科学では不当に周縁化されているとはいえ，ともかく，言語教育の研究からは確実に彼は忘れ去られている。しかし，こうしてまさに亡霊と化していようと，教育研究を考えるにはとりわけ刺激的であり，その別の可能性を考えるにあたり私は振り返っておきたいと考える。フンボルトに続いて挙げるのは，言語活動の解釈学的哲学の伝統の総体である。たとえばガダマー[16]，後期メルロ＝ポンティ，リクール，最近ではロマーノ[17]がいるが，この彼らが部分的にハイデガーに依拠しながら展開した解釈学的哲学である。彼らは，前述の世界とはまったく別の世界へとわれわれを導いている。ここでは駆け足でまとめるが，詳細は同僚たちの論考を参照されたい（Pierozak, 2018; Feussi, 2018; Castellotti, 2017; Huver & Lorilleux, 2018; De Robillard dir., 2016）。

　この思想の要点とはまず，言語とは，この伝統において，なににもまして手段や道具などではなく，「経験」なのだ，ということである。経験とはつまり，「われわれがする」というような，経験主義的概念としての経験ではなく，「われわれがもっている」経験である。私たち自身が「操作者」ではないような（ただ操作する者であっても，いずれにせよ，特に優先されて操作する者ではない）経験である。

　　いかなるものであれ，あるものごとを経験する，ということは，それがわれわれのところに来るに任せること，それがわれわれに達し，われわれを打ち負かし，われわれをひっくり返し，われわれを別のものにする，ということである。その表現するところにおいて，**「する」とは，われわれが経験の操作者ではないことを示している**。つまり，「する」

16　［訳注］ハンス・ゲオルク・ガダマー Hans-Georg Gadamer(1900-2002)はドイツの解釈学的哲学の提唱者。ディルタイの精神科学の方法論とハイデガーの存在論から出発し，古典文献学，歴史学，美術史などを講じるかたわら，「解釈学的対話」や「解釈学的循環」などの概念を巡り，その言語論，テクスト論も展開した。経験自体の根源的言語性に注目し，ハーバーマスとの言語の観念論，デリダとのテクスト論についての論争で知られる。

17　［訳注］クロード・ロマーノ Claude Romano(1967-)はフランスの作家，哲学者。現象学，形而上学，解釈学的哲学，文学を扱う。『出来事と世界』(1998)，『出来事と時間』(1999)などにより，「出来事の解釈学 herméneutique événementiale」を提唱する。

とは，慣用で「病気を，する faire une maladie」［訳注：＝気に病む］というように，横断すること，端から端まで苦しむこと，耐えること，われわれを従わせながらわれわれに達するものを迎え入れることである。

(Heidegger; in Berman, 1999: 16)[18]

　このような思想世界においては，言語はコントロール（管理）や習熟の対象とはならない。メルロ＝ポンティの「世界の知覚的現前」であり，フンボルトの「世界像」であり，つまり「世界を思考に賦すかたちに整える」(Thouard, 2016: 316) のであり，言語とはそのやり方のひとつである。そしてフンボルトは，まさにそのような所作を通じ，言語をただちにその多様性によって捉える。この「外」国語＝「異」言語とは，他者性という経験であり，ベルマン[19]の見事な表現を借りれば，それは「他者という試練」(Berman, 1999) をわれわれに横断させ，思い知らしめるのである。

4.2 予記不能，あいまい，無理解——亡霊たちの存在を前提とした言語概念とは

　このような前提に立つならば，どのような結果が導かれるのか。亡霊たちの存在は，言語教育の研究になにをもたらすのか。

　まず，予記不能な性質が根本にある以上，諸言語およびその学習は，線型思考や，習熟やコントロール（管理）の観念のうちには収まりきらない。こうした視点から眺めれば，学習される言語（「適応」については後述する）とは必然的に変形し変質した言語なのであり，「いかなる規則も適用されることなき彼方に」ある言語なのである。そのことを知るには，たとえば，ある人たちは，アイデンティティ的理由から訛りを手放さずにいるが，その様

---

18 「苦しむ」，「耐える」，「病気」など，ここで挙げられた用語の苦痛効用論的性格については確かに考えさせられるものがある。しかしながら，この引用において関心を寄せるべきは解釈学的哲学の経験の「受容的」（↔「産出的」）性格をうまく表しているところにある。

19 ［訳注］アントワーヌ・ベルマン Antoine Berman(1942-1991)はフランスの翻訳理論家・翻訳家。主著に『他者という試練——ロマン主義ドイツの文化と翻訳』(1984, 2008)がある。

子を見れば充分である。したがって，諸言語は，評価レベルに切り分ける対
象にはなり得ないし，いくら細かく切り分けようと，網羅に精を出そうと，
そうはなり得ない。訛りを手放さないことは，学習上の不完全な達成にすぎ
ないのではない。まったく別なやり方で解釈することができるのである。こ
の点に関して思い起こしておきたいのは，2013 年にダニエル・コストが述
べていることだ。彼によれば，CEFR の構想段階では，評価レベルの論理と
は競合する別の論理も提案されていた。しかし，種々の資格試験機構の圧力
が強く，最終的に採択されなかったのだという。

　次に，言語の他者性の側面であるが，（諸）言語での経験は，産出の次元
でなく，なににもまして受容の次元のものである。言語的であれ文化的であ
れ，ここでの理解は，単なる記号のコード解読ではなく，経験と体験の多様
性に基づいている（Huver, 2018 を参照）。この枠組みでは，言語が，自明性
とは逆のあいまいさ[20] の次元に置かれる。ただひたすらに合理の次元ではな
く，想像界と歴史＝物語とにも属する。

　ニコラ・ブーヴィエ[21] は，作家の言及としては差し障るのだが，以下のよ
うに的確に表現する。

　　言語活動がこの世界の召使いであり，鏡であるなら，かなりボーっと
　　した召使いであり，ほとんどいつも曇った鏡である。

（Bouvier, 1992: 104）

　ことばにはそれぞれ，さまざまな限界がある。それはその匂い，色，

20　あるいは「明晰横断性 translucidité」，つまり，ただ単にあいまいでもなく，ただ単に
　明晰でもないとも言える。ここではしかし，あいまいさの概念に留めることとする。
　「言語の普遍的あいまいさ」について語るガダマーを部分的に参照するからだが，それ
　とは別に，影のメタファーを敷延するためでもある。

21　［訳注］ニコラ・ブーヴィエ Nicolas Bouvier(1929-1998)はスイスの作家，写真家，図
　像調査士，旅行家。20 世紀を代表する旅行記を数々著した。1953 年にジュネーブを出
　発し，ユーゴスラヴィア，トルコ，イラン，パキスタン，セイロンを経て，1955 年日
　本に到着。日本各地で一年を過ごす間に写真家となり，その後世界中を旅した。邦訳に
　『世界の使い方』(1963, 2011 英治出版)や『日本の原像を求めて』(1975, 1994 草思社)な
　どがある。

歴史，不可解さによる。いかがわしい，数多の厄介事に巻き込まれてい
て，警察のブラックリストにも載っている。飛び切り古いスプーンのよ
うに，口から口へ，あらゆる口腔のなかをそれらはうろつき回ってき
た。憎悪も，生きる喜びも，満足には表現できない。沈黙するかどうか
検める関所がどこかにあるからだ[22]。　　　　　　　（Bouvier, 1992: 105）

　こうして，他者性が外国語学習において決定的な役割を果たすと捉えるな
らば，外国語での経験とはまず，無理解であり，理解しようともされない／
しない経験であり，「別なように理解される／する」経験である。同僚のマ
ルク・ドゥボノのことばを借りるなら，外国語での経験とはむしろ，「諸言
語にある他者たち」との経験，と表現するのが的確である。

　　だれしも，同じ一語から，克明かつ精確に，目の前の他者とものごと
　　を同じく思い描くことはない。そして，どれだけ微細であろうと，この
　　相違は言語全体を水紋のように横切っていく。だから，すべての理解
　　は，同時に理解しようともされない／しないことでもあり，同時に思考
　　と感情との全き一致かつ不一致なのである。
　　　　　　　　　（Humboldt, 1836: 224, in Berner & Thouard dir., 2015: 280）

22　解釈学的現象学では，これをロマーノ（Romano, 2011）がいう意味において，「先述定
　的 antéprédicatif」と呼ぶことができるだろう。
　　　「私はこの「先述定的 antéprédicatif」という用語を「言語記号以前 prélinguistique」
　（これはフッサールの用法に厳密に対応するものではないが）の同義語として使用し
　ている。先述定的なものが生じる場となるのはまさに，日常的な世界の経験であ
　る。経験それ自体は言語由来の概念図式によって構造化されているわけではなく，
　類型によって形作られているわけでもなく（中略），そこにはまさに美的世界のロゴ
　スがあり，「先述定的」という用語が把握しようとするのはこのことである。モノ
　のなかに露出する意味があり，それは感覚の次元に内在するものであり，それをも
　とにして身体的，実用的，知覚的知性は展開する。これらの知性は，科学的営為な
　どに展開する言説的で論理的な知性に先立つ。この先行性は，権利においての先行
　性で，事実に基づくものではない。もちろん，われわれは言語を学んだから知覚と
　感覚は言語によって情報化され，変形されている。しかし，このことは，言語に先
　立つ次元には，この権利においての先行性があると捉えることを否定するものでは
　まったくない。」

4.3　適応──亡霊と「ともにある」ための言語概念とは

　他者性という亡霊との共棲について，ベルナール・ピィは，言語や人格が変質も変形もされることなく，それぞれ無関心に，平行線を生きるあり方を思わせる言い方で語っていた。ところで，ここで私が示そうと試みている世界では，基本概念として，予記不能，あいまい，理解しようともされない／しないという基本概念があるが，これらは逆に，人格のみならず，諸言語までをも，学習において変形されてしまうものとして捉える概念である。

　確かに，言語を学ぶことは，「知覚や観念を通用する信号に置き換える」（Merleau Ponty, 2010: 1437）ことである。そして，おそらく他の多くの場合（たとえば学校）でも同じにちがいない。しかし，だからと言って，この学習に対する捉え方それだけをあらゆる状況にあてはめれば済むとまでみなすべきだろうか。特に言語の学習と使用についてだが，これがなににもましてここにあてはまるとみなすべきだろうか。移民や芸術家，またある子供たち／学生たち（ここにはより整った状況にあるものたちも含まれる）が経験しているのは逆であり，外国語学習とはまず，学習する本人にとっては「適応」という現実に敏感になるという経験である。適応＝占有（appropriation）とは，言語が所有物となる，という意味ではなく，本人が，「特有の」，「自分なりの仕方で」言語を解し，かつそこから意味を作り上げるという意味の概念である。

　このような動きのなかで，変質され変形され，言語と人格は生じる。必然的に特有な意味に，つまり予記不能な意味において生じるのだ。「言語混交hétérolingues」（Suchet, 2014）を想像すると，パンが酵母に促されるように，その想像の産物らは，言語的多様性のうちに発酵し，「膨らむ」。この想像の産物たちが例示するのは，不安定化，脱習慣化，変質化で，これらは，ここに置かれた人々たちにとっての意味から，あるいはミカエル・フェリエの「サンゴ礁的」な多様性から言語を把握しはじめると，偶発する作用なのだ。例は他にいくらも挙げられるが，ヴェトナムから帰化したフランスの脚本家カロリーヌ・ギエラ・グエンの『サイゴン』についてのインタビューを紹介する。

　　　母はヴェトナム語を話すのに，同化への障害となる懸念から私にはそ

れを伝えませんでした。ある日，私は母が 2018 年のヴェトナム語を話してはいないことに気付きました。母は無国籍者の言語を話していたのです。ヴェトナムに着くと，母は話してもなかなか伝わらない。母は存在しないような言語を話していたのです。**そして私は，私の知らない言語にではなく，母の言語，私の母にしか属さない言語，存在しない言語に向き合うこととなりました。**この言語の旅で，私はヴェトナム語をなにか自分には分からないもののように捉えていました。そのことばを開けて，その風景すべてを，その言語に広がる想像すべてを理解したいと強く願っていました。

『サイゴン』には，私が特別な方法で記したボイスオーバーがあります。私たちがヴェトナムに行ったとき，女優の一人が舞台で泣き続けているシーンがあって，それは「私はまだ悲しい je suis encore triste」と翻訳されるような様子でしたが，翻訳者は「彼女が自らの苦しみを終わらせることはなかった（＝彼女はいつまでも泣いていた）elle n'en a pas fini de sa douleur」と訳したのです。そして突然，この**フランス語とヴェトナム語とを携えた翻訳**を通じて，私はヴェトナム語のなにかを発見することになりました。この種のフレーズをもとに，脚本のためのボイスオーバーを書きました。そしてある日，友だちにそれを読んでもらったら，その彼に「きみの話し方とあんまり変わらないよね」と言われてしまった。こんな経緯から私は考えるようになりました。母は自分の言語は私に伝えなかったかもしれないけれど，結局，**母は言語を私に伝えていた。私が私の（フランス語の）話し方に携えているようななにかを**，と。

（フランス・キュルチュール制作「アーティストの生き様」2018 年 1 月 8 日放送[23]）

言語教育とその研究をこのように志向していくと，語学教師，また言語教育の研究者の仕事は，もはや効率的な仕掛けや態勢を練ることにではなく，この適応が可能となるような関係を創出し，適応を促していくことに見出さ

23　France Culture, *Une vie d'artiste*, 8 janvier 2018

れる。その関係とは，教師が「媒介的ファシリテーター」役を果たすような関係ではなく，衝撃を受けたり／与えたり，不安定化させる／しようとする関係であり，それによって，学習本来の意味する内省や変容が可能となるような関係である。学習とは先ほど定義された「適応」でもある。学習者に能力をつけることを目指すのではなく，学習者の想像の刺激を目指す関係である。というのも，適応とは，「**科学や言語知識の問題ではなく，諸言語を想像することによる産物の問題なのである**」（Glissant, 2010: 28）。

5.　結論

　本章では，言語教育の研究において現在支配的な傾向を指摘し，その象徴として CEFR を取り上げ，批判している。現行に取って代わる別の教授法や別の方法論を提案するわけではない。私はむしろ，自明なこととして提示され，目指されているもの，つまり，コミュニカティブで，行動中心的で，より広く言えば，実用的であるという志向が，**それとは別のさまざまな可能性のなかから選び取られた，単なるひとつの選択肢でしかないということ**をはっきりと論拠を示して強調してきた。この選択には，教育観のみならず，政治性や倫理観が作用しているが，これらはとりわけ議論に付されてはいない。

　また本章では，解釈学的哲学に依拠して，言語とその学習の考え方を（言語，文化，また歴史，そして適応のための種々の思考を念頭に）多様性に根ざしたものとして捉え，さまざまな方向性を示してきた。多様性とは，一見，まったく掴みづらいものである。「サンゴ礁的」な作家や詩人たちがいて，諸言語の間にあって，それを不安定化するのが彼らの仕事であり，彼らのことばが洞察をもたらしているにもかかわらず。この現状を認識したうえで，諸言語の影にある亡霊へのシンパシーを論じてきた。したがって，諸言語が産み出すこの無理解については，ブーヴィエの一節を最後に引用し，論を俟つこととしたい。

　　　私が願うのは「あなたがたに手向けたいくつかのことばを理解してくれることだけども，もしこれらすべてを理解しなかったのだとしたら，

あなたがたはこれについていつまでも思い出すかもしれない」
（Bouvier, 1992: 113）。

引用文献

Anderson P. (2002). Nous avons les moyens de vous faire parler... ou : ce que devient la pragmatique linguistique en didactique des langues. *Semen*. <http://semen.revues. org/2537>

Babich B. (2012). *La fin de la pensée. Philosophie analytique contre philosophie continentale*. L'Harmattan.

Berman A. (1999). *La traduction et la lettre ou l'auberge du lointain*. Paris : Seuil.

Berner C. & Thouard D. (dir.) (2015). *L'Interprétation. Un dictionnaire philosophique*. Paris : Vrin.

Bouvier N. (1992). Voyage, écriture, altérité. *Cahiers de l'ILSL, n°2*, 103-111. <http://www. unil.ch/webdav/site/clsl/shared/CILSL02.pdf>

Castellotti V. (2016). Réponse à Heather Hilton : Expérience, diversité, réception, relation ou : la partie immergée de l'appropriation. *Recherches en didactique des langues et des cultures*, 14-1. <http://journals.openedition.org/rdlc/1094>

Castellotti V. (2017). *Pour une didactique de l'appropriation*. Paris: Didier.

Cometti J.-P. (2010). *Qu'est-ce que le pragmatisme ?*. Paris: Gallimard.

Conseil de l'Europe (2001). *Cadre européen commun de référence pour les langues : apprendre, enseigner, évaluer*. Strasbourg: Conseil de l'Europe. <https://rm.coe. int/16802fc3a8>

Conseil de l'Europe (2018). *Cadre européen commun de™ référence pour les langues : apprendre, enseigner, évaluer. Volume complémentaire avec de nouveaux descripteurs*, Strasbourg: Conseil de l'Europe. <https://rm.coe.int/cecr-volume-complementaire-avec-de-nouveaux-descripteurs/16807875d5>

Debono M. (2013). Pragmatique, théorie des actes de langages et didactique des langues-cultures. Histoire, arrière-plans philosophiques, conséquences et alternatives. In Castellotti V. (sous la dir. de), *Le (s)français dans la mondialisation, Fernelmont : Éditions Modulaires Européennes*. 423-447. <https://hal.archives-ouvertes.fr/hal-01376874/document>

Debono M. (2016). Que fait l'innovation à la didactique des langues ? Eléments d'histoire notionnelle pour une réflexion (très)actuelle. *Documents pour l'Histoire du français langue étrangère ou seconde, n° 57*, 29-51. <https://journals.openedition.org/dhfles/4366>

Dosse F. (1997, 1ère édition 1995). *L'empire du sens. L'humanisation des sciences humaines.*

Paris : La Découverte.

Feussi V. (2018). *Francophonies - relations - appropriations, une approche historicisée et expérientielle des langues*, Habilitation à diriger des recherches, Université de Cergy-Pontoise.

Humboldt V.W. (1836). *Über die Verschiedenheit des menschlichen Sprachbaus und seinen Einfluss auf die geistige Entwicklung des Menschengeschlechts* (Traduit en français par P. Caussat sous le titre Introduction à l'œuvre sur le kavi).

Huver E. (2018). Penser la médiation dans une perspective diversitaire. *Recherches en didactique des langues et des cultures, n°15-2.* <http://journals.openedition.org/rdlc/2964>

Huver E. & Lorilleux J. (2018). Démarches créatives en didactique des langues : créativité ou poïesis ?. *Lidil, n°57*, « Démarches créatives, détours artistiques et appropriation des langues », C. Dompmartin & N. Thamin coord., <https://journals.openedition.org/lidil/4885>

Lantolf J. P. (ed.) (2000). *Sociocultural theory and second language learning.* NY: Oxford University Press.

Merleau-Ponty M. (2010). *Œuvres.* Paris, Gallimard.

North B. & Piccardo, E. (2016). *Elaborer des descripteurs illustrant des aspects de la médiation pour le Cadre européen commun de référence pour les langues.*

Pierozak I. (2018). *Au cœur de la sociolinguistique et de la didactique des langues. Comprendre, expliciter, s'approprier*, Habilitation à diriger des recherches. Université de Tours.

Pierozak I., Debono M., Feussi V. & Huver E. (2018). Fils rouges épistémologiques au service d'une autre intervention. In Pierozak I., Debono M., Feussi V. & Huver E. (dir.), *Penser les diversités linguistiques et culturelles. Francophonies, formations à distance, migrances*, 9-28. Limoges, Lambert Lucas.

Py B. (1992). Acquisition d'une langue étrangère et altérité. *Cahiers de l'ILSL, n°2*, 113-126. <http://www.unil.ch/webdav/site/clsl/shared/CILSL02.pdf.>

Robillard D. de (dir.) (2016) Epistémologies et histoire des idées sociolinguistiques. *Glottopol, n°28.* <http://glottopol.univ-rouen.fr/telecharger/numero_28/gpl28_07robillard.pdf>

Romano C. (2011). Entretien avec Claude Romano : autour de Au cœur de la raison, la phénoménologie. <http://www.actu-philosophia.com/Entretien-avec-Claude-Romano-autour-de-Au-coeur.>

Thouard D. (2000). La Grèce de F. Schlegel entre Homère et Platon. *La Grèce au miroir de l'Allemagne, Kairos 16*, 59-84. Toulouse.

Thouard D. (2016). *Et toute langue est étrangère*, Encre marine.

解題

倉舘健一

「CEFR からは見えず，むしろこれが消していってしまう，本当はとても大切なもの。幽霊や妖怪たちのように，見えないひとにはまったく見えず，見えるひとには見える。そもそも，言語や言語教育はそんなものに富んでいて，あちこちに隠れている。どうにか救いたい。どうしたらいいのだろう……」。

ユヴェールは CEFR や現行の言語教育にこんな違和感を感じ，突き止めようとしています。あるいは，同じような違和感を抱くひとは少なくないのかもしれません。私自身，一方で彼女以上に大きな違和感をあるいは抱え，また一方でその応用実践の試みを重ね，この狭間に立ち，言語教育学の発展に貢献しようと関わっています。とはいえ，そもそもの意図を理解しないわけではなく，この違和感と相反する意識も抱えています。

これから先の言語教育の長い道のりを俯瞰すれば，さまざまな段階を経験していく様子を思い描くことができます。CEFR は，この日本でも，概ね肯定的に受容されています。この一部だけを取り出し，既存のものと連絡づけ，英語教育用に特化して再構成し，教育に実装するのもひとつの落としどころです。言語教育の先々を考えれば，ある段階の諸現象の一例となります。そもそものアイデアからの乖離が見られるにしても，具体化された一里塚。これを細かく見ていくことで，言語教育に作用するさまざまな力学，現実を取り巻く背景や構造も明らかになっていきます。まだまだこの先，長い変遷を遂げていくことでしょう。

そしてこの先の長い道のりでは，個々の「文脈」での「実装」が進められる一方で，「言語教育」や「CEFR 的発想」自体もまた変化を遂げていくことは避けられないでしょう。すでに CEFR はそもそものヨーロッパ域内のフレームであることから離れ，域外各国での教育に活かされてきています。世界には，ヨーロッパ諸語とは系統学的に大きく異なり，文字体系も，宗教や習俗などの文化的土台もまったく異なる言語文化が広く分布します。CEFR はそもそもこのような事情を網羅的に鑑みて開発された教育政策資料

ではありません。開発担当者たちもそれぞれに最適化されていなくて当然と考えています。

　ここから分かるのは，さらに広い伸び代があるということ。そして，それと同時にこれが限界を呈するものでもある，ということです。つまり，こうしたヨーロッパ的なまなざしに留まり，これとは異質な言語文化の側のまなざしが見えづらいような言語概念認識ならではの限界です。また，それはヨーロッパに由来し，そのまなざしの磁場にあり続ける現状の学術的枠組みのままでは，扱われることの難しいものを孕んでいます。

　言語が異なれば，同じものでも見方はさまざまに異なります。また，たとえば日本語のように，漢字にひらがなにカタカナをミックスさせて表記する文字体系に生きる人たちの言語活動は，脳科学レベルで英語やフランス語などとも大きく異なることがすでに明らかにされています。でも，そんなことを現状の CEFR はほとんど気にかけませんし，お構いなしなのです。ほとんどまったくと言っていいほどに，「まなざしの基点」の移動がないのです。とはいえ，人類史の流れのなかで捉えるならば，先行する営みを無視してばかりいられないのも必然です。ただ，現行のヨーロッパ的思考の枠組みでは，こうした歴史的発想自体がヨーロッパ的まなざしとも言えなくはないことになります。この前世紀的「近代」の根は，深く残されたままです。「ヨーロッパの世界」としてではなく，「世界の世界」として，世界を解釈し直すという，いま現在，まさに取り組まれている世界史的な課題に直結しているのです。ユヴェールの議論も，この「ヨーロッパ的まなざし」のなかに留まる議論であることは確かで，そこまで言及するわけではありませんが，こうした議論の限界については，頭の片隅に留めておくといいかもしれません。

　ところで，事故や自然災害，戦争などの大惨事は記録され，後世に伝えられます。現在のコロナ禍では，スペイン風邪の際の記録が活かされています。同じように，言語教育のいまを捉え，こうした先の長い道のりを展望していくうえでは，もうひとつ大切なことがあります。それはこれまで積み重ねられてきた言語や教育に関連した思想や研究のなかに現行の教育を位置づ

け直していく営みです。

　ユヴェールは，この先の長い道のりに向けて，現状の言語教育の傾向を捉え，これまでの言語周辺の思想や哲学の流れに組み込み，再考を促します。そのためにここで CEFR と CEFR-CV が取り上げられます。そして哲学思想上で大きく分岐した二つの流れのうち，CEFR が依拠する分析哲学（Analytic philosophy）の流れではなく，解釈学的哲学＝解釈学（herméneutique, Hermeneutik）の流れから言語概念を辿ってみせます。言語概念についての議論が途絶えていることを指摘し，このところ顧みられてこなかったもう一方の科学認識論（エピステモロジー）の源流を汲み入れ，この二つの流れ双方からこれまでの議論を俯瞰的に照らし出し，再構築を促します。そこではフンボルト，ハイデガー，メルロ＝ポンティ，言語教育学者，作家，旅行家，移民二世の脚本家などが次々に引用されていきます。こうして並べると恣意的なようですが，実は精度の高いかたちで選ばれており，この解釈学的哲学の流れを追うことができるようになっています。

　さて，ユヴェールの論考（以下，本稿）では，哲学や思想の用語使用が少なくありません。詳しくは引用の原典翻訳や解説書にあたられるとして，ここでは，忘れられがちなおおよその経緯，また可視化されづらい社会学的構図を示しておきたいと思います。論旨を位置づけ，理解を深めるうえでのヒントになるかもしれません。

　まず本稿の前提となる，近年の言語教育が分析哲学の系譜一辺倒との認識ですが，これは一義的には EU 域内での現状を捉えたものです。ラッセル，ウィトゲンシュタイン，フレーゲ，オースティン，クワイン等々とともに知られる分析哲学は，20 世紀に英語圏で主流となった哲学（科学哲学，方法論）です。EU 域内の言語教育，すなわち非英語圏での言語教育は，英語圏での動向から大きな影響を受けてきました。つまりこの議論は，英語圏にあっては不可視的で埒外にある観点からの批判です。非英語圏である日本でも認識の重なるところです。

　他方，ディルタイ，ハイデガー，ガダマー，メルロ＝ポンティ，ハーバーマス，リクール等とともに知られる解釈学は，大陸系の伝統（聖書の文献解釈学）につながります。二度の世界大戦に前後し，解釈学的哲学は社会や宗

教（文化人類学），意識の内面（精神分析），図像（図像解釈学），神話・歴史・記憶（歴史学・形態学）など，さまざまな対象に向けられ大きく発展し，構造主義とともにポストモダニズムを地ならししました。ドイツ語・フランス語・イタリア語を軸にこの哲学伝統が継がれてきており，EU 域内に限ればこのような背景は概ね共有されています。ヨーロッパ的近代のこの路線での対象化の議論は，ポストモダンを越え，綿々と現在に続きます。

　ところで本稿はこの哲学伝統から言語教育を扱いますが，言語教育でこの方法論からの体系立った議論が放置されてきた事情は，以下のようなものが考えられます。まず言語教育の学術研究は，近年広範化した人口移動の高まりを背景として再編成されつつありますが，それ以前の言語教育は長らく，言語学の強い影響下にありました。分析哲学はそもそも言語論を内包しており，そのことに起因した現象でもあるのでしょう。また，ここに功利主義に立つ英語圏の検定試験業界の圧が強く作用したことは本文でも言及されています。テスティングは良くも悪しくも分析哲学と功利主義との同軸線上にあります。あるいは思想史から見れば，英語圏で発展した経緯が示す通り，分析哲学は大陸系哲学の対抗文化です。とはいえ，その本質においては，いずれも同じ非対称性思考の原理から生じています。大陸系哲学の伝統では異端の知と経験は回収され，体系を広げていきます。多神教対一神教，ユダイズム対クリスチャニズム，カトリシズム対プロテスタンティズム，宗教対世俗と続く運動の延長線上にこの議論を位置づけることもできます。「初めに言があった。言は神とともにあった。言は神であった」とされて以来，言語の哲学と科学の営みは綿々と継がれてきました。あるいは言語教育は，この大きな運動のサイクルのなかで，ようやく再び体系化が試みられる局面に入ろうとしているのかもしれません。

　議論はさらに EU 域外に開かれています。しかしながら，ここでの議論にわれわれが接続できるかは未知数です。その社会学的構図を三つの経緯から振り返ってみましょう。

　まず一つ目は，ここでの「言語起源論」とは，そもそもヨーロッパ的な問いであること。インドや中国には非対称性思考がなく，超越者の存在とは別の仕方で主体性や言語や自然を論じる伝統があります。超越的な神の存在証

明と自己の存在証明とを重ねた思考法で起源を問うことはありませんでした。つまり，ヨーロッパ以外にこうした議論の伝統は培われてきておらず，ヨーロッパ的なもの＝普遍的なものというファンタジーが続く状況においては，その事実自体覆い隠されていく構造があります。とりわけ言語と教育は政治・経済・通交に直接関わります。その自治の掌握には外来の専門知の権威を最大限活用して憚られず，それ以外の覆い隠しと忘却が制度として構造化されています。このような経緯が明るみとなることは多々ありますが，それによる理想と現実の狭間に政治的不都合も少なくなく，うやむやなままとなるもののようです。

　二つ目は，議論の前提との乖離とこの辺境の構図です。本稿の下地には，アメリカやイギリス連邦とEU域内との間の議論の前提の乖離がまずあります。この乖離は，日本との間ではさらに決定的で，しかも重層的です。この日本とEU域内との事情の異なりは明白なようで，故意か無意識か，しばしば忘れられるもののようです。それを深く吟味する暇もなしにとりあえず，なりふり構わず，日本は近代化と戦後の経済復興に励んできました。また，これまでのように「近代的合理性」に向かえば向かうほど，虚しくなる辺境にわれわれはあることも事実です。少なくともこの議論への接続には，ヨーロッパでの哲学伝統に学び，辺境からその思考に臨み，「ヨーロッパの世界」ではなく，「世界の世界」としての方法論を踏んでいくしかありません。とはいえこの営みを粘り強く続けていくうえでは，北米型一辺倒の教育再編との折り合いの悪さは根底に残ります。

　つまり三つ目は，「アメリカの影」（加藤典洋）の問題です。決定的な敗戦を経験し，アメリカ文化の内化を国是とする戦後日本を覆ってきた「影」は俄に可視化され，白日の下に曝されつつあるようでもあります。とはいえ，ヨーロッパ的歴史主義の対抗文化である反知性主義のアメリカは，人々を惹きつけてやみません。「日本」も中華世界の対抗文化であり，起源からの歴史継承を含意する体系化思考に背を向ける構図があります。それぞれがこうした文化に固有の源泉を大事にすることは極めて重要です。しかし，内向きの価値を強調する文化相対主義を超えていく方向性にわれわれはいま向かうべきです。普遍的な価値＝ヨーロッパのものという，「自己完結的」なイデオロギーがあります。ヨーロッパの人々のみならず，われわれも抱き続けて

いるこのファンタジーを超えていくことが必要です。

　つまり，CEFR の応用を契機にした欧州での議論への接続は，系統を異にする日本の言語教育を学術的に位置づけていきます。ヨーロッパの功利主義や政治的思惑を見据えたうえでの言語教育の自治をさぐる手がかりとなります。そして「辺境」からの伸び代が言語教育の研究にはあるのです。

　当たり前のように言われるものごとが，実は単に選択されたものにすぎない。そのことをユヴェールは本稿で示します。亡霊や影，すなわち徴候や証跡から経緯を辿り，解読する。まさに解釈学伝統の思考です。そして言語の本質には，失われたもの，表し難いものの表出があります。そうした知的営為としてユヴェールはさらに言語の学びの地位を再確認しようとしています。ここにわれわれが学び，伸び代を広げていくべきものがある。私はそう考えるのですが，皆さんはいかがでしょうか。

おわりに

　影と闇は違う。闇はどこにも光がない状態。それに対して，影は光があってはじめてできる。光がなければ，影は存在しない。だから，影は光の存在を否定することはできない。影も大切にしなければならないというだけでなく，影は光より大事だと主張するのであれば，その影が光の代わりをすることができるかどうかまず問うてみる必要がある。メインストリームがあって，はじめて傍流ができる。傍流を持ち上げて，メインストリームの存在意義を批判するのであれば，持ち上げている傍流は，メインストリームに代わる実力があるのか問うてみる必要がある。

　CEFR は，光であり，メインストリームである。だから，批判の矢面に立たされる。しかし，CEFR は，言語教育を支える屋台骨である。内部崩壊しないように，正当な批判とそうでない批判をしっかり見極めたい。尻馬に乗って，批判をするようなことは厳に慎みたい。

　何にでも欠点はあり，批判するのは簡単であるが，それ以上に，良いところを見つけ，伸ばすことの方が重要である。CEFR が提唱している「部分（的）能力」は，そのひとつであるように思う。欧州評議会は複言語主義を推進する道具として CEFR を策定した。部分能力は，この複言語主義と深く関係している。

　複言語主義に基づく教育では，複言語能力と複文化能力を養成する。

　　複言語能力（plurilingual competence）や複文化能力（pluricultural competence）とは，コミュニケーションのために複数の言語を用いて異文化間の交流に参加できる能力のことをいい，一人一人が社会的存在として複数の言語に，全て同じようにとは言わないまでも，習熟し，複数の文化での経験を有する状態のことをいう。この能力は，別々の能力を重ね合わせたり，横に並べたりしたものではなく，複雑で複合的でさえあると考えられる。　　　　　　　　　　　（CEFR 日本語版 p. 182）

　そして，これらの能力を養成する目的のひとつとして，CEFR は，欧州評議会の加盟国に対するつぎの勧告文を引用している。

　　より効果的な国際コミュニケーションにより，相互理解と寛容性，ア
　イデンティティーと文化的差違を尊重する心を育てること。
（CEFR 日本語版 p. 3）

　このような能力は，国境がなくなり，さまざまな領域で複数の言語による協働作業や異文化間の交流が行われるようになったヨーロッパだけでなく，グローバル化した日本社会でも必要な能力のように思える。ところが，言語教育に割くことのできる時間が限られている教育の現場で，複言語主義の意図を正しく反映した言語教育を実行することはそう簡単ではない。要するに，優先順位が低い。複言語主義に基づく外国語教育を実施するために必要になるのは，「部分能力」を公に認めることである。

　　CEFR は「部分的」資格認定（'partial' qualifications）も許容する立場
　を取る。かなり限定された形での言語知識だけが要求される環境であれ
　ば，それをよしとするのである（例えば「話す」ことより「理解する」
　ことが求められるような場合である）。あるいは，第三，第四の言語を
　学習するための時間的制限がある場合，例えば，学習した技能自体が使
　えることより，学習したことが分かることを目指した方が学習結果とし
　てより有意義かもしれない。このような能力にも公の認知を与えること
　は，さまざまな種類の言語が存在するヨーロッパの中で，より多くの種
　類の言語を学ばせることにつながり，そのことは複言語主義
　（plurilingualism）を浸透させるのに寄与するであろう。
（CEFR 日本語版 p. 2）

　本書ではさまざまな観点から CEFR について議論がなされているが，部分能力については，深い議論がなされていない。私たちは，「部分は全体に，不完全は全体に劣るもの」としてとらえがちであるが，CEFR の部分能力に関しては，そうではない。肯定的な意味を持っていて，複言語主義と深

く関わっており，積極的に関与している。
　CEFR の「部分能力」は，二重の意味で使われている。

　　外国語の熟達度を，ある時点では不完全であったとしても，複言語能
　　力を豊かにする構成要素として位置づけるのである。また，「部分的」
　　能力は複合的能力の一部であり，同時に，具体的な限定的目標との関係
　　で機能的能力である，ということも指摘しておかねばならない。
　　　　　　　　　　　　　　　　　　　　　　　　　（CEFR 日本語版 p. 149）

　ひとつは不完全な能力という意味で，たとえ熟達度が低くてもひとつの能
力として認める。もうひとつの意味は，全体に対する部分という意味で，習
得している能力，活動，技能などの種類が特殊で限られたものだけであって
もひとつの能力として認める。
　つぎに示すのは，CEFR 増補版（p. 39）からの引用で，個人の言語プロ
フィールを例示するための表である。スペイン語について 7 種類の能力
（厳密には「活動」）の熟達度を表している。それぞれが部分能力である。

Figure 9-A　proficiency profile - overall proficiency in one language

SPANISH	Pre-A1	A1	A2	A2 +	B1	B1 +	B2	B2 +	C1
Listening comprehension									
Reading comprehension									
Spoken interaction									
Written interaction									
Spoken production									
Written production									
Mediation									

　つぎに示すのも，CEFR 増補版（p. 40）からの引用で，個人の言語プロ
フィールを例示するための表である。リスニングについて 5 種類の言語に
おける熟達度を表している。レベルが低い言語もあるが，それぞれの言語を
部分能力として積極的に認める。

Figure 10-A　plurilingual proficiency profile - listening across languages

LISTENING	Pre-A1	A1	A2	A2 +	B1	B1 +	B2	B2 +	C1	C2	Above C2
English											
German											
French											
Spanish											
Italian											

　言語使用者の置かれている環境はそれぞれ異なっているのだから，必要とされる能力，活動，言語もその種類だけでなく程度も当然異なっている。そのひとつの例として，CEFR は，郵便局員の「外国人利用者に最も一般的な郵便局の業務について相手の言語で説明できる能力」(p. 148) をあげている。この局員にとっては，すべての能力をバランス良く習得する必要はない。

　複言語主義に基づく教育が重要で，そのために部分能力を認める必要があることが頭で分かっても，そう簡単に現在の外国語教育を変えることはできない。おそらくこれは日本だけの問題ではないと思われるが，ここでは日本の場合を考えてみることにする。昔のように外国語を学ぶ必要がある人が限られていて，かつ外国語の使用目的が予め分かっていて外国語を学ぶ場合は，目的にあわせて部分能力を習得すれば良かった。ところが，現在はそうではない。英語が半ば必須科目になり，将来必要になるだろうという前提で大勢の学習者に対して教育・学習が行われている。この場合は，使用目的や程度を限定することはできないので，4 技能をバランス良くということになる。

　実際，わが国では，「4 技能をバランス良く」という言い方をよくする。つまり，「聞く」，「読む」，「話す」，「書く」の 4 技能をすべて同程度に養成する必要があるといっているのだから，例えば「聞く」，「読む」，「書く」の 3 つの能力だけを養成して，「話す」能力を養成しないことは認められない。CEFR の不完全な能力も部分能力として認める立場では，例えば「話す」能力は他の 3 つの能力より劣っていても，それもひとつの能力として

積極的に認める。また，CEFR の限られた一部の能力であっても部分能力として認める立場では，「読めるけれど，話せません」と恥じるのではなく，「話せないけれど，読めます」と胸を張っていうことができる。「4 技能をバランス良く」という，「信仰」とでも呼ぶべき態度は，部分能力を積極的に評価する CEFR の立場からすると，説明が必要である。例えば，現行の学校教育では，「話す」と「書く」が「聞く」，「読む」と比べて弱いからというのは理由にならない。これらの活動を十分に指導していない高等学校の教育を正常化するために大学入試では 4 技能をすべて評価するというのは，もっと理由にならない。

　では，「4 技能をバランス良く」は，誤った教育の仕方なのだろうか。4 つの技能をそれぞれ習得することによる相乗効果が期待できるので，「4 技能をバランス良く」学ぶ必要があるというのなら納得できる。CEFR にもそのことは言及されている。

　　とはいっても，学習者全員が，母語でない言語でそれら全ての習得を希望したり，またその習得が必要であるというわけではない。例えば，書き言葉は必要としない学習者もいるし，書き言葉だけ理解できればよいという学習者もいる。ただしこうは言っても，そうした学習者は書き言葉か話し言葉のどちらか一方だけ学習すべきだ，というわけでもないのである。
　　学習者の認知スタイルによっては，対応する書き言葉の形態と結びつけることで，話し言葉の形が覚えやすくなる場合がある。反対に，書き言葉も，対応する口頭の発話を連想することで，認識が楽になる。あるいは，そうした連想がないと分からない場合さえある。

（CEFR 日本語版 p. 146）

　上の Figure 9-A では，7 種類の活動の熟達度は，すべて「自立した言語使用者」レベルである B1 まではある。この表は，個人の言語プロフィールを例示しているだけであるが，日本の大学入試で受験生に 4 技能すべてについて A2 もしくは B1 レベルを求めているのもある程度納得できる。問題は，それ以上のレベルについてである。教育的には，どのレベルでも「4 技

能をバランス良く」学ぶこと（養成すること）はその相乗効果が期待できる
だろう。ただ，外国語に関して，万人に B1 レベル以上の「4 技能をバラン
ス良く」を習得することを求めるのは間違っている。また，限られた学習時
間を考慮に入れると，相乗効果があるからといって，すべての技能の教育・
学習に時間をかけることはできない。それならば，言語使用者のそれぞれの
目的にあわせて，必要な技能を伸ばせばいい。ところが，これにも問題がな
いわけではない。日本の大部分の学習者には，外国語の使用目的が明確では
ないので，「それぞれの目的にあわせて，必要な技能を伸ばせばいい」とい
う意識が希薄である。この事実は，日本人にとっての実用的な外国語の必要
度と関係している。これに関しては『「グローバル人材」再考——言語と教育
から日本の国際化を考える』（くろしお出版）の第 1 部第 2 章「グローバル
人材育成政策と大学人の良識」（pp. 48-79）ですでに詳しく述べたので，参
照されたい。

　この「4 技能をバランス良く信仰」と並んで，部分能力を認めることの重
要性が公認されるのを阻害しているのは，日本人の「ネイティブ信仰」だと
思われる。外国語教育の到達目標が，4 技能をバランス良くかつ完璧にそな
えたネイティブのようになることになっている。先に見たように，この「4
技能をバランス良くかつ完璧に」という考えは，部分能力を認める立場では
否定される。

　　　この観点を採るならば，言語教育の目的は根本的に変更されることに
　　なる。もはや従前のように，単に一つか二つの言語（三つでももちろん
　　かまわないが）を学習し，それらを相互に無関係のままにして，究極目
　　標としては「理想的母語話者」を考えるといったようなことはなくな
　　る。新しい目的は，全ての言語能力がその中で何らかの役割を果たすこ
　　とができるような言語空間を作り出すということである。もちろん，こ
　　のことが意味するのは，教育機関での言語学習は多様性を持ち，生徒は
　　複言語的能力を身につける機会を与えられねばならないということであ
　　る。　　　　　　　　　　　　　　　　　　　　（CEFR 日本語版 pp. 4-5.）

　ちなみに，2001 年版 CEFR の共通参照レベルの能力記述文で使われてい

た「ネイティブ」という単語は，CEFR 増補版ではすべて削除されている。

　グローバル化した社会では，「より効果的な国際コミュニケーションにより，相互理解と寛容性，アイデンティティーと文化的差違を尊重する心を育てること」のできる複言語主義に基づく言語教育を実施する必要がある。しかし，それには，「4技能をバランス良く信仰」と「ネイティブ信仰」を捨てて，部分能力を公に認める必要がある。CEFR の主張に基づいて考えるとこのようになり，十分に説得力があると思う。それを実行できないのは，CEFR の問題ではなくて，われわれの問題である。実際，われわれには，CEFR を工夫して使うことが期待されている。本シリーズの下巻『CEFR の理念と現実　現実編　教育現場へのインパクト』で，真嶋潤子氏は彼女の論考「日本語教育における CEFR と CEFR-CV の受容について」の中で，押さえておきたい CEFR の指針をつぎのようにまとめている。

- ・読者（CEFR のユーザー）は，自分の置かれた教育現場によってその内容を選択的 selective に使用することが期待されている
- ・CEFR（の著者たち）は，言語教育で「何をすべきか，どうすべきかを指示しようとは考えていない」（序章；2）
- ・CEFR は，「言語教育に関する問題を考えるのに，ありうる選択肢を示し，当事者が熟考 reflect しやすいように枠組みを示すもの」である。 (p. 82)

真嶋氏の論考も含めて，本シリーズの下巻もぜひ一読願いたい。

大木　充

執筆者・翻訳者紹介

西山教行（にしやま・のりゆき）＊編者

第2章，「はじめに」執筆。京都大学人間・環境学研究科教授。専門は，言語教育学，言語政策，フランス語教育学，フランコフォニー研究。主著に『グローバル化のなかの異文化間教育——異文化間能力の考察と文脈化の試み』（編著，明石書店，2019），翻訳に『ヨーロッパの言語』（アントワーヌ・メイエ著，岩波書店，2017），『バイリンガルの世界へようこそ——複数の言語を話すということ』（フランソワ・グロジャン著，監訳，勁草書房，2018），『多言語世界ヨーロッパ——歴史・EU・多国籍企業・英語』（クロード・トリュショ著，共訳，大修館書店，2019）など。

大木　充（おおき・みつる）＊編者

「あとがき」執筆。京都大学名誉教授。専門は，日本人フランス語学習者の動機づけと異文化間教育研究。主著に，Apprentissage du français : identité sociale et recherche du soi idéal. (*Le Langage et l'Homme, 2016-2,* 2016)，共編著に『マルチ言語宣言——なぜ英語以外の外国語を学ぶのか』（京都大学学術出版会，2011），『「グローバル人材」再考——言語と教育から日本の国際化を考える』（くろしお出版，2014），『異文化間教育とは何か——グローバル人材育成のために』（くろしお出版，2015），『グローバル化のなかの異文化間教育——異文化間能力の考察と文脈化の試み』（明石書店，2019）など。

大山万容（おおやま・まよ）

第3章翻訳。立命館大学言語教育センターほか非常勤講師。初等教育から大学教育までの複言語教育の研究，特に日本の小学校での言語への目覚め活動の教材開発を行っている。主著に『言語への目覚め活動——複言語主義に基づく教授法』（くろしお出版，2016），Pluralistic approaches for Japanese university students preparing to study abroad. (*European Journal of Language Policy, 12*(1), 共著，2020) など。

トム・グディア（Tim GOODIER）

第4章執筆。ユーロセンター（本拠地はスイス，地域で使用されている諸言語をその地域で教える学校を支援する非営利のNGO）アカデミックディベロプメント長，および言語プログラム提供者向けの水準保証のための国際組織イークォルズ（Eaquals）の執行部役員を務めた。カリキュラム開発とブレンド型学習の専門家。アカデミックプロジェクト管理，テスト・プログラム・オンラインプラットフォームの開発，教師教育，教育の質の保証などに携わる。CEFR-CV 共同執筆者。2020年3月に早逝。

マルギット・クラウゼ小野（Margit KRAUSE-ONO）

第6章執筆。室蘭工業大学理工学基礎教育センター教授。専門は，文化間コミュニケーション，メディアリテラシー研究。単著に「CEFR に準拠した独自のドイツ語教授法」(『室蘭工業大学紀要』*68*, 2019)，共著に，TEPCO - Kommunikation einer Katastrophe oder Katastrophe einer Kommunikation?, *Von Fukushima zum Tanz der Banker.* (Logos Verlag, 2015). など。

倉舘健一（くらだて・けんいち）

第4章，第8章翻訳。慶應義塾大学総合政策学部講師。専門は，言語教育学，フランス語教育学，メディア教育学，フランス語教育史研究。論文に，Curriculum commun à plusieurs langues (*Revue japonaise de didactique du français*, *11*, 2016)，翻訳に「複数文化と異文化間能力」『異文化間教育とは何か——グローバル人材育成のために』(ダニエル・コスト著，くろしお出版，2015)，「外国語教育を支える異文化間能力の育成」『グローバル化のなかの異文化間教育——異文化間能力の考察と文脈化の試み』(ダニエル・コスト著，明石書店，2019) など。

ダニエル・コスト（Daniel COSTE）

第3章執筆。リヨン高等師範学校名誉教授。CREDIF（フランス語普及のための教育センター）所長や，研究グループ「複言語主義と学習」代表を兼任した。言語教育学とそこで使用される概念に焦点を当てる研究を行っている。欧州評議会言語政策部門のプロジェクト委員として CEFR の作成に貢献した。共著に，*Education, mobilité, altérité. Les fonctions de médiation de l'école* (Conseil de l'Europe, 2015), Le plurilinguisme entre variation et évaluation. *Variation, Plurilinguisme Et Évaluation En Français Langue Étrangère* (Peter Lang, 2019), Savoir prendre ses distances. *Distance(s) et didactique des langues: L'exemple de l'enseignement bilingue* (EME éditions, 2019) など。

下　絵津子（しも・えつこ）

第4章翻訳。近畿大学総合社会学部教授。研究領域は，学習者オートノミーや協働学習，教師ビリーフ，外国語教育政策。単著に「なぜ外国語を学ぶのか——高等教育会議と明治期中学における外国語教育」(『言語政策』14, 2018)，「明治期から大正期日本の高等学校入学試業と中学校の外国語教育——第一高等学校における変遷を中心に」(*JALT Journal*, *41*(1) 2019)，共著に，*Critical, constructive assessment of CEFR-informed language teaching in Japan and beyond* (Cambridge University Press, 2017) の Can Do フレームワークに基づいたカリキュラムに関する章など。

モニカ・シルモイ（Monika SZIRMAI）

第6章執筆。広島国際大学健康科学部教授。専門は，コーパス言語学，ユーモア，CEFR を含む言語政策，教育方法論など。主著に，Moodle: The ubiquitous teacher. (*Electronic Journal of Foreign Language Teaching, 17* (Suppl. 1 Themed issue: Learning in and beyond the classroom: Ubiquity in foreign language teaching), 2020) など。

長野　督（ながの・こう）

第5章翻訳。北海道大学メディア・コミュニケーション研究院教授。専門は，外国語教育学，異文化コミュニケーション。CREDIF（フランス語普及のための研究センター）で研修後，外国語としてのフランス語（FLE）の分野で，主に外国語教育における文化の問題を研究している。主著に，Pourquoi les étudiants japonais apprennent-ils une deuxième langue étrangère ? (*Pré-actes du premier colloque international conjoint de la SCELLF et de la SJDF*, 2013),「ヴァッレ・ダオスタの早期バイリンガル・複言語教育」『世界と日本の小学校の英語教育——早期外国語教育は必要か』（明石書店，2015）。

ブライアン・ノース（Brian NORTH）

第4章執筆。1990年より欧州評議会研究員。専門は，カリキュラムと評価。CEFR のレベルと能力記述文の開発，CEFR とヨーロッパ言語ポートフォリオの原案作成，諸検定を CEFR にリンクするためのマニュアル，英語とフランス語用 CEFR 目録，CEFR-CV 編集執筆に携わる。単著・共著に，*The CEFR in practice* (Cambridge University Press, 2014), *Language course planning* (Oxford University Press, 2018), *The Action-oriented approach: A dynamic vision of language education* (Multilingual Matters, 2019)。

エンリカ・ピカルド（Enrica PICCARDO）

第4章執筆。トロント大学オンタリオ教育研究所言語・識字教育研究センター長兼教授。専門は，言語教育アプローチとカリキュラム，多言語・複言語主義，言語教育と評価における創造性と複雑性。共著に，*The Action-oriented approach: A dynamic vision of language education* (Multilingual Matters, 2019), *The Routledge handbook of plurilingual language education* (Routledge, 2021 予定)。CEFR-CV 共著者。

アンリ・ベス（Henri BESSE）

第5章執筆。フランス外地で教えた後，言語学と言語教育学の専門家としてサン＝クルー高等師範学校准教授，CREDIF（フランス語普及のための教育センター）所長を兼務した。主著に，*Grammaires et didactique des langues* (Didier, 1984), *Méthodes et pratiques des manuels de langue* (Didier, 1985) など。博士論文は，Propositions pour une typologie des méthodes de langues (2000).

細川英雄 (ほそかわ・ひでお)

第7章執筆。早稲田大学名誉教授。言語文化教育研究所八ヶ岳アカデメイア主宰。専門は，言語文化教育学。ことばと文化の教育をめぐる市民性形成と well-being（善く生きる）をめざした言語教育の理論と実践について研究している。主著に『日本語教育は何をめざすか──言語文化活動の理論と実践』（明石書店，2002），『研究活動デザイン──出会いと対話は何を変えるか』（東京図書，2012），『「ことばの市民」になる──言語文化教育学の思想と実践』（ココ出版，2012），『対話をデザインする──伝わるとはどういうことか』（筑摩書房，2019）など。

堀　晋也 (ほり・しんや)

第6章翻訳。獨協大学外国語学部講師。専門は，フランス語教育（フランス語学習者の動機づけ，自律学習），EU の言語教育政策。共著に「第2外国語学習における基本的心理欲求の充足と英語学習に対する自己効力感」（『言語教師教育』2(1), 2015），「ヨーロッパに多言語主義は浸透しているか──ユーロバロメーター 2001, 2005, 2012 からの考察」（*Revue japonaise de didactique du français*, 8(2), 2013）など。

松岡真由子 (まつおか・まゆこ)

第6章翻訳。追手門学院大学基盤教育機構常勤講師。京都大学大学院教育学研究科教育認知心理学講座博士課程在籍。日本人英語学習者の自己調整学習と物語読解をテーマとし，感情に焦点を当てた研究を行う。主著に，Self-regulated English writing of Japanese high school students: Focusing on the use of metacognitive strategies. (*Language Teacher Education English edition, 3*(2), 2016) など。

安江則子 (やすえ・のりこ)

第1章執筆。立命館大学政策科学部教授。専門は，EU・欧州統合研究，グローバル・ガバナンス論。パリ第1大学，パリ政治学院（フランス），European University Institute（イタリア），College of Europe（ベルギー）で在外研究。主著に『欧州公共圏──EU デモクラシーの制度デザイン』（慶應義塾大学出版会，2007），『EU とフランス──統合欧州のなかで揺れる三色旗』（編著書，法律文化社，2012），『EU とグローバル・ガバナンス──国際秩序形成におけるヨーロッパ的価値』（編著書，法律文化社，2013）など。

エマニュエル・ユヴェール (Emmanuelle HUVER)

第8章執筆。トゥール大学社会言語学・言語教育学部教授。研究チーム DYNADIV

（*Dynamiques et enjeux de la diversité linguistique et culturelle*; 言語的・文化的多様性のダイナミクスと課題）所属。言語教育学の観点から，評価，教員養成，教授法の慣習の流通，言語と移住などの問題にアプローチしている。多様性とその課題，という点で，これらはいずれも横断的に関連した問題群であり，現象学および解釈学に基づき，研究・介入の両面からこれらを捉える活動を続けている。

＊所属は 2021 年 7 月現在。

CEFR の理念と現実

理念編　言語政策からの考察

———————————————————————

2021 年 8 月 24 日　　初版第 1 刷発行

編　者　西山教行・大木充

発行人　岡野秀夫

発行所　株式会社　くろしお出版
　　　　〒102-0084　東京都千代田区二番町 4-3
　　　　TEL：03-6261-2867　FAX：03-6261-2879
　　　　URL：www.9640.jp　e-mail：kurosio@9640.jp

印刷所　株式会社三秀舎

装丁デザイン　仁井谷伴子

CEFR の理念と現実

現実編
教育現場へのインパクト

西山教行・大木充 編

A5 判　232 頁　3,300 円（3,000 円＋税 10%）
ISBN 978-4-87424-867-6

日本語教育をはじめ多言語教育の現場では，
CEFR がどのように導入され，多文化共生社会
の実現に貢献しているのかを考える。

目次